KB234838

문화, 일상, 대중

문화에 관한 8개의 탐구

문화, 일상, 대중

문화에 관한 8개의 탐구

박명진 · 정준영 · 이영욱 · 양은경 · 김용호 · 손병우 · 김연종 · 김창남 편역

문화, 일상, 대중:
문화에 관한 8개의 탐구

편역자 | 박명진 · 정준영 · 이영욱 · 양은경 · 김용호 · 손병우 · 김연종 · 김창남
펴낸이 | 한기철
편집인 | 이리라
편집 | 이소영, 이수정

1996년 11월 25일 1판 1쇄 박음
1996년 12월 5일 1판 1쇄 펴냄
2012년 3월 10일 1판 4쇄 펴냄

펴낸곳 | 한나래출판사
등록 | 1991. 2. 25 제22-80호
주소 | 서울시 마포구 합정동 388-28 합정빌딩 2층
전화 | 02-738-5637 · 팩스 | 02-363-5637 · e-mail | hannarae91@naver.com
www.hannarae.net

ⓒ 1996 박명진 외
Published by Hannarae Publishing Co.
Printed in Seoul

KDC: 331.5 | DDC: 306.4
ISBN 978-89-5566-071-5 94330 | ISBN 978-89-85367-77-6(세트)

일러두기

- 한글 표기를 원칙으로 하되, 필요에 따라 외국어와 한자를 병기하였다.
- 한글 맞춤법은 '한글 맞춤법' 및 '표준어 규정'(1988), '표준어 모음'(1990)을 적용하였으나 혼란이 있는 경우는 출판사의 원칙을 따랐다.
- 외래어의 우리말 표기는 개정된 '외래어 표기법'(1986)을 원칙으로 하되, 그 중 일부는 현지 발음에 따랐다.
- 사용된 기호는 다음과 같다.
  논문, 잡지, 영화, 그림 등: <   >
  책이름, 앨범 제목: ≪   ≫

차례

문화

일상

대중

문화에 관한 8개의 탐구

문화 연구 — 새로운 시각의 모색을 위하여

박명진

이것은 '문화 연구 모임'의 독회 노트 일부이다. 여기 참여한 사람들은 함께 문화 연구를 하기 위해 모였지만 단순히 문화가 우리 사회에서 중요해졌기 때문에, 혹은 문화에 관심이 있기 때문이라는 여유 있는 입장에서 출발한 것이 아니다. 방법은 조금씩 달라도 문화를 가르치거나 연구하거나 출판하거나 해서 모두 그것이 생업인 사람들이다. 그 가운데 상당수는 1970~80년대 민중 문화 운동에 다양한 형태로 참여했던 사람들이고, 일부는 부분적으로 공감하고 부분적으로 비판하면서 관심있게 지켜 봐 오던 층에 속한다. 그러나 1980년대 후반부터 시작된, 그야말로 회오리 바람에 휩쓸리는 것처럼 방향 감각을 가질 수 없었으며 엄청난 속도감까지 동반했던 문화 환경의 변화 속에서 중심을 유지하기 힘들어 했다는 공통점을 가지고 있다. 굳게 믿었던 것들이 갑자기 빛을 잃어 가고, 당연하게 생각했던 것들이 흔들리면서 말할 수 없는 좌절과 혼돈 속에 빠진 사람도 있다. 여하튼 어느 누구도 달라진 것에 간단히 적응해서 재빨리 좌판을 새로 가다듬을 수 있을 만큼 몸이 가볍지 못했다. 1980년대의 무게가 그만큼 컸던 탓일 게다.

중심을 되찾고 무엇이 어떻게 달라지고 있는지 이해하기 위해서 함께 많은 토론을 거듭했고, 책을 읽었고, 문화 현장을 구경했고, 당시 우후 죽순처럼 빈지고 있던 문화 연구의 열풍 속에서 다른 이들이 하고 있는 연구 작업도 살펴보았다.

여기 번역된 것은 그 독서 내용의 일부이다. 다른 활동들은 토론 방식으로 정리되었고 그 내용은 채록, 각색되어 <대화> 1996년 가을 호에 실렸다.

독회를 시작하면서 우리는 다음의 네 가지로 독서와 토론의 방향을 잡았다. 첫째는 대중 문화, 민중 문화, 고급 문화, 민속 문화 등 우리 학계에 이미 들어와 있는 개념들을 재정리해 보는 작업이었다. 특히, 돌연 논의 대상에서 사라져 가던 민중 문화와 새로이 긍정적 관심의 대상으로 부상하는 대중 문화의 개념 정리와 차별화가 시급한 과제로 떠올랐다.

둘째는 정치 경제학, 헤게모니 이론 등 이미 설득력과 함께 그 한계를 드러낸 기존의 문화 분석틀을 보완 혹은 대체하고, 문화와 사회와의 관계를 새로운 관점에서 설명할 수 있으며, 우리의 변화하는 상황에 대한 통찰력을 줄 수 있는 이론과 연구 방법의 모색이었다.

셋째는 달라지고 있는 문화 현상의 이해와 이론화 작업이었다. 무엇보다 새로 등장하는 낯선 대중 문화의 성격을 파악하는 것과 새로운 '문화 세력'으로 떠오르고 있는 청소년층, 주부 등 하위 그룹 문화에 대한 이해였다. 그런데 이 두 가지 문제는 하위 그룹의 문화적 실천 문제와 함께 전반적으로 문화 수용자들의 문화 수용 방식에서 일고 있던 변화로 수렴되는 문제였다.

넷째는 기술 혁신이 가져온 문화 영역의 변화이다. 디지털 기술은 정보 처리에 있어서 상호 작용성 *interactivity* 이라는 새로운 차원을 열어 주면서 문화 영역에서도 가히 혁명적인 변화를 예고하고 있다. 무엇보다 문화의 존재 방식을 변화시킴으로써 새로운 수용 방식을 가능하게 했다. 결과적으로 문화의 창작자와 수용자의 구분이 허물어져 가는 현상을 가져옴으로써 과거의 대중 문화의 속성으로 일컬어지던 획일성, 수동성의 문제들이 새로운 각도에서 고려될 필요가 생겼고 동시에 문화 수용자 혹은 소비자의 주체성, 문화를 통한 사회적 통제 방식이 새롭게 규명되어야 할 필요를 절감하게 된 것이다.

이와 같은 문제틀을 가지고 참고가 될 수 있는 국내외의 문헌을 찾기 시작했다. 여기 번역 수록된 것은 외국 문헌 가운데 일부이다. 독회용 문헌을 찾는 데 있어서는 영미의 문화 연구 *cultural studies* 에 대한 새로운 검토와 최근 동향에서 많은 힌트를 얻을 수 있었다. 그 과정에서 문화 연구에 중요한 방법론적 도움을 주었던 프랑스의 미셸 드 세르토 Michel De Certeau, 피에르 부르디외 Pierre Bourdieu 등의 대이론들이 우리가 당면한 문제와 어떻게 연결될 수 있는가에 대한 토론을 통해 대이론을 응용하여 중간 단계의 이론화 작업에 대해 생각해 볼 수 있었던 것은 소중한 수확이라 하겠다.

민중 문화와 대중 문화

1980년대의 민중 문화 운동의 유산과 교훈을 어떻게 정리하고 넘어가야 할 것인가? 문화와 관계를 맺고 있던 사람이라면 운동에 적극적으로 참여를 했든 안했든, 비판적 입장이었든 아니든 간에 누구나 1970~80년대 민중 문화 운동에서 자유로울 수 없는 것이 1990년대 초반의 현실이었다. 1970~80년대 민주화 운동의 물결 속에서 좋은 문화, 정당한 문화, 우리가 지향해야 할 문화의 모델로 당당하게 제시되었던 것이 바로 민중 문화였다. 보통 사람들이 일상적으로 TV, 라디오, 극장에서 보고 듣고 즐기는 문화들은 대중 문화로 분류되면서 세상의 온갖 병폐를 다 뒤집어쓴, 우리가 극복해야 할 대상으로 여겨졌다. 그럼에도 불구하고 의식 있는 젊은 학생들은, 낮에는 주먹 쥐고 운동권 노래를 부르다가 저녁에 술 마시면 대중 가요를 흥얼거리고 극장에서 할리우드 영화를 신나게 즐기는 모순을 이해하지 못해 고민하고 죄의식과 자격지심에 시달리곤 했다. 전 세대의 학생들이 배운 사람으로서 당연히 가져야 할 교양으로 치부하고 열심히 좇았던 고급 문화, 서양의 고전 음악과 명화 감상 같은 것은 그다지 논의의 주제가 되지도 않았을 뿐 아니라 그 역시 내

놓고 즐기기에 떳떳한 것이 아니었다. 엘리트 문화인 고급 문화 역시 대중 문화 못지않게 멀리해야 할 대상으로 보였던 것이다. 모차르트나 베토벤이 훌륭한 음악가로서 숭상되기는커녕 귀족들의 여흥거리나 마련해 주던 불쌍한 장인들로 동정받았다. 20세기 후반 제3세계의 한 나라에서 그들의 음악은 서양 문화 제국주의의 한 날개로 보였던 것이다.

그러나 별로 긴 시간 간격을 두지도 않고 민중 문화는 어느 날 한여름 밤의 꿈처럼 사라졌고 우리의 좋은, 정당한 문화의 모델도 사라졌다. 그 자리를 메우면서 대중 문화의 물결이 휩쓸었고 대중 문화에 대한 인식이 슬며시 달라지기 시작했다. 대중이 즐기는 문화로서의 대중 문화가 폄하당해야 할 이유가 없어지고 있었다. 돌연 대중 문화는 비난이 아닌 이해의 대상이 되었다. 대중성은 발굴하고 존중해야 할 건강함이었고, 대중 문화적 취향은 예전처럼 의식화의 과정을 거쳐 민중적으로 바뀌어야 할 대상이 아니라 가치 있는 문화적 행위로서 이해와 분석의 대상이 되었다.

이 같은 전환은 물론 많은 사람들을 혼돈에 빠뜨렸다. 갑자기 좋은 문화, 나쁜 문화라는 흑백의 구분이 무의미한 것으로 치부되기 시작했던 것이다. 포스트모더니즘이라는 새로운 문화 사조는 이 같은 혼돈을 더욱 부추기기도 하면서 한편으로는 변하고 있는 세태를 정당화시켜 주는 듯했다. 고급 문화, 대중 문화, 민중 문화 등 문화 간의 구분 약화와 섞임의 현상이 후기 산업 사회의 보편적 현상이라는 주장은 민중 문화의 설 자리를 없애는 것이었다. 제국주의 문화, 자본주의 문화 등 우민화의 첨병들 앞에서 우리가 전범으로 삼아야 할 것은 우리의 전통 속에서, 민중이 가장 진보적이었고 건강했던 시절의 문화를 현대에 옮겨 놓는 것이라는 민중 문화의 명제도 힘을 잃었다. 민중 문화는 문화 간의 엄격한 구분과 계급 사회 내에서의 이념적 기능이 차별화되는 문화 도식 위에서만 정당성을 누릴 수 있었기 때문이다.

그런데 이 같은 구분이 무효화되는 사회적 변화의 국면에 우리는 들어가고 있었고, 그것은 저항할 수 없는 흐름이라고들 했다. 민중 문화 운동에 적극적으로 참여했던 사람들은 극도의 혼돈에 빠지거나, 점차 관심을 바꾸어 대중 문화를 이해하기 위한 노력으로 방향을 바꾸거나, 아예 일부는 대중 문화의 스타가 되기 위한 길로 접어들기도 했다.

그러나 이 같은 변화를 무엇으로 설명해야 하는가? 포스트모더니즘 이론만으로 납득할 수 있는 변화였던가? 무엇보다 먼저 민중 문화 대 대중 문화라는 대립 구도는 합당한 것이었는지를 검토해 볼 필요가 있다. 급격한 대립 구도의 붕괴는 이념적 환경의 변화라는 문제를 감안한다 하더라도 쉽사리 납득할 수 있는 것이 아니었기 때문이다. 이러한 문제를 풀기 위해서는 서구의 체험을 살펴보는 것이 도움이 되리라 생각한다. 우리의 민중 문화, 대중 문화 개념은 서구식 문화 구분의 틀 속에서 이루어진 것이기 때문이다.

대중 문화와 민중 문화는 얼핏 영어로 번역해 놓았을 때 *Mass Culture* 와 *Popular Culture* 로 구분될 수 있을 것처럼 보이기도 한다. 그러나 구미에서는 1970년대 이후 더 이상 *Mass Culture* 라는 말을 사용하지 않고 *Popular Culture* 라는 용어만을 사용한다.

미국의 경우 *Popular Culture* 의 개념은 갠스[1]의 설명에서 볼 수 있듯이 대중 문화에 부정적 함의를 제거하고, 고급 문화와 동등한 중요성을 갖는 문화라는 긍정적 함의를 부여하고자 하는 의지에서 비롯된 것이었다. 현대 사회는 여러 취향 문화들로 이루어져 있으며, 각 취향 문화는 고유의 예술 형태와 고유의 심미적 기준을 가지고 있다는 것이다. 따라서, 대중 문화도 엘리트 문화와 같이 일종의 취향 문화로서 오락, 정보, 삶의 미적 표현 등의 기능을 수행하며 나름대로 취향이나 미학적 기준 및 가치를 표현하고 있다는 취지에서 *Mass Culture* 의 개념과 용어 사용을 포기했다는 설명이다.

그러나 유럽에서 *Mass Culture* 대신 *Popular Culture* 라는 개념을 사용해 왔던 배경은 좀 다르다. 유럽에서는 전통적으로 대중의 문화라는 의미에서 *Popular Culture* 라는 용어를 사용해 왔으며, 프랑크푸르트 학파의 대중 문화 비판론을 미국을 통해 접하게 된 이후 간혹 *Mass*

---

1) H. Gans, *Popular Culture and High Culture: An Analysis and Evaluation of Taste*, New York: Basic Book, 1974.

Culture 라는 용어를 쓰기도 했으나 보편화된 것은 아니다. 중요한 것은 1960년대 이후 비판적 커뮤니케이션 연구에서 *Popular Culture* 가 일상 언어가 아닌 학술 용어로 자리잡게 되었다는 점이다. *Mass Culture* 냐 *Popular Culture* 냐 하는 미국식의 논쟁과는 달리 대중이 즐기는 문화를 모두 *Popular Culture* 라고 명명하되 *Popular Culture* 내부에서 서로 다른 노선들 사이의 논쟁이 활발히 진행되었다는 사실에 주목할 필요가 있다. (앞으로 본문에서는 *Popular Culture* 를 대중 문화로 바꾸어 사용한다.)

영국에서도 매튜 아널드 M. Arnold 에서 리비스 F. R. Leavis 를 거쳐 리처드 호가트 Richard Hoggart 에 이르기까지 독일의 프랑크푸르트 학파의 입장과 유사한 영국적 형태의 대중 문화 비판의 전통이 있었다. 그 전통 속에서도 대중 문화나 대중은 단지 비난의 대상으로서 도덕적으로나 심미적으로, 그리고 보다 근본적으로는 정치적 측면에서 부족한 존재로 간주된 것이 사실이다. 대중 문화는 대중으로 하여금 민주주의 시민으로서의 책임 있는 역할을 해내는 데 해가 되는 자질을 키워 줄 뿐이라고 보는 것이다.

이와 같은 미국의 *Mass Culture* 비판론과 유사한 대중 문화 전반에 대한 비판론이 있었는가 하면, 일부에서는 왜곡된 대중 문화와 진솔한 대중 문화 *genuine popular culture* 로[2] 분리하여 보는 입장이 대립되어 있었다. 영화나 텔레비전, 음반 산업에 의해 생산되는 인공적인 대중 문화는 자본주의 이데올로기와 문화 산업에 의해 왜곡된 문화이다. 진솔한 대중 문화는 급진적이고 진보적이었던 전통 민속 문화의 현대적 변형으로 문화 산업의 왜곡을 거치지 않고 대중이 직접적으로 자신을 표현하는 장이 되는 문화로서 대중을 왜곡시킨 힘에 저항하고 그것을 압도할 수 있는 문화라고 보는 것이다. 진솔한 대중 문화는 우리 나라 1980년대 문화 운동이 지향했던 민중 문화와 유사한 개념이다.

그러나 그람시 A. Gramsci 적 전통에 있는 기호학적 혹은 문화론적

---

2) T. Bennett, "The politics of 'the popular' and popular Culture," *Popular Culture and Social Relations*, T. Bennett, C. Mercer, & J. Woollacott (eds.), Milton Keynes: Open University Press, 1986.

연구의 주류에서 주장하는 대중 문화 *Mass Culture* 는 비판적 입장의 대중 문화론도 배격하지만, 민중 문화적 개념의 '진솔한' 대중 문화론도 배격한다. '왜곡된 것'으로 보는 대중 문화 비판론이나 '진솔한 것'으로 보는 입장들 모두가 대중과 대중 문화를 특정한 내용으로 고정시켜 보고 있다는 점을 비판한다. 대중을 창조적 주체로, 혹은 수동적 수용자로 고정시켜 보면서 대중 문화란 의심할 바 없이 잘못된 혹은 잘된 정태적인 속성을 가진 것으로 일방적 정의를 내리는 것이 집중적인 비판의 대상이 된다.[3]

　이러한 비판적 입장에 있는 사람들은 '대중'을 정의하는 방식에서 우선 기존의 관점과 견해를 달리한다. 대중은 모든 사람도 아니고 사회 내의 노동 계급과 같은 특정 집단도 아닌 동태적인 것이며, 또한 계급적 위치, 그들이 벌이고 있는 특정 투쟁 같은 몇 가지 점에서 차이를 보이기도 하는 다양한 사회 집단들을 의미한다. 그러나 그들은 사회 내에서 정치적, 문화적으로 권력을 가지고 있는 집단과 구별되기 때문에 그들의 개별적인 투쟁이 연결될 수만 있다면 잠재적으로 통합 가능하고 대중 대 파워 블록의 관계로 조직될 수 있는 집단들이다. 즉, 대중은 정의될 수 있는 것이 아니라 상황에 따라 달리 조직될 수 있는 대상이라고 보는 것이다.

　대중에 대한 이 같은 관점을 바탕으로, 대중 문화 역시 대중이 그들 스스로를 위해 스스로 만들어 내는 진솔한 대중의 문화로 정의할 수도 없고, 대중을 통제하고 관리하는 기능을 가진 왜곡된 문화로 정의할 수도 없다는 것이다. 대중 문화는 지배적, 종속적, 대립적 문화 가치와 이데올로기들이 서로 만나고 섞이면서 다양한 혼합물과 조합을 만들어 내는 영역으로서 그 대립되는 가치나 이데올로기들은 대중적 경험과 의식의 틀을 만드는 데 좀더 영향력을 발휘할 수 있는 공간을 확보하기 위해 서로 경쟁한다. 즉, 대중 문화란 이데올로기적 투쟁의 장으로서 서로 대립적이고 갈등적인 경향들이 만나고 관통하면서 문화적

---

3) 같은 글, p.18.

형식들을 조직하는 합류점에 위치하는 것이다. 결과적으로 유럽에서 *Popular Culture* 로 명명된 대중 문화는 전통 문화, 귀족 문화, 엘리트 문화, 민속 문화 등과 대립되는 것으로 구분되고 있지 않다. 결국 대중 문화는 대중이 향유하는 문화로서 대중 자체가 고정적인 개념이 아니기 때문에 그 문화 형태도 고정시켜 볼 수 없다는 것이다. 토니 베넷 T. Bennett 의 글은 이 같은 유럽에서의 대중 문화를 둘러싼 논쟁의 경과를 이해하는 데 도움을 준다.

유럽의 논쟁 맥락에 대비시켜 보면 우리의 민중 문화 논의는 진솔한 대중 문화의 개념과 유사한 것이었고, 대중 문화는 왜곡된 대중 문화의 개념이었다고 할 수 있다. 오늘날 우리 사회에서 민중 문화의 개념이 사라지고 대중 문화의 개념만이 남게 된 것은, 흑백 논리를 바탕으로 한 이분법적 문화 구도가 대중의 현실과 일치하는 적절한 것이 아니었으며, 결과적으로 민중 문화 운동이 성공하지 못했던 요인 가운데 하나라는 설명도 가능할 것이다.

그러나 논쟁은 계속될 수 있다. 유럽식의 논의 과정을 거쳐 민중 문화의 개념이 폐기 처분되었던 것도 아니며, 민중 문화의 개념이 신기루처럼 사라질 때 논쟁의 구도는 리얼리즘 대 포스트모더니즘이었다. 민중 문화에서 대중 문화로 문화적 개념의 정통성이 옮겨진 과정은 새로운 이론화 작업을 필요로 한다. 어물어물 넘어가기에는 1970~80년대가 우리에게 너무도 중요한 시기였기 때문이다.

정치 경제학인가, 헤게모니 이론인가, 부르디외인가?

민중 문화의 포로가 되어 있던 시대의 문제틀은 비교적 간단했고, 어떤 의미에서는 흑백 논리적이기도 했다. 대중 문화는 지배 계급의 이익에 봉사하는 문화로서 명백한 성격 규정이 되어 있었기에 그에 관한 논점은 대중 문화의 이념적 성격은 무엇이며, 지배 이념과는 어떤 관계에 있으며, 어떤 과정을 통해 생산되고 재생산되는가, 경제적 하부 구조와의 관계는 어떻게 보아야 할 것인가, 대중 문화를 극복하고 추구해야 할 대안 문화는 무엇인가 하는 등의 문제로 요약될 수 있다.

문화와 사회 구조 간의 관계를 설명하는 데 있어 하부 구조의 결정성을 강조하는 입장이나 문화의 상대적 자율성을 주장하는 측 모두 문화와 구조 간의 연결 고리를 구체적으로 밝혀 주는 데는 실패했다. 정치 경제학적 접근이나 헤게모니적, 문화론적 접근이나 모두 반쪽의 진실을 가지고 100 %의 진실을 주장해 왔으나, 양 진영 모두 통합된 틀의 필요를 절실하게 느끼는 단계에 이르렀다.

서구에서 부르디외의 문화 사회학 이론이 양 진영의 접근을 유기적으로 통합할 수 있는 대안으로 부각되면서 활발히 연구되고 인용되기 시작한 것은 1980년대 중반 이후이다. 부르디외의 문화 사회학은 기존의 정치 경제학적 접근이 지닌 문제를 보완할 수 있는 이론과 방법론을 제시한다. 즉, 경제 자본과 문화 자본 및 상징적 권력의 관계에 대한 그의 심층적 접근은 추정이 아닌 실제의 연결 고리를 드러내 주어 권력, 자본, 문화 사용 주체 간의 연결 방식을 설명할 수 있도록 해주기 때문에 새로운 대안이 될 수 있다는 것이었다.

우리 나라에서도 요즘 들어 부르디외가 관심을 끌고 있다. 그러나 그 맥락은 유럽과 다르다. 정치 경제학 대 문화론적 연구 간의 방법론적 대결을 뛰어넘을 수 있는 통로로서 의식적으로 추구되었던 것은 아니다. 1980년대 후반 이후 신세대 문화, 오렌지 문화 등 대중 문화 내부에서 차별화되는 하위 문화가 형성되면서 대중 문화에 대한 이해의 틀이 자본 대 노동의 이분법으로 단순화될 수 없다는 인식이 형성되기 시작했다. 신세대 문화와 함께 폭발적 성장을 보이던 것이 주부 문화였다. 미디어 문화의 생산 과정에 주부들의 참여가 대폭 늘어났고, 백화점, 신문, 방송사들의 수익성 좋은 사업 가운데 하나가 주부 대상의 문화 강좌가 될 정도로 주부들이 문화 산업에서 차지하는 비중이 커지기 시작했다.

하위 문화의 부상이라는 새로운 문화 현상의 등장은 1990년대 대중 문화 논의의 주요한 이슈로 자본주의 소비 문화와 세대에 따른 하위 문화가 어떻게 한국 사회에 수용되고 있는가, 즉 사회 집단에 따라 문화가 어떻게 차별적으로 수용되고 있는가 하는 문제를 쟁점으로 부각시켰다. 계층별로 어떻게 다른 집단과 구별하기 위해 자신의 소비 문화를 조직하는가, 젊은 세대들이 기성 세대와 어떻게 자신을 문화적으로 분리하는가가 관심의 대상이 되기 시작했다. 즉, 계층별, 하위 집단별 문화적 취향의 구분이 중요한 문제로 부상하면서 문화의 취향 구조와 사회 계층의 상관 관계를 규명할 필요가 요구되었고 그 요구에 부응해서 부르디외의 이론이 연구되기 시작한 것이다.

사회의 계층 구조가 문화에 대한 취향 구조로 전이되고, 이 취향 구조를 이루는 각 부분 사이의 상이한 가치 평가를 기반으로 하여 역으로 사회 계층의 위계가 정당화되는 구조를 밝히고자 했던 부르디외 이론은 단순히 사회 집단에 따른 취향의 차이를 기술한 갠스류의 연구와 달리 문화의 상이한 배분과 위계화가 일어나는 기제를 밝히고 있으므로 새로운 연구의 지평을 열어 줄 수 있는 것이었다.

여기서 소개하고 있는 부르디외 관련 자료는 1970~80년대 영국의 문화론적 연구와 미디어 정치 경제학을 이끌었던 두 거두인 레이먼드 윌리엄스 Raymond Williams 와 니콜라스 간햄 Nicholas Garnham 이 공동 집필한 것과, 다른 하나는 부르디외 자신이 취향의 구조와 계층 구조 간의 관계에 대해 쓴 글이다. 공동 집필문은 바로 부르디외의 방법론이 어떻게 정치 경제학과 문화론적 연구가 지닌 각각의 한계를 극복하면서 유기적으로 통합하는 새로운 대안일 수 있는가 하는 점을 기술하고 있다. 이는 추상적인 수준에서이지만 상당히 공감을 일으키는 주장이 아닐 수 없다. 그러나 부르디외 자신이 구체적으로 규명하고 있는 취향 구조와 계층 구조의 풀이 방식은 우리 현실을 분석, 재단하기에는 무리이며 석연치 못한 점이 많다.

첫째는 유럽 사회와 달리 한국 사회는 사회 변동이 유달리 심해 안정된 고급 문화를 내적으로 담지한 사회 집단이 안정적으로 재생산되지 못하였기 때문에 계급별 혹은 계급 분파별 아비투스(사회 구조와 행위 주체를 매개하는 생성 – 구조적 원리)가 포착되기 어렵다는 점이다. 물론 이는 경험적 연구를 통해 확인되어야 할 문제이기는 하다.

둘째는 큰 틀에서 대중 문화와 고급 문화 사이의 이분법이라는 비교적 단순한 구조로 되어 있는 서구 사회와 달리 우리 사회에서는 전통적인 귀족 문화와 민속 문화, 서구에서 이식된 고급 문화와 대중 문화, 그 사이에 존재하는 다양한 잡종 문화 등 훨씬 더 많은 문화 요소들의 결합이 나타나고 있다. 우리 사회의 문화 상황은 문화 수용 집단 사이에 서구 사회에 존재하는 것보다 훨씬 심한 분리 현상을 낳고 있으며, 그 중심에는 부르디외에게는 중요한 고려의 대상이 되지 못하는 세대의 문제가 가로놓여 있다. 서구 사회의 경우 계층의 차이로 비교적 용이하게 파악될 수 있는 극소수의 고급 문화 계층을 제외한다면, 여타 문화의 집단 사이의 차이는 상대적으로 연속성을 지니고 있는 대중 문화 내부의 하위 문화적 취향의 차이라고 할 수 있다. 반면 근대화 과정에서 서구 사회에 대한 환상적 모방 욕구를 키우게 된 우리 사회의 경우, 계층 간은 물론 세대 간에서도, 단지 같은 종류의 문화 내부의 서로 다른 요소나 부분들에 대한 취향의 차이가 아니라 불연속적인 다른 종류의 문화에 대한 취향의 차이가 광범위하게 나타나고 있다는 점이다.

셋째는 대중 문화가 나름대로 역사를 갖춰 감에 따라 대중 문화 내부에서 문화의 위계화 현상이 일고 있으나 고급/대중의 큰 틀 속에서 파악하기가 용이하지 않다는 점이다. 대중 문화 비평가들이 등장하고, 대중 문화에 대한 해설서들이 활발히 출판되며, 매니아가 형성되고 있는 것도 이 같은 문화의 위계화 현상이라는 측면에서 볼 수 있을 것이다.

넷째로는 우리 나라만의 경우는 아니겠지만 포스트모던적 문화 소비 현상을 그의 틀로는 설명하기 어렵다는 점이다. 그의 큰 결함은 이 시대 중심적인 문화의 장인 TV 같은 대중 매체의 문제를 거의 다루지 않았다는 것인데, 그것이 문화 소비의 변화 양상을 포착하기 어렵게 하는 것인지도 모른다. 오늘날 우리는 대중 매체, 특히 TV 매체의 영역에서 계급 특유의 소비 행태가 깨지고 있는 현상을 목도할 수 있다. 어떤 연구도 지배 계급은 보다 문화적으로 고양된 고급 프로그램을 즐겨 시청하고 일반 대중은 쉽고 가벼운, 높은 시청률을 보이는 프로그램만 시청한다는 증거를 보여 주지 못하고 있다. TV 이외의 영역에서도 계급에 따른 문화적 소비 형태의 차이가 무너지는 현상들이 심심치 않게 지적된다. 즉, 계급적, 혹은 계층적 정체성을 가진 문화적 실천이 아니라 모자이크적, 혼합적 양상을 보이고 있는 것이다.

부르디외의 학문적 강점은 이론의 정립과 경험적 연구를 지속적으로 반복해 오면서 이전에 제시했던 이론을 다른 수준에서 재손질해 나가는 나선형적 연구 작업의 과정을 거쳐 왔다는 점이다. 포스트모던 현상이라고 부르는 지금의 문화 소비 현상을 설명할 수 있는 이론의 재구성이 가능할 것인지, 그의 이론적 전제로는 불가능할 것인지 함께 연구해 보아야 할 문제이다.

소극적 수용자에서 비판자, 참여자로

앞서 살펴보았듯이 우리 문화 환경에서 두드러진 변화로서 주목되는 것 가운데 하나는 문화 소비 혹은 향유에서의 계층화 현상이고, 문화 소비자로서 젊은이 혹은 신세대라고 불리는 새로운 세대의 급격한 부상이다. 이들은 TV 쇼를 독점하기도 하고 문화 상품 시장을 좌지우지하면서 새로운 문화 생산의 추진력으로 작용하고 있다.

문화 영역에서의 또 하나의 두드러진 변화는 문화 소비자 혹은 문화 사용자들의 향유 방식의 변화이다. 오빠 부대로 일컬어지는 극성스러운 청소년 하위 문화 집단에서 볼 수 있는 팬 집단들의 부상이 그 가운데 하나이다. 팬 그룹들은 특히 노래 문화, 음반 산업에 없어서는 안 될 존재들로 문화 현장의 중요 구성 요소가 되기 시작한 것이다. 이미 서양에서 대중 문화의 역사와 함께 해 왔던 이 현상은 철없는 청소년들의 스타 - 우상을 숭배하는 맹목적이고 광적인 숭배자 집단들로 인식되어 왔다. 그리고 우리 나라에서도 통념상으로는 사회 문화적 억압이 비교적 풀어진 1990년대에 서양에서 상륙한 바람직하지 못한 현상으로 간주되고 있다.

그러나 문화 산업이 확대되어 가는 과정에서 팬 집단의 성격이나 역할이 달라져 가고 있다는 점에 주목할 필요가 있다. 동서양을 막론하고 이 새로운 팬 집단들은 특정 대중 문화의 영역에서 자신들의 취향을 적극적으로 표현할 뿐더러 다양한 방법으로 문화의 생산 과정에 개입하는 능동적인 수용자의 면모를 보이고 있는 것이다.

존 피스크 John Fiske 의 글은 이처럼 달라지고 있는 팬 문화 현상에 대해 논의하고 있다. 팬 현상은 사회 문화적 피탈자들에게서 전형적으로 나타나는 것으로 종속적 계층의 하위 문화에서 흔히 볼 수 있다. 청소년층에 팬 문화가 특히 발달하는 것은 이들이 비록 학교 교육을 통해 지배 문화인 공식적 문화 자본을 소유하고 있기는 하지만, 나이를 기준으로 했을 때 종속적인 계층에 속하므로 기존의 문화적, 경제적 자본을 가진 사람들의 가치관과 취향으로부터 자신을 구별하고 싶어하기 때문이다. 팬 그룹들을 능동적 수용자형으로 보는 것은 이들이 대중 문화 스타들이 제공하는 문화물을 숭배의 태도로 감상하고 즐기기만 하는 것이 아니라, 가차없는 비판과 제안을 통해 이끌어 나가면서 자신들의 취향을 반영시키기 때문이다. 경우에 따라서는 팬들의 보다 적극적인 참여로 문화 생산자와 팬들이 생산 공동체로 합류하는 현상을 볼 수도 있다.

피스크는 부르디외의 문화 사회학적 개념틀을 사용하여 이 같은 팬 문화의 경향을 프롤레타리아적 아비투스로 설명한다. 지배적인 부르주아 아비투스가 차별화를 지향한다면 대중적 아비투스는 참여를 자극한다. 지배적 공식 문화는 텍스트를 특별한 개인의 창조물로 보고 경배 대상화함으로써 수용자들을 종속적인 위치에 놓는다. 반면에 대중 문화는 예술가와 텍스트로부터 거리를 두게 함으로써 존경심을 키우려 하기보다 고급 문화의 예술품에 허용되지 않는 생산적 재가공과 재집필, 참여에 대해 개방적이 된다. 그럼으로써 생산자 – 수용자를 차별화하기보다 그 차이를 약화시킨다. 결과적으로 팬 – 수용자들의 참여

의욕은 텍스트의 생산과 유통에 영향을 끼친다.

이처럼 팬 문화의 급속한 발달은 문화 수용 혹은 문화 소비에서 새로운 변화가 일고 있음을 암시한다. 분명 요즈음의 문화 수용자들은 더 이상 단순히 주어진 문화들을 조용히 듣고 보고 감동하고 즐기기만 하는 얌전하고 조용한 사람들이 아니다. 듣고 보는 것에 대해 좋고 싫음, 개선점에 대해서 명백히 표현하는 상당히 적극적인 사람들이다. 최근 몇 년 전부터 모든 일간지들이 신문의 한 면 전체를 독자 편지와 의견을 싣는 데 할애하고 있다. 방송도 예외는 아니다. 방송사마다 일종의 옴부즈맨 프로그램을 만들어 시청자들의 비평과 지적과 비판을 소개하고 그에 답하기 위한 프로그램을 방영하고 있다. 특히, 젊은이들이 많이 활용하는 PC 통신에는 방송, 영화, 만화 등 온갖 대중 문화에 대한 다양한 평들이 대화방, 게시판들에 빈번히 실리고 있고 인기 있는 프로그램이나 문화 현상에 대해서는 전용 대화방까지 만들어졌다. 여기 나타나는 비판과 토론의 다양함은 퍽 인상적이다. 많은 사람들이 적극적이고 솔직하게 자신들의 의견을 신랄하게 피력해 놓고 있는 것이다. 이같이 수용자들의 적극적이고 비판적이며 때로는 생산자적 참여에까지 이르는 문화 수용 태도는 드 세르토의 인류학적 연구에서 보다 큰 사회적 맥락으로 보편화될 수 있는 이론적 틀을 발견한다.

드 세르토는 그의 저서 ≪일상 생활의 실천 *l'invention du Quotidien / Practice of Everyday Life*≫에서 피지배 집단의 구성원들이 그들보다 크고 강한 지배자, 궁극적으로는 그들을 구속하는 체계로부터 '작은 승리'를 얻어내기 위해 사용하는 일상적 수준의 전략들에 대해 언급하고 있다. 예컨대 식민 통치를 받는 토인들이 정복자에게 정면으로 저항하고 거부할 수 있는 힘은 없지만, 정복자들이 그들에게 부과하는 규칙, 법규 등을 교묘히 회피하고 그것을 자신의 목적을 위해 뒤집어 사용함으로써 정복자의 힘을 약화시키고 그들의 지배를 비효율적인 것으로 만들어 버리는 저항적 전략을 거의 자연 발생적으로 수행한 예를 흔히 발견할 수 있다는 것이다. 드 세르토는 이처럼 강자에 대한 약자의 전복적 실천이 이루어지는 다양한 예를 책, 미디어의 해독, 쇼핑, 요리, 주택 임대, 노동 현장의 상황을 통해 제시하고 있다. 대중 문화에 있어서는 이제까지의 연구가 TV 등의 미디어에 의해 전파된 이미지의 분석(텍스트 연구를 지칭함)이나 미디어 앞에서 보낸 시간이나 시청 행태에 대한 분석으로 한정되었는데, 이것이 다른 종류의 시청자 연구에 의해 보완되어야 할 필요를 강조하고 있다. 문화 소비자들은 TV를 시청하는 동안 프로그램을 주어지는 대로 수용하고 즐기기만 하는 것이 아니라는 것이다. 프로그램의 시청 행위와 시청 내용으로 피지배 집단의 이해와 직결되는 이차적 생산을 하게 된다는 것이다. 예컨대 아내들은 가부장적인 내용의 드라마 시청 행위를 가부장적 남편에 저항하는 행위로 전환시킬 수 있을 뿐더러 선전적 내용의 보도 프로그램은 선전 효과를 내기보다 선전 전략과 의도를 노출시켜 선전에 저항하는 무기로 만들어 버리기도 한다는 것이다. 이처럼 대중 문화의 향유자들은 대중 문화를 생산 수준에서 통제할 수 있는 힘은 갖고 있지 않지만 그것의 소비, 즉 향유하는 방식을 통해 통제할 수 있다는 것이다. 그는 대중 문화의 수용이 상당히 창조적 방식으로 이루어지며, 그 향유자들이 겉보기에는 지배 집단의 이해 관계에 동조하는 것 같지만 실제는 지속적으로 그들 자신의 이해에 봉사하는 수용 방식을 찾아 내고 있음을 강조한다. 대중 문화 영역에서는 일반적으로 통제 체제의 강요가 거의 불가피하게 그것의 전복을 위한 시도를 자극하게 된다는 것이다.

　이 같은 관점은 소효과 이론에서 말하는 것 같은 능동적 혹은 적극적 수용자론과는 맥을 달리한다. 단순히 미디어 메시지에 대책 없이 노출되는 피동적 존재가 아니라 자신이 처한 위치나 선유 경향에 따라 영향을 받지 않을 수도 있는 주체적인 존재라는 의미만은 아니다. 예전의 이용과 충족의 효과 이론 같은 데서 주장했던 것처럼 자신의 욕망과 다양한 필요에 따라 선택해서 소비하는 것 같은 선택적 수준의 적극성을 말하는 것도 아니다.

　드 세르토의 주장은 종속된 집단의 성원들이 통제를 위해 전략적으로 주어지는 문화 형태나 생산물을 변경이나 대용의 방법을 통해 전복적이고 저항적 효과를 생산할 수 있는 잠재력을 가지고 있다는 것이다. 따라서, 지배 권력의 힘과 그 효율성의 문제는 피지배 계층이 그 권력을 다루는 방식, 그것에 대응해서 사용하는 제반 조치들을 통해 재조명되어야 한다는 것이다. 마찬가지로 미디어의 효과나 작용하는 힘은 수용자들이 그것을 다루고 해독하는 방식, 그것에 대해 행하는 다양한 형태의 반작용들을 통해 규명될 수 있어야 한다는 것이다.

드 세르토는 이 같은 문제에 접근할 수 있는 연구 방법으로 민속 지학적 방법을 제시한다. 이는 수용자들의 다양한 창조적 저항의 실천을 찾아 내는 것이 관건인 연구에 있어 기존의 설문지나 조사 연구 방법처럼 유형화된 틀을 적용하는 것보다 훨씬 적절한 것으로 보인다. 문화 소비자의 민속지학적 연구는 문화물과 그것을 사용하는 소비자들이 수용하고 대응하는 방식에 대한 분석을 통해 기존 텍스트 분석이 지니고 있던 문제점을 보완해 줄 수 있으리라 생각된다.

그러나 수용자들이 소비하는 방식을 통해 미디어 권력에 저항하고 문화 생산에 간접적인 통제를 가하게 된다는 저항의 일상적 실천 이론은 검토되어야 할 몇 가지 과제를 지니고 있다. 우선 현실에서 흔히 발견할 수 있는 현상으로 미디어 문화에 의해 이루어지는 대중 조작의 문제를 어떻게 설명할 수 있을 것인가, 또한 소비를 통해 이룰 수 있는 저항의 실천이 지니는 정치적 힘이나 의미에 어느 정도의 중요성을 부여할 수 있을 것인가에 대한 검토가 요구된다.

상호 작용성의 디지털 문화: 문화의 소비자에서 생비자로

우리의 1990년대 대중 문화 수용 방식에서 보이는 적극성과 저항성은 문화 생산에 대한 참여의 욕구로 발전하고 있음을 볼 수 있다. 살림만 해 온 평범한 주부, 할머니들이 책을 출판하고 방송의 토크 쇼에서 활달하게 발언하고 가수 못지않은 태도로 노래하고, 시청자 비디오라는 제작물들이 정규 프로그램화되는 등 문화의 소비자들이 문화의 생산 영역을 넘나드는 현상을 흔히 목격하게 된다.

이 같은 현상에는 아마도 토플러가 경제 영역에서 사용한 생비자라는 용어를 사용할 수 있을 것이다. 오늘날 엄청난 비중을 차지하는 노래방 문화는 일종의 생비자적 문화 형태의 하나로 볼 수 있다. 노래방, 단란 주점의 체험은 보통 사람들의 가수 시뮬레이션 체험이기 때문이다. 뮤직 비디오의 가락에 맞추어 에코 음향 효과의 도움도 받고, 때로는 비디오 카메라로 스크린에 비친 자신의 노래 부르는 모습에 황홀해 하며, 사람들은 가수가 된 기분을 싼값에 한껏 즐길 수 있다. 가수라는 문화 생산자의 위치에 서 보는 체험이다.

텔레비전이나 영화의 드라마 관객들 역시 관람자로서만 만족하지 못하는 것 같다. 그들은 그들 자신이 픽션 드라마의 주인공을 직접 연기할 수 있는 기회를 갖기를 바란다. 그 같은 징후는 여러 가지 문화적 소비 행위에서 엿볼 수 있다. 결혼식이 그 하나이다. 사진업자나 결혼 산업에 종사하는 사람들의 상업적 농간도 있겠지만, 어느 정도는 사람들의 욕망을 제대로 간파한 상술이라고 생각되는 것이 결혼식 사진과 비디오 촬영 방식이다. 요즈음 결혼식을 하는 신랑 신부들은 거의 모두 결혼식을 비디오로 촬영하는데, 여기에는 결혼식 장면뿐만이 아니라 결혼식 이전에 그럴 듯한 장소에서 연출해 찍은 필름 장면들도 포함된다. 그래서 이들 비디오는 로맨틱 드라마를 방불케 한다.

젊은 학생들, 직장인들 사이에 일종의 레포츠처럼 인기를 끌어온 서바이벌 게임이라는 성인들의 전쟁 놀이도 유사한 기능을 한다. 수십 명의 인원을 필요로 하는, 값비싼 유니폼과 실물과 기능이 거의 같은 모형 무기를 가져야 하는 이 놀이는 남자들로 하여금 전쟁 영화의 주인공이 된 환상을 만끽할 수 있게 하는 드라마 연기의 체험인 셈이다. 결혼 비디오가 젊은 여인들의 로맨틱 드라마 연기 욕구에 부응한 것이라면, 서바이벌 게임 같은 것은 젊은 남자들의 액션 드라마 연기 욕구에 부응한 것이라고 할 수 있다.

텔레비전에서 최근 몇 년 사이에 등장하기 시작한 '리얼리티 프로그램' 장르의 확산(<긴급 구조 119>, <경찰청 사람들>, <TV는 행복을 실

고> 등)도 보통 사람들이 텔레비전 프로그램의 생산자적 참여를 확장해 나가고 있음을 보여 주는 좋은 예다. 보통 사람들이 자신들의 일상적 체험을 소재로 제공하여 픽션화하는 이 같은 프로그램은 시청자 자신이 직접 연기는 하지 않더라도 스스로를 픽션의 주인공으로 등장시키는 생산자적 참여의 한 형태라고 볼 수 있다.

이상에서 살펴본 현상은 일반 문화 소비자들이 전문적인 문화 생산자로 전환하는 과정이 아니라 평범한 소비자로서 생산에 참여하는 형태이므로 일종의 생비자로서의 체험이라고 할 수 있다.

이처럼 소위 생비자로 변모해 가고 있는 문화 수용자들의 문화에 대한 관계의 변화는 디지털 기술에 의해 더욱 고무되고 지지되고 있다. 디지털 기술은 정보화 사회의 상징적 요소들이라 할 수 있는 정보 고속 도로와 멀티미디어를 탄생시키면서 대화형, 혹은 상호 작용적 문화 *interactive culture* 를 가능케 한다.

정보 고속 도로는 음성 신호, 정화상, 동화상, 문자 텍스트 등 모든 타입의 신호를 예전 같은 일방향이 아닌 쌍방향으로 운반해 주는 정보 전달의 하부 기반 시설이다. 멀티미디어는 정화상, 동화상, 그래픽, 문자, 오디오, 애니메이션, 컴퓨터 데이터와 컴퓨터 프로그램 등 서로 이질적인 자료들을 대화형으로 처리할 수 있는 정보 처리와 전달의 시스템이다. 대화형이란 사용자가 주어진 텍스트에 조작을 가해서 임의대로 변화시킬 수 있는 상호 작용성의 기능이다. 자료의 성격에 따라 서로 다른 매체를 사용해야 했고, 완성된 텍스트를 읽거나 듣는 등의 일방적인 수용만이 가능했던 예전의 정보 매체와 비교할 때 큰 변화가 아닐 수 없다. 이런 상황에서는 텍스트의 의미 구축과 전개에 있어서 생산자의 절대적인 위치가 쇠퇴하고 사용자의 재량에 의한 통제의 폭이 커지게 되는 것이다. 이것은 현재 우리가 누리고 있는 문화 예술에 획기적인 변화를 야기시킬 수 있다. 그것은 아마도 상호 작용적 문화, 혹은 생비자의 문화라고 할 수 있을 것이다.

나날이 새로워지는 컴퓨터의 신기술들이 활발히 쓰이고 있는 전자 게임의 경우 게임을 하는 사람과 기계 간의 상호 작용성은 놀이 전개상의 변화를 가져다 주는 것으로서 단순히 주어진 대로 따라가기만 하는 수동적인 경험이 아니다. 각 놀이자는 자신의 선택과 기량에 따라 서로 다른 텍스트를 체험하게 된다. 따라서, 비록 프로그램된 대로라고는 하지만 부분적으로 텍스트의 생산에 참여하는 것이라고 할 수 있다. 물론 이것을 새로운 형태의 소비 방식으로 볼 수도 있다. 그러나 사전에 완성된 텍스트를 해독하는 방식의 소비와 비교해 볼 때 내용의 전개 방식, 등장 인물의 선택 같은 것이 사용자에게 주어짐으로써 사용자는 텍스트에 대해 상당히 생산적인 통제력을 지니게 되는 셈이다. 가상 현실 기술을 활용한 게임에 이르면 이 상호 작용의 폭은 더욱더 확대될 수 있을 것이다. 이미 전자 게임과 유사한 대화형의 드라마가 등장하고, 대화형 음악이 예고되고 있으며, 영화는 이미 멀티미디어 PC로 사용자 임의의 편집이 가능해졌고, 온갖 이미지 라이브러리의 자료를 이용하여 갖가지 영상물의 제작이 가능해졌다.

이처럼 멀티미디어를 통한 문화 예술의 소비란, 생산자와 창작자의 체험에 가까운 것이 되어 가고 있다. 신문, 방송의 뉴스 편집도 자유자재로 편집함에 따라 전혀 다른 뉴스를 만들어 내게 됨으로써 사용자는 뉴스의 수동적인 소비자가 아니라 생산자적 참여를 할 수 있게 되었다. 앞으로의 기자나 문화 예술 창작자는 완성된 텍스트의 생산자가 아닌 텍스트용 토막 정보를 제작, 제공해 주는 역할에 머물게 될지도 모른다. 오늘날 아이들이 멀티미디어 PC에 열광하는 이유 가운데 하나는 텍스트의 수동적인 소비가 아닌 조작과 생산의 가능성이 주는 매력 때문이기도 하다.

스티븐 크루크 *Stephen Crook* 등의 공저인 ≪포스트모던화 *Postmodernization*≫의 제2장인 "문화에서 탈문화로 *From Culture To Postculture*"는 이 같은 정보화 시대, 포스트모던 시대의 문화적 변화에 대해 단순히 현상 자체에 대한 이해가 아니라 사회 과학적인 이해의 지평을 가질 수 있게 해 주는 연구로서 주목의 대상이 될 수 있다. 드 세르토나 부르디외 같은 대가들의 논문은 아니지만 대이론들을 조리 있게 체계화해서 포스트모던 문화 현상으로 지칭되는 문화적 변화의 정체를 설득력 있게 설명해 주고 있다. 이 논문은 전자 게임, 노래방 문화 등 이미 우리가 체험하고 있는 문화 현상의 연구에 어떻게 접근해야 할 것인지에 대한 중요한 시사점을 준다. 즉, 21세기 정보화 사회에서 컴퓨터를 매개로 이루어지는 새로운 형태의 상호 작용적 문화의 성격을 통시적인 변화의 흐름 속에서 읽을 수 있도록 해 준다.

또한 크루크 등의 연구서는 드 세르토가 상정하고 있는 적극적인 문화 소비자, 혹은 저항적 *resistant*, 생산자적 수용자 *producerly audience* 의 개념이 단순히 새로운 시각에서 제시된 수용자의 연구에 대한 제안이 아님을 알 수 있게 한다. 생산자와 소비자, 창조자와 감상자가 엄격히 분리되어 있는 모더니즘의 문화로부터 그 구분이 애매해지고 있는 상호 작용적 포스트모던 문화 *interactive postmodern culture* 로 진행하고 있는 변화의 흐름 속에서 그 중간 단계의 변화를 보여 주는 시각이라고 볼 수 있다.

이들은 스콧 래시 Scott Lash 의 주장에 기대서 포스트모던 국면의 문화적 변화로서 생산자와 수용자, 작가와 독자, 공연자와 관객, 작가와 비평가 간의 경계가 모호해지는 차별화 해체 현상 *de-differentiation* 을 지적한다. 상호 작용적 문화란 바로 수용자들의 문화 생산 과정에 대한 참여가 확대됨에 따라 생산자와 수용자 간의 경계가 모호해지는 문화라고 할 수 있으며, 21세기에 진입하면서 더욱 다양한 방식으로 확대될 것으로 전망되는 현상이다. 이러한 문화적 변화의 기폭제 역할을 하는 것이 새로운 상호 작용적 정보 매체로서 오늘날 젊은 세대들에게 있어서 새로운 문화적 가능성을 열어 주고 있는 것이다.

문화 수용자가 이처럼 단순 소비자가 아닌 비판자, 참여자, 생비자적 위치로 변모하는 것은 1990년대 들어 우리의 문화 환경에서 두드러진 중요한 변화 가운데 하나라고 할 수 있다.

오늘날 우리가 체험하고 있는 엄청난 문화 환경의 변화는 민중 문화론 이후 새롭게 정립되어야 할 문화 이론의 필요성을 절감케 하고 있다. 이 책에 번역하여 실은 자료들은 그 어느 것도 그 자체로서 우리의 문화 상황을 설명하고 이론화하는 데 있어 흡족한 것은 아니다. 그러나 각각 우리가 당면하고 있는 문제를 이해하는 데 실마리를 던져 주고 있으며, 이제까지 우리의 문화 연구가 지니고 있던 문제점들을 보완해 줄 수 있는 이론과 방법론을 제시하고 있으므로 활용하기에 따라서는 퍽 생산적인 도구가 될 수 있을 것이다. 다만 서로 다른 부분들을 짚어 주고 있는 각개의 접근 방법들이 어떻게 유기적으로 상호 연결될 수 있을 것인지는 시간을 두고 탐구되어야 할 것이다. 물론 여기 소개된 것들은 방대한 저서의 일부에 지나지 않는다. 그러므로 충분한 이해를 위해서는 저서 전체를 살펴보아야 할 것이다.

문화에서 탈문화로

스티븐 크루크, 장 파컬스키, 맬컴 워터스

제1장[1]에서 탈현대화에 대한 세 가지 명제가 제시되었다. 첫째, 탈현대화의 역동적 원리(분화, 합리화, 상품화)는 현대화의 원리와 같다. 둘째, 탈현대화는 단순히 현대화의 강화가 아니다. 이 두 명제 사이의 긴장에서 세 번째 명제가 출현한다. 즉, '극'분화, 합리화 또는 상품화가 '탈'분화, 합리화 또는 상품화와 아주 비슷한 결과를 낳는다는 것이다. 이들 명제는 탈현대화 개념이 '분화의 변증법'이라는 이미지 속에서 결정될 *crystallize* 수 있도록 만들어 준다. 특정한 발전 단계를 넘어서면 분화는 역설적으로 탈분화라는 역전을 낳게 된다는 것이다.[2] 이 장에서는 문화의 현

---

* Stephen Crook, Jean Pakulski, Malcolm Waters, "From Culture To Postculture," *Postmodernization; Change in Advanced Society*, Sage, 1992. 크루크와 파컬스키, 워터스는 모두 호주 타스매니아 Tasmania 대학의 사회학과 교수이다. 특히 이 장의 내용을 서술한 스티븐 크루크는 문화와 매체 분야를 전공하고 있으며, 저서로는 ≪모더니스트, 급진주의 그리고 그 영향 *Modernist Radicalism and it's Aftermath: Foundationalism and Anti-Foundationalism in Radical Society Theory*≫(1991) 이 있다.

1) S. Crook, J. Pakulski, M. Waters 가 공저한 *Postmodernization; Change in Advanced Society* 의 1장 "Modernization and Postmodernization"을 가리킨다. ― 옮긴이

2) 이와 같은 '분화의 변증법'과 아도르노와 호르크하이머(1979)가 한탄했던 '계몽의 변증법' 사이의 유비, 그리고 탈현대성의 사회학에 대해 그것이 지니는 함의에 대해서는 8장(S. Crook, J. Pakulski, M. Waters, 앞의 책 8장 "The Dialectics of Postmodernization" ― 옮긴이)에서 보다 자세히 살펴볼 것이다.

대화와 탈현대화를 이들 명제를 통해 조명해 보려고 한다. 탈현대화는 문화적 현대화가 누적적으로 확장된 결과 역전된 것 *extension-cum-reversal* 이기 때문에 이 후자를 형성했던 힘들에 대해 명확히 하는 것이 중요하다. 이 목적을 위해 이 장의 반 정도는 문화적 현대성을 설명하고 있다. 분화, 합리화, 상품화 과정이 각각 현대화와 탈현대화를 다루는 두 절의 각 세 소절에서 초점을 이루게 된다.

문화적 현대화와 문화적 현대성

분화

'분화'는 스펜서로부터 뒤르켐을 거쳐 파슨스와 현대의 신기능주의에 이르기까지 기능주의적 변동론에서 오랫동안 핵심 개념으로 사용되어 왔다.[3] 관심의 주된 초점은 경제, 정치, 사회 공동체, 문화 등의 '하위 체계'가 분화되고 기능적으로 독립하도록 만드는 현대화의 동학에 대한 것이었다. 하지만 사회학적 기능주의가 문화적 분화에 관심을 지닌 유일한 이론틀은 아니다. 베버와 아도르노, 하버마스 등을 거느리고 있는 전통에서도 철학을 세 개의 독특한 '비판들'(순수 이성, 실천 이성, 판단력 비판)로 구분한 칸트의 구분을 이어받아 과학과 도덕 – 법, 예술을 분화되고 자율적인 활동과 경험, 그리고 가치의 영역으로 분절하고 정당화해 왔기 때문이다.

여기서 핵심이 되는 두 개의 개념은 '정당성'과 '자율성'이다. 라시(1990: 5~8)는 문화의 현대화를 '문화적 분화 과정'으로 특징지었는데, 문화적 현대성을 분화된 가치 영역들의 '자율성'과 '자기 입법화'와 동일시한 베버에 근거한 것이다. 과학과 도덕 – 법, 예술은 각각 진리와 선, 정의와 미라는 특수한 '가치'를 담지하고 있는 만큼 정당한 영역들

---

3) 후자에 대한 신뢰(그리고 중요성)의 증가에 대한 예로는 알렉산더와 콜로미 (Alexander & Colomy eds., 1990)가 모아 놓은 논문들을 참조하라.

이다. 또 그것들은 이들 가치 가운데 어느 것도 다른 가치에 의해 정의되지 않는다는 점에서 자율적이다. 이런 모델은 다음 소절에서 논의될 핵심적인 아이디어, 즉 현대 문화의 자율적인 영역들 각각은 자신의 내재적인 원리의 합리화에 의해 진행한다는 관념과 연결된다.

칸트와 베버 사이에는 문화적 현대성의 운명에 결정적인 차이가 하나 있다. 칸트에게 분화는 문화의 형상적 *configurational*, 합리적 통일성과 양립 가능한 것이었다. 세 영역은 각각 과학에 대한 이해와 예술에 대한 판단, 그리고 도덕 – 법에 대한 이성[4]이라는 상이한 '능력'을 발휘하고 있지만, 이 가운데 다른 것들과의 관계에서 이성의 능력이 특권적인 위치를 차지하고 있다.

> 정신의 모든 능력에는 하나의 관심이 부여되어 있다. 즉, 그 능력이 발휘될 수 있을 조건을 포함하고 있는 원리가 그것이다. 원리들의 능력으로서 이성은 정신의 모든 힘과 그 자신의 관심을 결정한다(Kant, 1956: 124).

악명 높은 베버의 '가치 영역' 명제는 이런 계몽주의적 합리주의와 그것의 낙관주의를 버렸다.[5] 이제 상이한 영역들에서 작동하는 가치는 극단적으로 양립 불가능한 것이 되었다. 즉 '세계의 가치 영역들은 서로 화해할 수 없는 갈등 상태에 있는 것'(Weber, 1970: 147)이다. 가치들의 탈마술화와 양립 불가능성은 특정한 가치를 선호하는 영웅적 결단을 요구하는 '시대의 운명'을 직면해야만 한다.

---

4) 판단력 비판(Kant, 1952: II I IX)에서 칸트는 세 영역에서 작동중인 '원리'와 '능력'들을 구분하고 있다. 과학에서는 법칙에 대한 종속이라는 원칙이 자연에 적용되며 이해의 능력 아래 포섭된다. 미학에서는 목적의 원리가 예술에 적용되고 판단의 능력 아래 포섭된다. 도덕성에서는 궁극적 목적의 원리가 인간의 자유에 적용되며 이성의 능력 아래 포섭된다.

5) 베버의 가치 이론과 그것이 촉발시킨 논쟁을 다룬 훌륭한 책으로는 터너와 팩터(Turner & Factor, 1984)를 참조하라. '가치 영역들' 사이의 갈등을 간략히 다룬 가장 뛰어난 논의는 브루바커(Brubaker, 1984: 3장)에서 찾을 수 있다. 크루크(1991: 2장)는 여기서 다른 논의 없이 채용한 해석을 확장하고 있다.

인생을 자연의 사건처럼 제멋대로 진행되도록 놓아 두지 않고 의식적으로 지도하려고 한다면, 인생 전체는 플라톤에서처럼 영혼이 그 자신의 운명을 선택하는 궁극적 결론의 연속으로 이루어지게 된다(Weber, 1949: 18).

일관되고 통합된 방식으로 이런 결정을 내릴 수 있다 하더라도 합리적 설명은 불가능하다. 과학 내부에서는 우리가 '합리적'일 수 있지만 과학의 '가치'에 대해 몰입하는 것 자체는 합리적이지 않기 때문이다.

문화의 내적 분화가 이 두 개념 속에서 모두 핵심적이지만 칸트에게는 그것이 절대적인 것이 아니었으며 베버에게는 매우 문제적인 것으로 간주되었다. 문화적 현대화는 그 밑바닥에 깔려 있던 '합리적' 통합성이 점차 지속될 수 없어짐에 따라 분화를 점점 문제적인 것으로 만들어 가게 되었다. 분화가 문화 내부의 기본적인 변형 원리이지만 문화적 현대성이 분화의 측면만을 지니고 있는 것은 아니다. 오히려 문화적 현대성의 장은 분화와 탈분화 사이의 일련의 긴장으로 결정된다. 이 점은 뒤에서 다시 짧게 다루어질 것이다.[6]

문화의 분화적 현대화는 제도적 분화와 직업적 분화라는 연관된 과정을 통해 발생한다. 근대를 통해 다양한 후원의 형태가 배우와 극작가, 작곡자, 음악가, 화가, 조각가 등을 다양한 방식[7]으로 지원했고

---

6) 이는 라시(1990: 11~5)에서처럼 20세기의 모든 탈분화하는 운동을 탈현대적인 것과 동일시하는 것은 문화적 현대성의 (그리고 뒤에 짧게 다루어지겠지만 탈현대성의) 긴장을 오해할 위험이 있다는 점을 함축한다.

7) 윌리엄스(1981: 38~44)는 다섯 가지의 후원 형태를 구분짓는다. 첫번째는 가장 초기 형태로 예술가를 가구의 한 중심 부분으로 포함시켰다. 중세로부터 근대에 이르기까지의 두 번째 형태는 종종 공식적인 직함(예를 들어 '왕의 음악 교사')을 부여받았던 보수를 받는 가신의 형태였거나, 아니면 특정 프로젝트를 통해 후원(르네상스기 교황의 후원)을 받는 전문가의 형태였다. 세 번째 경우에는 페이트런이 개방된 시장에서 수입을 얻는 예술가들을 보호하고 뒷받침해 주었다(엘리자베스 여왕과 자코뱅의 왕립 후원제). 네 번째 유형은 세 번째 관계에서 쇠퇴하여 책 출판이나 일련의 콘서트에 대해 '예약'을 하는 형태였는데, 이는 18세기에 아주 중요한 방식이었다. 후기 현대성의 전형적인 다섯 번째 유형에서는 징세를 통해 기금을 조성한 공공 기구가 많은 사회적 후원 관계를 지속했다. 후원제의 발전은 명백히 문화 생산의 '상품화'와 밀접히 연관되어 있다.

그를 통해 연극과 음악, 시각 예술과 조형 예술의 '자율성'이 가능해졌다. 후원이 분화된 예술적 '경력 *career*'이 발전하는 데 불가결한 것이었다면 이후 예술 학교나 음악원, 연극 아카데미 등에서 예술 교육이 제도화되는 것에도 마찬가지였다. 예술 문화의 일차적 장소가 귀족의 궁정이라는 사적 영역에서 부르주아의 공공 영역으로 전환하면서 화랑과 오페라 하우스, 연주회장, 출판업자와 극장 등 예술에 초점을 맞춘 일련의 제도들이 출현하였다. 그 다음 이들 제도는 매니저와 흥행주, 그리고 전문화된 비평가와 같이 분화된 예술과 연관된 '이차적' 직업을 뒷받침하게 된다. 제도적, 직업적 분화는 현대 문화의 주된 특징인 위계적 분화에 연루된다. 유럽과 미국에서 중하층과 노동자 계급 사이에 문화 상품을 위한 새로운 시장이 열리자 새로운 제도와 그에 연관된 직업들, 예를 들어 대중 신문과 음악당, 관광 버스, 주말 리조트 등이 만들어지게 되었다. 19세기 전환기의 대중 문화는 결코 전근대의 민속 문화가 아니다. 분화되고 제도화되었으며 상품화된 대중 문화의 형식은 문화적 현대성의 구성적 특징을 형성하고 있다.

문화의 직업적, 제도적 분화 과정과 연관된 주목할 만한 역설이 하나 있다. 18세기 말부터 현대의 '예술적 *artistic*' 직업이 탈분화하는 일련의 미학적 운동과 동반하여 나타났다는 점이다.

> 우리는 우선 특수한 것에 대한, 그 다음 자신 속에 놓여 있는 것으로 가정되는 실재에 대한 주관적 접근을 찾을 수 있다. 우리는 합리적 정식에 환원될 수 있는 짜여진 것에 대립되는 유기체적이고 종종 계산 불가능한 것에 대한 존경을 발견한다. [……] 또한 열정적이고 불안한 불편 또는 고뇌, 원인 모를 멜랑콜리, 모호한 열망, 전혀 알 수 없는 무엇, 독일어로 *Sehnsucht*, 즉 원망에 대한 추구 역시 발견한다(Weber, 1960: 13).

낭만주의는 다면적이어서 때로는 급진적이고 때로는 반동적이며 때로는 세계에 격렬하게 참여하고 때로는 물러서서 미학화하기도 한다. 여기서 연결끈은 계몽주의 문화의 합리적 분화가 문화에 가치를 부여해 준 경험의 통일성을 산산이 부숴뜨렸다는 지각이다. 이는 '예술'을 '삶'

에 종속시킨 바이런의 행동주의뿐 아니라 '삶'을 '예술'에 종속시킨 고티에의 미학주의에도 함께 적용된다. 대표적인 예로 우리는 문화의 내적 분화를 거부하며 음악과 연극, 시, 시각 예술을 총체 예술 *Gesamtkunstwerk* (여기에 대해서는 다음 절에서 보다 자세히 살펴볼 것이다) 속에 재통합한 바그너를 들 수 있다. 계몽주의의 합리주의 이후 낭만주의는 문화적 현대성의 핵심 문제를 분화와 탈분화 사이의 긴장으로 규정했다. 미학주의로부터 행동주의에 이르기까지 낭만주의에서 시연되었던 다양한 해결책들이 이후의 발전을 위한 기본 틀을 제공하고 있다.

이러한 논쟁에 비추어서 분화된 문화적 현대성에 대한 베버식의 사고를 재음미해 보는 것이 도움이 된다. 베버는 의지와 몰입을 통해 달성될 영웅적인 탈분화를 요구한다. 이런 입장이 지닌 '낭만주의'에 대해서는 굴드너가 이미 지적한 바 있다(Gouldner, 1975: 324).[8]

> 다원적 가치와 다원적 이상형에 대한 베버의 다원적 관점 이론은 각 사람이 그 자신의 세계를 만들고 그것을 위해 싸운다는 낭만적 가정으로 떨어져 버리고 만다. [……] 전형적인 낭만적 스타일 속에서 세계의 통합성은 개인 외부의 무엇인가에 의해 허여되는 것이 아니라 오히려 그 자신의 개인적이고 열정적인 몰입에 의해 창조되는 것이다.

말하자면 베버는 '현대의 패러디그마틱한 이론가'(Lash, 1990: 11)라고 할 수 있지만, 또한 현대 문화를 파편화시킨 소외적 분화에 저항하여 투쟁한 인물이기도 하다는 것이다.

합리화

베버의 '합리화' 명제는 문화가 일관성과 계산 가능성을 추구하는 현대화 충동에 의해 변형된다고 시사한다. 이러한 변형의 한 측면은 문화의 다양한 영역에 내재하는 형식적 가능성들의 '내적' 발전이다. 그래

---

8) 굴드너가 낭만주의를 단순한 미학적 '스타일'이 아니라 '재활성화하는' 사회 운동으로 이해한 것은 주목할 만하다. 레히너의 최근 신파슨스주의적 분석에서는 재활성화를 현대화의 '긴장'에 대한 탈분화 반응으로 이해하고 있다(Lechner, 1990: 101).

서 베버(1958)는 서구 음악이 음계 사이의 수학적으로 통합된 관계에 기초한 조성의 합리화를 놀라울 정도로 달성해 왔으며, 이런 합리화는 다른 어떤 문화도 이루지 못한 것이라고 주장한다. 그러나 그는 문화의 합리화가 불완전할 수밖에 없다고 본다. 음악의 경우 그것은 두 가지 측면에서 그러하다. 먼저 조성 자체 속에서는 일곱 번째 음계가 통합에 도전한다. 보다 일반적으로 말하자면 '화성적 합리화가 그것이 결코 완전히 소진시키지 못하는 선율과 지속적인 긴장 속에 있다'는 것이다(Weber, 1958: 10). 완전히 형식화되고 계산 가능한 문화는 합리적인 것과 비합리적인 것 사이의 긴장만이 줄 수 있는 가치를 박탈해 버릴 수 있다. 문화적 합리화의 두 번째 차원은 생산, 재생산 도구의 '기계화'이다. 예를 들어 베버(1958: 123)는 피아노 '기술'의 영향을 지적한다. '재생산' 도구로서 피아노는 축음기와 라디오의 선조벌쯤 된다. 관현악곡을 피아노로 편곡하면서 이 과정이 시작되었는데, 그 발전의 가장 최신 국면은 콤팩트 디스크 플레이어다. 이처럼 기술 혁신에 의해 문화 소비는 공적 영역에서 사적 영역으로 전환되었다.[9] 아도르노는 시와 연극, 음악과 시각 예술을 재통합하는 바그너의 총체 예술을 비판하면서 문화의 '기술적' 합리화라는 관념에 의존한다.

> 분업에 저항하여 시인과 가수 그리고 마임의 신비적 통합성을 연기해 내고 총체 예술이 마치 그 통합성 자체를 달성할 수 있는 것처럼 행동하지만 실상 그의 기술에 의해 분업은 절멸되기보다 오히려 강화된다(Adorno, 1981: 108).

바그너식의 뮤직 드라마는 고도로 합리화된 생산물이다. 주마등처럼 변하는 그 무대는 발달한 무대 기술에 의존하고 있으며, 인물과 음악 동기 사이의 연계는 음악을 원자화하고 그것의 작곡을 기계화하며,

---

9) 축음기와 CD 플레이어는 베버가 사용한 예는 아니다. 여기서 베버는 피아노의 레퍼토리가 공적인 척도와 사적인 척도 사이를 어떤 식으로 왔다갔다했는지에 대해서도 지적하고 있다. 피아노는 연주자의 기량을 발전시키는 데 사용될 수도 있으며 작곡 자체의 도구로 기능할 수도 있다.

음악적 '색채'는 단일한, '사물 같은' 음을 생산하기 위해 특정 악기의 부분들을 파편화, 재통합하는 것에 의존하고 있다.

> 예술 작업의 기계화, 즉 그 방법과 효과의 합리적 계획이 진보하면 할수록 바그너는 더욱 그의 음악이 임의적이고 즉흥적이며 자연스러운 것처럼 보이도록 만들려고 하며 통제하는 의지를 감추려고 노심초사하게 된다(Adorno, 1981: 50).

만일 현대 문화가 전적으로 합리화될 수 없는 것이라면 그것은 합리성을 회피할 수도 없다. 합리적 기술은 심지어 합리화와 분화에 대한 저항조차 뒷받침하고 있는 것이다.

20세기 초반의 아방가르드 운동은 문화의 합리화와 분화, 합리화와 분화에 대한 대립 그리고 문화적 현대성의 한계 사이의 핵심 연결망에 위치하고 있다. 가장 효과가 컸던 아방가르드적 제스처 가운데 하나로 마르셀 뒤샹은 1917년의 뉴욕 살롱에서 "샘"이라는 제목으로 변기를 전시했다. 작가란에는 위생 엔지니어인 'R. Mutt'라는 이름이 붙여졌다. 뒤샹은 20세기 초에 융성했던 구성주의, 미래주의, 초현실주의 등 수많은 '대립적 문화 구성체'[10] 가운데 하나인 다다 운동의 가장 유명한 일원이었다. 아방가르드 운동은 '예술'과 '삶'의 분리에 대해 낭만적으로 '탈분화하는' 저항을 시도했다. 뒤샹은 가장 일상적인 사물들을 미학적 장에 끼워 넣어 미학과 일상 개념 모두에 도전하고 있다. 아방가르드 운동의 실패는 그들이 도전했던 미학적 장 속으로 그들이 재흡수된 것에서 예고된다. 뷔르거가 지적하듯이(Bürger, 1984: 72) "예술을 그것의 프락시스로 회귀시켜 삶을 혁명화하려는 의도는 예술을 혁명화하는 것으로 드러났다." <샘>의 사진이 커피 테이블의 예술사 속에서 자기 자리를 잡게 된 것이다.

미술과 문학, 음악에서의 모더니즘 운동은 독특한 일면성으로 내

---

10) 이는 레이먼드 윌리엄스(1981: 70)의 정식화를 따른 것이다. '기존 제도, 또는 보다 일반적으로 이것들이 존재하게 하는 상황에 대한 대립'이라는 용어로 그런 구성체들을 묘사하는 윌리엄스의 정의는 무용할 정도로 일차원적이다.

재적 합리화를 추구한다. 리얼리즘 미술과 문학 또는 화성 음악이 지닌 잠재력이 소진되었다는 확신에서 모더니스트들은 '미학적 질료 속의 가능성들을 드러내는 것이 풀어야 할 문제'라는 '문제 해결적' 접근을 취한다(Lash, 1990: 14). 이처럼 자기 준거적이고 가속화하는 합리화의 결과 쇤베르크의 음악, 조이스의 문학, 피카소의 미술은 점점 교육받은 부르주아 청중들조차 통찰할 수 없는 것이 되어 버렸다.[11] 아방가르드는 이러한 '전문가 문화의 엘리트주의적 분리'가 하버마스(1987: 330)의 용어를 빌리자면 현대 문화의 병리 현상을 해결하기는커녕 확장시키는 것으로 보았다. 그들의 의도는 그것을 역전시키는 것이었다. 그러나 뒤샹의 예가 보여 주듯 아방가르드는 미학적 '문제 풀기'로부터 절연할 수가 없었고 그것의 효과는 예술의 내재적 합리화를 진전시키는 것이었다.[12] 뷔르거가 지적하듯(1984: 22) 아방가르드가 예술의 하위 체계의 자기 비판을 대표하는 것이라면, 성숙한 문화적 현대성의 규정적 문제인 예술과 삶 사이의 분리를 역전하려던 아방가르드의 실패는 또한 문화적 현대성의 한계를 드러낸다. 미학적 모더니즘이 가치 영역들의 내재적 합리화와 분화의 한계에 도달했다면, 아방가르드는 합리적 탈분화의 한계에 도달했다.

---

11) 음악이 문화적 합리화의 패러다임적 사례를 제공해 준다는 베버의 감각은 모더니즘 예술 가운데서도 가장 통찰하기 어려운 것이 음악이라는 관찰에서도 일정 부분 확인된다. 시각 영역인 회화의 경우 비전문가라도 약간은 접촉점을 지닐 수 있어서 처음에는 이렇게, 그 다음에는 저렇게 볼 수가 있다. 반면 음악에서는 아주 높은 등급의 기술(악보를 읽을 수 있는 능력, 전통적 조성에 대한 기초 지식)이 없는 사람에게라면 12음계 기법으로 작곡된 작품은 단지 소음에 불과할 뿐이다.

12) 라시는 모더니즘과 탈모더니즘의 구분이 상이한 유형의 미학적 '문제' 사이에 있다고 주장한다. '모더니즘은 재현을 문제적인 것으로 파악하는 반면 탈모더니즘은 실재를 문제시한다'(Lash, 1990: 13). 그의 관점에서 보자면 예를 들어 초현실주의는 모더니즘의 '전성기'에 출현한 것이기는 하지만 '부분적으로는' 탈모더니즘적이다. 여기서 관심사는 특정 작품이 모더니즘이냐 탈모더니즘이냐를 밝히는 것이라기보다 문화적 현대성과 탈현대성을 상이한 질서를 지닌 영역으로 파악하려는 것이다. 이런 시각에서 보자면 초현실주의와 여타의 아방가르드 운동은 후기 현대성이라는 문제적 영역 내에서 활동하고 있는 것이다.

후이센(Huyssen, 1986: 1장)은 아방가르드를 기술과 대중 문화에 연결시키는 '은폐된 변증법'이라고 지적했다. 뒤샹의 <샘>과 모자걸이를 이용한 다양한 실험은 대량 생산된 사물이 아방가르드에 지녔던 매혹감의 예이다. 벤야민은 이 매혹을 설명하면서 '기계적 재생산'이 예술 대상의 진정성과 아우라 그리고 전통주의를 침식하는데, 그것은 '반동적인' 개인화되고 정관적 *contemplative* 인 예술 수용을 고취한다고 주장한다(Benjamin, 1973: 222~3, 236~7). 그는 예술 속으로의 '정관적 함입'에서 빠져 나올 수 있도록 청중에게 '충격'을 주려는 다다주의자들의 시도를 상찬하며 "영화는 다다주의자들이 이른바 도덕적 충격 효과라는 포장 속에 감추어 놓았던 물리적 충격 효과를 외부로 꺼내 놓았다"라고 덧붙인다(1973: 240). 벤야민의 관점은 급진적 아방가르드와 대중 문화가 해방적이고 반아우라적이라는 점에서 수렴하고 있음을 지적하는 것인데, 이 수렴은 재생산과 커뮤니케이션의 새로운 기술에 의해 이룩된다.[13]

벤야민의 실수는 기술적 합리화의 의심스러운 반아우라적 효과와 관련이 있다. 재생산 기술이 문화적 전통의 고정화에 핵심적 역할을 수행했다는 얘기도 충분히 할 수 있는 것이다. '위대한 미술품'의 복제품이 책에 실리는데, 책은 존경할 만한 연결 이야기와 함께 역사적 시퀀스 속에 그림을 위치시킴으로써 전통을 만질 수 있는 것으로 만든다. 비슷하게 20세기 중반에 '고전' 음악을 재생산하는 것은 그것의 영향에서 볼 때 거의 반아우라적이지 않다. 그것은 '위대한 작곡가,' '위대한 연주자,' '위대한 연주' 등의 관념을 전복시키기보다 강화한다. 단순히 전현대의 숭배적 가치의 반향이 아닌 이러한 '아우라'의 제조는 상품화와 행복하게 결합하고 있다. 위대한 지휘자는 음반을 팔고 음반의 성공은 지휘자의 위대성을 뒷받침하는 것이다.

보다 일반적인 점이 벤야민에 대한 이러한 비판과 연결된다. 20세기의 미술과 문학, 음악에서 지배적인 관심사는 전통의 능동적 '발명'

---

13) 후이센은 다소 비관주의적인 어조로 벤야민을 이러한 희망의 처음이 아니라 끝에 위치시킨다. 그는 전후 아방가르드의 탈정치화 아래에서 '순응주의'가 승리했음을 강조한다(Huyssen, 1986: 1, 7~9, 15).

이라는 것이다. 후기 *late* 현대의 '고급' 문화는 압도적으로 박물관 문화이다.[14] 문화적 현대화의 이전 단계의 문화적 대상물들, 렘브란트의 회화, 셰익스피어의 연극, 베토벤의 교향곡 등이 거대한 권위적 현존을 지니게 되었다.[15] 19세기 말에는 동시대의 미술, 문학, 음악이 부르주아 문화의 관심의 중앙에 있었다. 브람스의 교향곡을 듣는 청중은 그 작품을 베토벤을 거쳐 바흐로 거슬러 올라가는 음악 전통의 동시대적 구현으로 받아들일 수 있었다. 반면 20세기에 모더니즘이 도래하자 특히 음악에서 이제는 심지어 '교육받은' 청중들조차 그에 접근하는 것이 불가능해졌고, 따라서 표준적 레퍼토리는 더욱더 과거 지향적이 되었다.[16]

후기 현대 문화의 발아하는 제도들 — 대학의 학과, 아카데미들, 비평 저널 등 — 은 과거의 문화적 대상들을 분류하고 목록화하여 그것을 현재의 문화적 대상들에 연결시키는 거대한 작업에 참여하고 있다. 문화적 전통의 발명이 일어나는 곳은 바로 여기이며, 그래서 예를 들어 영국 문학을 가르치는 새로 생긴 한 대학에서는 ≪베어울프 *Beowulf*≫를 셰익스피어의 연극과 엘리어트의 시에 연결시키는 전통을 발명할 수도 있다. 이러한 작업은 이제 출판업자, 화랑, 콘서트 프로모터들이 문화적 대상을 전시하는 데 모범을 제공해 준다. 박물관 문화는 새로움과 다이너미즘 감각과 훌륭하게 양립할 수 있다. 먼저 새로운 연주자, 연극 연출자, 또는 관현악단 지휘자들이 고전 작품에 대한 새로운 해석을 제시하는 데서 생기는 연행의 새로움이 있다. 이러한 새로움은 기존 작품을

14) 제도화된 예술에 대한 비판이 예술의 대상을 정의하는 역할을 한다는 점에서 아방가르드조차 어느 정도 여기에 연루되어 있다. 뷔르거(1984: 19)가 주장하듯이 예술 발전의 이전 단계가 예술 발전에서의 단계로서 이해될 수 있었던 것은 아방가르드의 '관점'을 취하면서부터였다.

15) 현대적 작품의 권위주의적 핵심이 가용하게 되었다는 점으로부터 초기 현대성과 후기 현대성을 구분할 수 있다. '취향의 문제'는 그 중요한 부분이 17세기에 제기되었는데, 이는 고대성에서 구현된 '전통'과 아직 권위적 표준으로 발전하지 못한 현대성 사이의 대립 때문이었다.

16) 여기서 하나의 중요한 보충적 논점은 모더니즘의 영향을 거의 받지 않았으면서도 20세기에 여전히 훌륭하게 작품 활동을 하고 있는 작곡가의 역할에 대한 것이다. 엘가와 푸치니, 라흐마니노프, 시벨리우스, 슈트라우스 등이 그런 작곡가들이다.

재현하고 재해석할 수 있는 장벽 파괴 *blockbusting* 전시를 통해 시각 예술에도 도입된다. 새로움과 박물관 문화 사이의 두 번째 조정은 끊임없는 전통의 수정이다. 1960년대에 폭발했던 바로크와 바로크 이전 음악에 대한 관심은 한 무더기의 '새로운' 작품들을 레퍼토리에 도입해 주었고, 연주에서 진정성에 몰두하는 '새로운' 음악적 앙상블의 유형을 수립했다. 이러한 예는 그것이 모더니즘이나 아방가르드와는 상이한 방식으로 문화의 합리화를 그 한계에 가깝게 가져가고 있다는 점에서 교시적 *instructive* 이다. 일정한 지점을 넘어서면 박물관 문화에 과거의 문화 생산자들과 역사적 시대를 더욱더 많이 흡수하는 것은 '전통'의 조직틀을 침식시켜 버리게 되고 박물관은 어떤 기준을 가지고도 또 아무런 기준이 없이도 접근할 수 있는 데이터 베이스가 되어 버리고 만다.

상품화

분화된 현대 문화의 관점으로부터 상품화는 상업이 미적 가치를 지워 버리는 식민화로 나타날 수 있다. 이런 관점이 이제까지 '대중 문화'에 대한 이론을 지배해 왔는데, 그 속에서는 계몽주의의 보수적인 비판에서 연원한 주제가 자본주의에 대한 마르크스주의의 비판 속에서도 반향되고 있다.[17] 아도르노와 호르크하이머(1979)는 유럽에서의 나치의 대중 매체 조작과 미국에서의 매체의 상업적 조종을 서로 유비시켰다. 후기 자본주의에서 문화의 생산과 소비는 자본주의 생산 체계에 흡수되어 문화가 '상품화'되었다는 것이다. 문화 생산이 산업화되면서 문화 생산물들 사이의 차이는 단순한 '이미지'나 '스타일'의 문제가 되었고, 크라이슬러 자동차와 제너럴 모터스 자동차 사이의 차이와 다를 바 없는 것이 되어 버렸다(Adorno & Horkheimer, 1979: 123). 이처럼 차이가 쇠퇴하고 스타일이 승리하면서 '문화 산업'과 전체주의는 서로 수렴된다. "문화 산업 속에서…… 모방은 최종적으로 절대적인 것이 된다. 단지

---

17) 여기서 이 복잡한 문제를 탐구할 여유는 없다. 지너(Giner: 1976)가 이 현상에 대한 완전한 역사적 탐구를 제공해 주고 있으며, 스윈지우드(1977)는 그 마르크스주의적 변형물들에 대해 보다 극단적인 비판을 발전시키고 있다.

스타일 이상의 것이 되기를 그침으로써 그것은 후자의 비밀, 즉 사회적 위계에 대한 복종을 폭로한다"(1979: 131). 문화는 성숙한 개인이 사회와 자신의 삶에 대해 비판적으로 반성할 장소로서 기능할 능력을 상실해 버렸다. 프로이트의 명제에 의거해서 아도르노와 호르크하이머는 문화 산업의 순효과가 개인성의 진정한 회귀라고 주장한다. 그것이 함양하는 모방적 *imitative* 또는 '미메틱 *mimetic*'한 태도와 행위는 개인의 발전을 아직 유아적인 단계에 정지시켜 버린다.

이러한 암울한 관점으로부터 그 후 상품화는 모든 문화적 가치를 파괴하고 순응주의를 조장하며 개인의 발전을 지체시키는 전체주의적 조작과 수렴되었다. '고급' 문화 역시 이러한 비판에서 면제되지 않는다. 문화의 상품화를 준비한 많은 과정은 실상 '고급' 문화 속에서 연원한 것이다(예를 들어 위에서 지적한 아도르노의 바그너 분석을 보라). 아도르노와 호르크하이머는 베니 굿맨과 부다페스트 4중주단의 협연에 대한 지적에서처럼 고급 문화와 대중 문화 사이의 경계가 자주 침식되고 위반되는 현상에 정확히 초점을 맞추고 있다(Adorno & Horkheimer, 1979: 136). 이런 점에서 그들은 문화적 탈현대화의 초기 이론가이며, 그들의 비관주의는 일방적으로 칭찬하는 설명에 대한 교정소로 사용될 수 있다.

그러나 문화의 상품화에 대한 분석을 자본주의의 내적 논리의 발현과 그것의 파괴적 효과로만 설명하는 것에는 한계가 있다. 무엇보다도 그것은 문화의 제도적 분화와 내재적 합리화가 문화 생산 관계의 상품화와 엮이는 복합적인 방식으로부터 주의를 돌리게 만든다. 마르크스와 베버가 모두 인식하였듯이 시장 관계는 사정없이 반전통적이며, 관습과 지위에 기반한 전현대적 행위 유형을 전복시키는 경향이 있다. 만일 초기 현대기의 부르주아 문화가 왕과 교회의 권위에 대해 비판적이고 전복적인 자세를 취했다면 그것은 부르주아 문화의 상품화된 성격에 부분적으로 책임이 있다. 문화 상품에서 '시장'이라는 관념과 실체는 문화적 생산, 분배, 교환을 종교적 정통성이나 군주의 권위에 대한 요구에 종속시키려는 시도를 끊임없이 전복시킨다.[18] 시장에서 문화 상품의 성공적인 운용은 실제로 얼마나 성취되었느냐와는 별도로 문화적 자율성의 생생한 아이콘을 제공한다.

현대기를 통해 아주 많은 문화적 제도들과 개인 문화 생산자들이 현대의 조건(주 11을 보라)과 시장 행위에 적응된 일정한 형태의 후원 제도의 조합을 통해 생존했다. 윌리엄스(1981: 107)는 후원제(특히, 국가 지원)와 시장 기제 사이의 균형이, '필요한' 고급 문화라는 관념과 이윤에 지배되는 시장의 힘으로부터의 그것에 대한 위협 사이의, 그리고 문화적 다양성에 대한 다원주의적 개념과 시장 지향적 개념 사이의 '불균형'에 사로잡혔다고 주장한다. 상품화가 문화적 가치를 타락시키고 식민화시키는 '타자'라는 감각이 이러한 긴장 둘레에 떠돌고 있다. 부르주아 '고급' 문화와 연관된 제도와 실천들은 비록 전적으로 시장 기제를 통해 생존하지는 않는다 하더라도 상당 정도 상품화되었다. 후기 현대 문화는 상품화와 탈상품화의 압력이라는 구성적 긴장에 의해 형태가 만들어진다. 다음 절에서는 둘 사이의 균형 변화가 탈현대화 과정에서 발생할지 아닐지에 대한 질문이 제기된다.

상품화된 것과 비상품화된 것 사이에 '고급' 문화와 '대중' 문화 사이의 구분을 정당화할 수 있을 선이 존재하지 않는다는 점은 분명하다. '대중적 *popular*' 쾌락과 여흥을 대량으로 상품화하는 것이 문화적 현대화의 가장 주목할 만한 결과 가운데 하나라 해도 이 과정은 분석적이고 역사적인 맥락 속에 위치지어져야 한다. 문화의 상품화를 자본주의의 동학이라는 '공급 측면'에서만 이해하는 것은 너무 안이하다. 새로운 사용 가치(아마 여행의 경우처럼)의 창조와 옛 사용 가치(노래 부르기, 먹기, 술 마시기)의 식민화는 경제 성장에 기본적이다. 그러나 이 수준에서의 설명이 상품화의 '수요 측면'에까지 적용된다면 문제가 발생하게 된다. 소비가 스스로의 생산성은 아무것도 없는, 단지 수동적인 것으로 인식되면 대중 문화 이론 속에서 소비자가 자본이 만들어 낸 '허위 욕구'의 희생물로 생각되는 것은 너무 쉬운 단계이다. 만일 그와

---

18) 그래서 윌리엄스(1981: 10)는 '한편으로 문화적 생산과 사회적 생산의 오래 된 기존 제도들(교회와 국가)과 다른 한편으로 새로운 제도, 그리고 시장과 전문적, 문화적 독립성이 지닌 힘 사이의 복잡한 불균형'에 대해 지적하고 있다.

같은 생략을 회피하고자 한다면 소비자 수요의 역사적 생산성에 대한 질문이 제기되어야 한다. '고급' 문화와 '대중' 문화의 역사를 재통합하는 가치를 지니고 있는 한 가지 길은 '취향'이라는 독특한 현대적 현상을 고찰해 봄으로써 확보될 수 있다.

취향은 명확하게 현대적인 현상이다. 이는 전현대 문화가 그 구성원들에게 소비 과정에서 취향을 행사할 수 있을 만큼 선택지를 제시해 주지 못했다는 점에서 그렇다. '전통적' 쾌락주의와 '현대적' 쾌락주의를 나누는 캠벨(1987)의 구분에는 한 가지 추가적인 차원이 덧붙여진다. 전통적 쾌락주의는 기본적 '욕구'(먹을 것, 마실 것, 섹스 등을 별로 넘지 않는)를 지향하고 있으며, 그것의 계속적인 지불 유예는 식욕을 방해하는 경향이 있었다. 비록 결핍 – 만족의 사이클을 재창조하고 감각을 에피쿠로스적으로 자극할 가능성은 있었지만 전통적 쾌락의 분화와 합리화, 상품화를 위한 영역은 제한되어 있었다. 캠벨(1987: 69)은 '현대적 쾌락주의의 발전에서 핵심은 일차적 관심이 감각 *sensations* 으로부터 정서 *emotions* 로 이동했다는 것'이라고 주장한다. 현대 초기에 일어난 '현대의 자율적인 상상적 쾌락주의'의 발전은 소비주의와 취향이라는 서로 연계된 현상에 대해 결정적인 위치를 차지하고 있다. 소비주의는 소비자측에서의 '끝없는 결핍'을 요구하지만 소비자는 "생산물로부터 그들이 생산물들의 연관된 의미로부터 구성하는 자기 환상적 경험에서 오는 쾌락만큼의 만족만을 구하는 사람들"이다(Campbell, 1987: 89). 이러한 근거 위에서 "개인적 선호의 전형적 유형으로 간주되는 '취향'은 주로 백일몽의 기능이 된다"(1987: 93).

문화의 상품화 궤적이 취향 현상과 밀접하게 관련되어 있다고 한다면 상이한 사회 계층이 상이한 시기에 취향의 장에 빠져들게 되었다는 것도 당연한 결과이다. 취향 현상은 현대 시기에 사회적 위계를 '흘러내려왔으며' 이 흘러내려오기의 속도와 영역은 상이한 계층의 변화하는 사회적, 경제적 상황에 의존하는 것이었다. 취향은 특히 프랑스에서(Moriarty, 1988 참조) 전제 군주제와 귀족제의 홍성과 연관되어 17세기에 독특한 문제로 등장했다. 기사도 *Chevalier de Méré* 와 같은 당대의 권위에 대해 고급스런 취향 *le bon goût* 은 전적으로 귀족적이고 궁정적인 엘리트의 표지였다. 부르주아와 전문가 집단의 경제적 권력이 성장하는 것에 발맞춰 18세기에는 계몽주의적 취향 개념이 등장했다. 데이비드 흄은 취향의 기반이 '인간의 일상적 감각'에 있으며 그것은 보편적으로 배분되어 있지만 단지 아주 드물고 최선의 상황에서만 '예술에 대한 진정한 판단'의 능력을 생산하는 것이라고 보았다(Hume, 1964: 170~9 참조). 부르주아의 소비가 취향의 장에 들어와서 그것을 변형시켰다. 노동자 계급의 취향 현상은 19세기 말에 출현하여 20세기 중반에 폭발했다.[19] 톰린슨과 워커(1990: 221)가 1930년대의 영국에 대해 썼듯이 말이다.

> 여홍과 오락에 드는 평균 실제 가격이 하락했다. 상시고 노동자들은 영화나 연극, 음악회, 댄스 홀, 유람 여행 표를 구하는 데 아무런 어려움이 없었다. 자전거와 같은 새 상품들을 할부 구입하는 것도 가능했다.

톰린슨은 이 시기에 '대량 소비의 형식을 통해 이전까지 하위에 처져 있던 사회 집단들이 종속의 굴레를 벗어 던졌다'는 점을 지적하기 위해 프리스틀리 J. B. Priestley 를 인용한다(Tomlinson, 1990: 14).

노동자 계급에게 소비주의가 확산되는 것에 대한 지식인들의 반응은 의심과 분명한 적의로 요약된다. 지식인들은 노동자 계급이 소비하는 문화적, 물질적 상품의 질을 한탄하고 조소하였으며, 소비자에게 허여된 선택 정도가 제한되고 단지 환상적인 것일 뿐이라고 평가 절하했고, 노동자 계급 소비자들이 선호하는 문화 생산물들의 해로운 결과를 연구하기 위해 수백만 달러를 투입하였다. 이 현상을 이해하는 가장 명확한 방법은 이를 현대화의 출범기에 시작되고 이전에 여타 사회 계

---

19) 이처럼 과도한 단순화에 균형을 맞추기 위해서는, 예를 들어 버크의 논의를 참조하라. 버크는 경제적 번영이 훨씬 이전 시기부터 종속 집단의 물질 문화를 풍부하게 했다고 주장한다. 영국이나 알자스 지역 같은 곳은 16세기 말, 17세기 초부터, 그 밖의 많은 유럽 지역은 18세기에 이런 현상이 나타났다는 것이다. 이 발전은 상품화와 밀접하게 연계되어 있다. 스태포드셔 도자기, 네덜란드 타일, 맨체스터 린넨 등의 생산이 표준화, 전문화되면서 소비재들을 광범위하고 값싸게 구입할 수 있게 되었고, 이는 지역의 특수성을 쇠퇴시켰다(Burke, 1978: 244~50).

층의 문화적 실천을 변형시켰던 과정의 지속과 발전으로 이해하는 것
이다. 상품화는 귀족 문화와 부르주아 문화가 상품화되고 혼합된 시기
에 조금 뒤이어 노동자 계급의 실천에까지 도달했다.

비상품화된 고급 예술과 상품화된 대중 문화 사이에 커다란 차이
는 아무것도 없다. 그와 같은 구분의 가능성은 상품화의 특정 단계에
서 상황의 복합 국면에 의존한다. 그것은 첫째 귀족과 부르주아가 민
속 문화로부터 완전히 철회할 것을 요구하는데, 버크(1978: 270)는 이
과정이 대부분의 유럽에서 1800년까지는 완결된 것으로 시사한다. 이
러한 철회는 취향 또는 엘리트 문화의 장과 민속적 실천의 비취향, 비
문화 사이의 초기 현대적 구분을 낳는다. 이 구분은 상품화와 취향이
종속 계급의 실천 속으로 흘러내려 (엘리트 문화의 관점에서 보면) 비취향
의 무가치함을 나쁜 또는 퇴화한 취향으로 변형시키는 시기에 대중 문
화에 대한 비판으로 변화해 간다. 고급 – 대중 문화의 구분은 인식 가
능한 '취향 문화' 사이의 구분이 사회 계층 사이의 구분과 일치할 때
나 가능한 것이다. 일단 취향 문화가 혼합되거나 계층 사이의 경계를
넘어 다양한 방식으로 넘쳐 나면 고급 – 대중의 구분은 단지 향수적 힘
이 될 뿐이다.

요약: 문화적 현대성의 신드롬

분화, 합리화, 상품화 과정이 전현대 문화의 실천에 작용하여 문화적
현대성의 신드롬을 만들어 냈다. '신드롬'(Mowlana & Wilson, 1990 이 사용
한)이라는 말은 다양한 방식으로 상호 연관될 수 있지만 어떤 단일한
원리를 중심으로 하나의 '통합체'나 '총체'를 형성하지 않는 많은 특징
들의 동시 발생을 시사한다. 문제가 되는 신드롬은 각각의 범위와 강
도에 대해 광범위한 가치에 걸쳐 세 과정이 상호 작용함으로써 발생하
는 지역적 안정성이다. 말하자면 분화와 합리화, 상품화가 일정한 범위
와 강도를 획득하기 이전에는 신드롬을 발생시키지 않는다. 일단 그것
들이 일정한 범위와 강도를 넘어서면 그것들은 문화적 현대성의 신드
롬을 넘어 탈현대화의 과정 속으로 움직여 간다. 다음 절에서 살펴볼

것은 문화적 현대성의 탈현대화이다. 여기서 신드롬의 주요한 측면들을 요약하는 것이 유용할 것 같다.

첫째, 문화적 현대성은 분화의 특정한 수준과 강도에 의해 결정된다. 그것은 초기 단계에서 다른 실천으로부터 문화적 실천의 분화, 그리고 성숙한 형태에서는 다양한 문화 '영역들'의 자율성을 요구한다. 그 다음 자율성의 문제는 문화적 현대성을 분화와 탈분화의 계기 사이의 일련의 지울 수 없는 긴장 속에 위치시킨다. 분화된 문화적 현대성은 '극분화'가 자율적 영역 사이의 구분의 중요성을 효과적으로 침식시킬 구분의 범람으로 이끌어 갈 때 한계에 도달한다. 문화의 합리화는 두 개의 독특하고 연관된 차원 위에서 진행된다. 가치 영역들의 '내적 논리'의 내재적 발전과 생산, 재생산 기술의 발전이 그것이다. 합리화 역시 현대성에 역사적, 주제적 한계를 형성하는 일련의 긴장을 만들어 낸다. 모더니즘은 내재적 합리화 원리를 극한까지 밀고 나가는데, 그것은 '논리적'으로 그러할 뿐만 아니라 청중으로부터의 분리를 통해 사회적으로도 그러하다. 그것은 탈분화하는 아방가르드의 비판과 '박물관 문화'로의 점증하는 전회와 맺는 복합적 관계 속에 위치한다. 모더니즘의 소진, 아방가르드의 실패, '전통'의 침식은 합리화된 문화적 현대성의 한계이다. 문화적 현대성은 출범부터 상품화에 의해 특징지어졌는데, 이 상품화는 자주 부정되고 환치되었다. 성숙한 문화적 현대성의 상이한 지역들이 상이한 정도로 상품화되었지만 어떤 지역도 상품화를 벗어나지는 못했다. '수요 측면'에서 상품화의 담지자는 취향 현상이며, 초기 문화적 현대성은 지배적 사회 집단 사이에서의 취향의 확산에 의해 특징지어진다. 성숙한 현대성의 지역적 안정성은 종속 집단들로 취향이 확산되면서 발생하며 그것은 비상품화된 '고급 문화'와 상품화된 '대중 문화' 사이의 '이데올로기적' 구분을 정당화하는 방식으로 이루어진다. 상품화는 문화적 현대성에 한계를 설정하는데, 그 한계는 문화적 현대성의 범위와 강도가 심지어 지역들 사이에서조차 더 많아지고, '취향 문화'의 범람이 '고급 – 대중'의 구분을 침식시킴에 따라 파괴되어 버리고 만다.

탈문화를 향하여

앞 장[20]에서 선진 사회는 제지하거나 역전할 수 없을 것 같은 탈현대화하는 변형의 물결에 떠밀려 '벼랑 끝에서의 균형'을 유지하고 있다고 얘기했다. 이 과정에서 문화적 변형은 특별한 중요성을 지니는데, 탈현대화된 문화 자체가 사회적 탈현대화의 강력한 작용 요인이 되기 때문이다. 우리가 직면하고 있는 한계(그리고 8장[21]에서 논의할)는 우리가 탈현대화의 과정 속에 위치하고 있다는 것이다. 우리는 어떤 '관점'을 부여받고 있는데, 그 지평에서 바라보면 사회적, 문화적 현대성의 신드롬이 일정한 명료성을 지니고 드러나게 된다. 그러나 탈현대성의 신드롬을 살펴볼 그와 같은 지평은 미래에 놓여 있을 것이기 때문에 그 신드롬에 대한 우리의 지도는 필연적으로 정밀성이 떨어질 수밖에 없다. 이 필연성을 전화위복으로 만들려고 한다고 해서 여기서의 우리의 목표가 다시 한 번 탈현대 문화를 현대 문화로부터 하나하나 분화시키는 것이 되지는 않는다(그와 같은 시도로는 Hassan, 1985; Lash & Urry, 1987: 287을 볼 것). 보다 제한된 목표는 문화적 현대성의 신드롬을 발생시켰던 분화, 합리화, 상품화의 과정이 '극'의 수준에서 작용하면서 어떻게 그 자신의 파편화와 변형을 낳게 되는지를 보여 주는 것이다.

극상품화, 취향과 스타일

문화적 생산의 주류 속에는 경제의 다른 부문과 공통된 발전의 선이 있다. 이를테면 1970년대 초까지만 해도 주요한 흐름은 문화적 생산의 '조직화'였다. 표준화된 생산이 영화와 텔레비전, 신문, 대중 음악 등에서의 속도를 강제했다. 소유는 거대한 복합 기업에 집중되었고, 세계화로의 경향은 20세기의 시초까지 거슬러 올라갈 수 있다.[22] 요즘의 '틈

---

20) Crook, Pakulski, Waters, 앞의 책 1장. — 옮긴이

21) 같은 책 8장. — 옮긴이

22) 툰스탈(1983: 180)은 국제 뉴스 에이전시의 발전과 이후의 할리우드 현상이 세계화를 향한 중요 단계였다고 시사한다.

새 시장'으로의 전환은 비디오의 승리, 유료 텔레비전의 발전과 전문화된 라디오 방송국의 융성을 보면 감지된다. 가속화하는 세계화는 위성과 여타 '뉴 미디어 기술'의 도움을 받아 왔다.

문화 상품의 생산 역시 이 일반적 흐름의 몇 가지 역설들을 공유하고 있다. 현대 문화에 대한 도전은 미적 가치와 상품 가치 사이의 구분과 양립 가능성을 모두 유지하고자 하는 것이었다. 현금 가치만을 찾는 속물 근성과 그것을 완전히 거부하는 미학주의가 현대 문화의 양극단이었다. 시장과 후원 제도 사이의 긴장에 대한 윌리엄스의 설명(1981)은 '우리 시대에서' 이들 긴장이 '시장에서는 새로운 재생산적 기술이 지배하고 후원 제도는 전통적인 라이브 형태에서 가장 두드러지는' 식의 구분에 의해 실제적으로 해소되어 왔다고 시사하고 있다(1981: 107). 예술 기금에 대한 최근의 자료는 후원 제도가 오페(1984: 4장)가 '재상품화'라고 부른 방향으로 움직이고 있음을 시사하고 있다. 재상품화는 생존 가능한 가격으로 시장을 찾는 데 실패하였거나, 상품을 배달하는 지점에서 복지적인 무료 상품(또는 매우 싼)으로 만듦으로써 초래된 탈상품화에 대한 응답이다.

1984~5년에 영국의 박물관과 화랑들은 그들 수입의 10 %를 판매에서, 82 %를 공공 기부금에서, 그리고 8 %를 개인 기부금에서 얻었는데, 이는 '복지적' 유형과 매우 근접한 형태이다. 이와 대조적으로 '기계적 연행 *mechanical performances*'은 주로 시장에 의해 작동되고 있어 71 %의 수입을 판매에서 얻고 있으며, 29 %만을 (주로 상품권료 *licence fees* 를 통해) 공공 기부금에서 얻고 있다. 연극과 콘서트는 중간적인 위치를 차지하는데 53 %는 판매로부터, 43 %는 공공 기부금으로부터, 4 %는 개인 기부금으로부터 수입을 얻는다(Rodgers, 1989: 37). '재상품화'를 암시하는 것은 바로 이 유형이다. 미국에서는 포드 재단이 1973~4년에 연극과 교향악단에 출연한 기금이 상업적 활동(입장권 판매, 음반 녹음 등)에서 벌어들인 수입의 53 %를 차지했는데, 이 비율은 다음 10년간 영국에서의 비견될 만한 범주와 동일한 것이다. 그러나 국가 후원과 사적 후원 사이의 구분은 역전되어 미국의 자료를 보면 이제 수입의 14 %만이 국가

에서 올 뿐 33 %는 사적인 원천에서 나온다(Netzer, 1978: 101).[23]

현대의 '고급' 문화의 핵심 연행 예술에서는 상품 형태가 유지되고 있다. 입장권 판매에서 수요가 공급을 따라가 주고 있지만 수지 균형을 맞추기 위해서는 후원이 결정적이다. 후원 없이는 가격이 올라가거나 생존 가능성을 위협할 만큼 수입이 떨어지게 될 것이다. 미국에서의 사적 후원 제도와 영국과 호주에서의 국가 후원 제도 사이의 수준과 기능의 등가성은 예술을 후원하는 것이 상품화에 도전하는 것이 아니라 그것의 극발전의 계기라는 것을 시사한다. 후원 제도는 미적 가치와 상품 가치의 양립 가능성을 보존하는 기능을 한다.

문화적 현대성의 신드롬은 사회 계층을 따라 그 경계를 윤곽 지을 수 있는 취향 문화를 낳았다. 갠스(1974)는 미국에서 다섯 개의 취향 문화를 구분하는데, 그 '취향 공중들'은 사회적 변수(직업, 교육 수준, 도시 – 농촌 등)에 의해 정의할 수 있다. 부르디외(1984)는 계급 차이를 문화적 차이의 '진정한' 기반으로 취급했으며, 심지어 탈모더니즘에 대한 라시의 설명도 이 현상에 대한 계급적 기초를 찾아서 발견하고 있다. "탈현대 문화에 수용자를 제공해 주는 것은 보다 새로운 탈산업적 중간 계급이며, 그들의 기반은 미디어와 고등 교육, 재정, 광고, 상업, 그리고 국제 교환에 있다"(Lash, 1990: 20). 여기서의 주장의 요점은 취향이 융성하여 취향 또는 '스타일' 자체가 구분을 범람시키는 능동적 원리가 됨에 따라 점차 취향 문화와 사회 계층 사이의 전형적인 현대적 조합이 훼손될 것이라는 점이다.

현대의 소비주의에 대해 분석하는 사람들은 자주 상품과 용역의

---

23) 1970년대 중반과 1980년대 중반 사이의 미국과 영국의 정치적 궤적을 참조해 볼 때 두 나라 모두에서 앞으로 국가 후원의 정도가 이전보다 높아질 것 같지는 않다. 1980년대 말 호주의 좀 덜 포괄적인 자료는 호주가 미국 모델보다 영국 모델을 따라가고 있다는 점을 시사해 준다. 1989년에 호주의 주요 5개 오페라단은 수입의 54 %를 상업적 행위에서 얻었고, 12 %를 사적 후원에서 얻었으며, 34 %를 국가 기부금으로부터 얻었다. 1987~8년에 주요 대도시의 대표적인 예술관이 낸 연례 보고서들을 보면 흥행 수입의 39 %, 국가 기부금의 37 %, 사적 후원의 22 %가 감소하고 있다(Cultural Ministry Council, Statistical Advisory Group, 1990: 86, 92).

소비로부터 문화적 의미의 소비로의 전환이 일어났다는 말을 하곤 한다. 슬레이터(1987: 457)가 말하듯이 "소비의 더 많은 부분이 기호의 소비이다." 피스크(1989: 26~32)는 '문화 산업'이 어떻게 재정 경제와 문화 경제 속에 위치하게 되었는지를 보여 주기 위해 텔레비전의 예를 든다. 전자의 경우 텔레비전 시청자들은 광고주에게 판매되는 상품이며, 후자의 경우 그들은 텔레비전 텍스트와 연관하여 '의미와 즐거움'을 만들어 내는 생산자이다. 소비 사회에서 개인이나 집단들이 스타일을 통해 그들의 정체성과 차이를 표시한다는 주장을 하기 위해 '스타일'에 대해 많은 주의를 기울였다.[24] 일군의 사회 조사자들과 마케팅 전문가들이 '라이프스타일'의 차이를 밝혀 내 이용하려 한다.

취향의 역사 속에 '스타일'을 재위치시킴으로써 구매할 수도 있다. 취향은 근대 초기에 소비를 위한 선택지들의 가능성과 선택을 지도할 권위적인 표준의 부재 사이의 복합 국면 속에서 출현하였다. 캠벨(1987: 158)은 17~8세기를 달구었던 이러한 '취향의 표준'이라는 문제가 형식적 해결책을 도모하는 모든 시도에 대해서는 거부하였지만 유행 속에서 실제적인 해결책을 발견하였다고 통찰력 있게 지적한 바 있다. 캠벨이 고려하지 않았던 추가적인 '해결책'의 차원은 성숙한 현대성에서 '고급' 문화 제도의 관심사였던 권위적인 문화적 전통의 발명이다. 유행과 문화적 전통 양자는 취향의 문제를 전형적으로 사회적 지위와 접합하는 제도적 권위에 종속시킴으로써 해결하였다. 스타일은 제도화된 문화적 권위가 몰락하면서 등장하였는데, 이는 취향이 문화적 권위의 수립을 선행했던 것에 비견될 수 있다. 이 균형은 소비주의에 있어서 스타일의 3중적 중심성에 대한 유웬(Ewan, 1990: 43)의 설명에서 명백하게 나타난다. "자아를 정의하는 데 스타일은 핵심적 요소가 되었다. [……] 스타일은 우리가 사회를 이해하는 방식에 주요한 영향을 미치며……

---

24) 이 점은 (청년) '하위 문화'에 대한 사회학적 연구의 전통에서 이미 잘 다루어져 왔는데, 그 전통은 1940년대, 1950년대, 1960년대의 미국의 연구에서 확장되어 1970년대 영국에서는 하위 문화와 계급 사이의 '접합'에 대한 관심으로 발전하게 된다(Hall & Jefferson, 1975 를 참조하라).

우리 사회에서 기본적인 정보의 형식을 구성하게 되었다." 17세기 프랑스와 18세기 영국에서의 취향에 대해서도 같은 주장을 할 수 있다.

의미의 상품화 자체에는 특별히 탈현대화하는 것이라고 할 것이 아무것도 없다. 캠벨(1987: 5장)이 주장하듯이 소비주의에 본질적이며 이미지와 백일몽으로 변해 버린 현대의 쾌락주의는 현대 초기에 출현했다. 의미의 상품화와 극상품화 사이의 차이는 상품 형식의 범위와 관계가 있다. 대부분의 선진 사회에서는 20세기 초반까지만 해도 계급과 공동체의 끈, 종교적 결연 관계가 정체성의 형성에 기본적이었고 상대적으로 상품화되지 않은 부분이었다. 그와 같은 상황에서는 옷과 가구로부터 책과 한 장으로 된 악보에 이르기까지 광범위한 상품들이 그것들의 '이미지'와 연관되어 팔릴 수 있었다. 그에 대한 제한 조건은 이미지들이 상품화되지 않은 관계에서 연원한 자아 개념에 참여해야 한다는 것이었다. 악명 높게도 성숙한 현대성은 '전통적인' 공동체와 가족, 종교의 몰락을 가져왔고 얼마 안 있어 사회 계급이 뒤를 이었다.

결정적인 예를 들자면 가정 생활이 주요한 소비 영역으로 변형되었다(이에 대한 간단하면서도 유용한 논의로는 Windschuttle, 1988: 7장을 보라). 식사에서 청소, 여가에 이르기까지 가족에 근거한 활동의 '의미'는 점차 시장화되고 광고에서 도출된 이미지를 통해 굴절되었다. 미국에서 이 과정은 1920년대에 자동차에서 라디오까지 내구 소비재가 시장화되면서 시작되었다. 오늘날 그 모습에는 포장된 '패스트' 푸드의 범람이 추가된다. 이제 예를 들어 미리 만들어 놓은 음식보다 신선한 음식을 선호하는 것과 같이 심지어 상품화를 '거부'하는 것조차 '라이프스타일'의 선택지로서 포장되고 상품화되어 버렸다. 극상품화는 상품 형식이 모든 생활 영역에 확산되어 상품화된 영역과 상품화되지 않은 영역 사이의 구분을 부정할 정도로까지 되는 것이다. 그 결과 상품과 정체성을 연결시켰던 이미지와 백일몽은 더 이상 자신을 상품화되지 않은 의미의 영역에 지향할 필요가 없게 되었다. 극상품화에서는 상품화된 의미가 자기 준거적인 것이 된다.

이런 의미에서 '스타일'과 '라이프스타일'은 극상품화의 산물인데,

그것은 '취향'이 초기 상품화 단계의 산물이었던 것과 마찬가지이다. 취향의 가변성은 두 가지 방식으로 제한된다. 먼저 원리상으로는 미학적 가치라는 형식적 규정이 제한 요인으로 작용하며, 실제상으로는 상이한 사회 계층의 관습이 역시 제한 요인으로 작용하는 것이다.[25] 이와 대조적으로 스타일은 상품화된 의미의 자기 준거적 우주 속에서 작동하며 취향과 같은 방식으로 외적 구속에 종속되지 않는다. 스타일이 문화적 실천에 도입한 '질서'는 매크라켄(McCracken, 1988: 72)의 '소비 제의 consumption rituals'에 대한 설명에서 예시되고 있는데, 그것은 상품과 소비자, 그리고 '문화적으로 구성된 세계' 사이의 관계를 수립한다.[26] 여기서 질서와 제한 요인에 대한 이런 질문들은 극상품화된 문화에서의 순응과 저항이라는 질문에 연결된다.

한쪽에서는 스타일이 상품화된 대중 문화의 똑같은 성격을 은폐하는 겉치레일 뿐이라는 아도르노와 호르크하이머의 비판이 들려 온다. 톰린슨(1990: 6)은 "만일 대중 문화가 개인적 취향에 기초한 일련의 외견상의 선택지로 환원될 수 있다면 그 결과는 파편화된 자아의 승리이며, 소비자계 consumer clones 속에서 끊임없이 새롭고 진정한 것을 찾는 열망일 뿐이다." 대중적 스타일의 생산을 문화적 권위에 대한 카니발적 저항으로 보는 피스크는 이와 극단적으로 다른 반응을 보인다. 대중적 스타일은 "본질적으로 해방적이며 종속당한 사람들에게 힘을 주는 언어로서 기능한다. 그것과 카니발 사이의 유사성은 기표의 물질성에 대한 그것의 강조, 그것의 과도함, 고급스런 취향(부르주아 취향)을 공격하는 그것의 능력에 놓여 있다"(Fiske, 1987: 249). 상품화는 이용되

---

25) 전자의 예를 들어 보면 흄(1964: 269)에게는 퇴고를 거친 애디슨 Addison 의 글이 초고 상태의, 퇴고를 거치지 않은 버넌 Bunyan 의 글보다 우월하다는 점이 자명하게 받아들여졌다. 후자에 대해서는 상위 계층의 취향을 모방하는 (특히) 중산 계급의 척하기 pretensions 가 현대 시기를 통해 가혹하게 풍자된 바 있다.

26) 매크라켄(1988)은 상품화의 궤적에서의 상이한 국면과 단계에 연관된 소비와 교환, 치장과 박탈의 제의 사이를 구분하고 있다. 매크라켄의 분석이 지니고 있는 한계는 '문화'를 소비의 단일한 매체로서 과도하게 통합적인 개념으로 파악하고 있다는 점이다.

어 그 자신에 대항하는 것이 될 수 있다. 10대는 쇼핑 몰과 같은 강력한 소비주의의 전략적 '장소'를 그들 자신의 '공간'으로 이용하여 '쇼핑 몰 게릴라'가 된다(Fiske, 1989: 32). '극분화'에 대한 아래의 논의는 저항으로서의 스타일이나 순응주의로서의 스타일이라는 비관적인 관점 가운데 어떤 설명도 탈현대화의 효과에 대한 설명으로는 부적합하다는 것을 시사할 것이다.

극합리화와 탈문화

문화적 현대성의 신드롬에서 합리화가 지니고 있는 중요성은 중단 없는 전통 속에서의 예술적 '진보'라는 관념 속에 잘 드러나 있다. 합리화에 대한 위의 논의는 이러한 진보의 관념이 모더니즘과 아방가르드 현상에서 일종의 위기에 다다랐음을 보여 준다. 모더니즘에서 미학적 합리화는 그 자신에게 회귀되어 미학적 재현의 문제화를 통해 가속화되었다(Lash, 1990: 13 을 보라). 아방가르드 운동은 예술의 '문제'라는 경계에 머무르면서 모더니즘 미학의 '엘리트주의적 분리'를 역전시키려는 역설적 시도이다. 모더니즘과 아방가르드 운동은 극합리화 단계에 다다른, 비틀거리는 문화적 현대성의 구성적 긴장을 구현하고 있다. 문화적 현대성의 신드롬이 지닌 성숙성을 접합하기는커녕 모더니즘과 아방가르드주의는 그것의 불가피한 소진과 쇠퇴를 전해 준다.

현대성과 탈현대성에 대한 논쟁에서 지금 두 가지 흐름이 다소 상이한 맥락에서 출현하고 있다. 첫번째로 모더니즘을 계몽의 현대성과 구별함으로써 방어하려는 시도는 합리화와 극합리화의 질적으로 상이한 효과를 잡아 낼 수단을 지니고 있지 못하다. 이는 아도르노(1984: 429)가 칸트의 '무관심한' 미학적 감상의 개념에 호소하여 예언적 모더니즘을 옹호하고, 하버마스(1981: 4)가 미학적 현대성('미완성의 기획'의 일부로서)이 '다다이스트들의 카페 볼테르와 초현실주의에서 정점에 이르렀다'고 시사할 때 그렇다. 두 번째로 젱크스(1987: 36)가 료타르의 '미친 생각'이라고 본, 탈모더니즘과 모더니즘의 초기 단계부터 현존하고 있었다는 것에서 약간의 의미를 찾을 수 있다. 일단 현대성과 모더니즘 사이의 구분이 이해되면 극합리화하는 모더니즘은 문화적 현대성을 소진시키는 것으로 나아간다는 주장이 가능해지는 것이다. 아방가르드는 그 소진을 예견하고 그에 대해 저항했다는 점에서 탈모더니스트이다.[27] 그러나 이렇게만 얘기하면 아방가르드가 문화적 탈현대성의 신드롬에서 역사적으로 회귀적인 요소라는 점을 보지 않는 것이다.

문화적 현대성의 외부에는 아방가르드를 위한 장소가 없으며 이는 극합리화하는 모더니즘의 탈현대화하는 여파에 다소의 빛을 던져 주는 상황이다. 뷔르거(1984)는 전전의 아방가르드가 자신이 경쟁하기 시작했던 미학적 진보의 논리에 침윤되어 있었다고 본다. 그가 '신 아방가르드'라고 부르는 팝 아트와 같은 전후 시기의 경향에서는 예술과 삶 사이의 격차를 메우는 것이 예술의 대상으로 선전되었다. 후이센(1986: 9)은 아방가르드가 실패함으로써 파시즘의 미학화된 정치학과 상업적인 대중 문화, 그리고 '사회주의적 사실주의'의 주장 속에서 예술 – 삶 이분법이 '잘못된 융합'을 이룰 수 있는 길이 열리게 되었다고 본다.

뷔르거의 진단은 모든 '진보'의 관념을 파편화시킨 것과 더불어 '미학적인 것'을 확장시킨 탈모더니스트와 후기 아방가르드를 겨냥하고 있다. 예를 들어 올덴버그의 1966년작 <소프트 토일렛>을 뒤샹의 <샘>과 비교해 보도록 하고 있다. 뒤샹이 미학적인 것의 개념에 도전하기 위해 대량 생산된 대상을 택했다면 올덴버그의 비닐 화장실과 수조는 일상의 대상을 '예술'과 '일상'에서 모두 탈맥락화하여 희화적으로 미학화하고 있다. <샘>은 단지 화랑(그리고 더 나아가 예술이라는 제도)이라는 맥락 안에서만 의미를 지니는 것이다. 빌딩의 한 귀퉁이에 놓여 있다면 그것은 단지 또 하나의 변기에 지나지 않게 된다. 후이센의 관점은 극상품화되고 극합리화되며 극분화된 탈모더니즘 '예술'이 더 이상 통합되고 자율적인 가치 영역으로 존재하지 않는다는 점을 시사하는 것으로 확대될 수 있다. 그것은 '진보'할 수 있는 논리를 전혀

---

27) 탈현대적인 것에 대한 정의가 '역사적 정의와 이론적 정의를 모두' 요구한다면 탈현대적인 것의 연대기에 대한 역설이 불가피하게 발생할 수밖에 없다(Hassan, 1985: 122). 두 구분선은 서로 조화하기 어려울 것 같다.

갖고 있지 않으며, 또 '삶' 위에서 그에 대항하여 설 수도 없다. 그와 같은 상황은 모더니즘과 아방가르드의 기본적인 전제 조건을 붕괴시킨다.

극합리화가 문화적 현대성의 최종 단계에 시작된 것이라면 탈현대화가 탈합리화 또는 심지어 반합리화로 간주되지 않아야 하지 않는가? 이런 해석은 사회 변동에 대한 많은 관점과도 수렴된다. 그가 여전히 '현대' 문화라고 부르는 것에 대한 설명에서 벨은 "모더니즘이 소진되었다. 그것에는 아무런 긴장도 없다. 창조적 추진력은 느슨해져 버렸다. 비어 버린 용기일 뿐이다"(Bell, 1976: 20)라고 주장한다. 그 자리에는 벨이 '탈문화'라고 부를 만하지만 그렇게 부르지 않는 것이 남아 있는데, 자아와 라이프스타일, 쾌락주의에 흡수되어 그것은 경제적, 사회적, 정치적 현대성의 도덕적, 합리적 기초를 침식하고 있다.[28] '문명화 과정'에 대한 엘리아스의 명망 있는 설명(Elias, 1978, 1982)은 현대의 개인에게 자기 억제와 조심성을 낳는 안정된 현대성의 과정(국가의 형성에서부터 식탁 예절에 이르기까지)이 지닌 중요성을 지적한다. 이러한 관점에서 보면 문화적 탈현대성은 도덕적 수용성과 점증하는 폭력과 같은 '탈문명화하는' 현대성을 낳는 것이다(Mennell, 1990 의 회의적 논의를 보라). 물론 비합리주의적 탈모더니즘을 반드시 멸망의 길로 간주할 필요는 없다. 파슨스의 명제를 정교화해서 레히너(Lechner, 1990)는 문화적 현대성의 분화, 합리화, 가치의 일반화가 유형 유지가 이완되는 것과 같은 아노미적 결과를 가져올 수 있다고 주장한다. '비합리적인' 탈분화 운동(레히너의 주된 예는 종교적 근본주의이다)은 현대성이 항상 요구해 왔던(예를 들어 위의 낭만주의에 대한 논의를 보라) 사회 문화적 '재활성화 *revitalization*'의 사례로 이해될 수 있다.

그러나 '합리적' 현대화와 '비합리적' 탈현대화 사이의 대립은 더 이상 유지될 수 없는 것이다. 자주 언급되는 악명 높은 '현대 건축의 죽음'이 핵심을 파악하는 데 도움을 줄 수 있다. 건축의 모더니즘은

---

28) 물론 벨은 모더니즘 자체를 옹호하는 사람이 아니다. 그에게 모더니즘은 '종교의 대치물로서 문학과 미술에서 흥분과 의미를 찾으려고 하는' 실패한 수밖에 없는 노력(Bell, 1976: 29)이다.

형태와 질료(특히, 강철과 콘크리트 같은 '새로운' 질료), 그리고 (사회적) 기능 사이의 밀접한 연관성을 강조한다. 이런 의미에서 코르뷔지에, 반 덴 로히 등은 아방가르드 운동과 많은 관심사를 공유한다.[29] '사회주의' 모더니즘에 대한 옹호에서 해리스와 리프만(1986: 849)이 지적하듯이 "유수한 모더니스트들은 새 사회, 즉 그들의 사회주의적 유토피아에 맞는 새로운 건축을 추구했다." 젱크스(1987: 27)의 보다 회의적인 용어로는 건축의 모더니즘이 "산업주의와 대중 민주주의의 해방적 측면에 대한 신념을 지닌 '프로테스탄트의 종교 개혁'"이었다.

모더니즘 건축 이론의 전성기는 (여타 모더니즘에서처럼) 양차 세계 대전 사이의 시기였지만 그 실행의 전성기는 재건에 대한 충동과 이후의 상업적 자산의 붐과 함께 전후기에 찾아왔다. 모더니즘의 '사회적 실패'(Jencks, 1987: 15)는 황량하고 소외적인 주거 환경과 '재건'으로 유린된 도시 중심가 모두에서 명백하다. 젱크스(1987: 16)는 건축의 모더니즘의 '죽음'에 대해 두 가지 시점을 시사한다. 하나는 1968년 영국에서 로난 포인트 Ronan Point 탑 주택가가 붕괴되었던 때이고, 다른 하나는 1972년 세인트루이스에서 '프루트 – 이고 Pruitt-Igoe' 계획이 백지화되었던 때이다. 이 실패한 모더니즘에 대항해서 건축의 탈모더니즘은 보다 인간적인 척도, 덜 황폐한 기능적 선, 보다 큰 공간의 다양성을 제공할 것을 주장한다. 그 중심에는 "건축은 상이한 '취향 문화들'을 위해 디자인해야 한다"는 아이디어가 자리잡고 있다(1987: 20).

아주 가설적으로 탈모더니즘이 고도로 다양하기 때문에 하나의 즉각적인 난점이 발생하게 된다. 탈모더니즘이라는 용어는 하이테크와 고전적인 재생주의, 그리고 여타 역사적 패스티시, 신향토적 주거 계획, 그리고 주랑 *portico* 과 박공벽 *pediment* 또는 안마당 *atrium* 을 갖춘 모든 평범한 사무실가 등에 되는 대로 사용되어 왔다. 탈모더니즘의 옹

---

29) 거대한 척도에서의 형태와 질료, 기능 사이의 통합성이 세부 사항에도 항상 그대로 적용되었던 것은 아니다. 하비(1989: 36)가 지적하듯이 코르뷔지에는 그의 <파비용 쉬스 *Pavillon Suisse*>의 창에 블라인드 거는 것을 거부했고, 그래서 여름의 태양 광선 아래에서는 극도의 불편함을 감수할 수밖에 없었다.

호자들은 그와 같은 다양성을 전체화하는 모더니즘의 합리성을 절멸시키는 것으로 찬양하고 있지만, 해리스와 리프만(1986) 같은 반대파들은 문화적 탈모더니즘을 '후기 자본주의의 문화적 논리'로 설명하는 제임슨(1984)의 보다 일반적인 관점에 호응한다. 탈현대 건축은 사회적 내용을 억압하고 소비주의를 방어하기 위해 민중주의와 고전주의의 주제를 이용한다. 부라사(Bourassa, 1989)는 포스터(1983)의 '저항'의 탈모더니즘과 '반동'의 탈모더니즘 사이의 구분에 의존해서 역사적 패스티시와 벤츄리에 영향받은 상업주의는 후자에 귀속시키고, 비상업적 도시 지역의 창조를 지향하는 '비판적 지역주의'는 전자에 포함시키고 있다.

위에서 지적한 논쟁은 종종 분리될 필요가 있는 두 종류의 구분을 함께 포괄한다. 첫번째는 후기 단계(또는 건축과 같은 그것의 한 분야)의 문화적 현대성의 장과 발현적인 문화적 탈현대성의 장 사이의 구분이다. 두 번째는 상이한 스타일 또는 학파 사이의 구분이다. '모더니즘'은 스타일이나 학파를 지시하기에 충분히 정확한 용어이지만, '탈모더니즘'은 그렇지 못하다. 그 대중성에도 불구하고 이 용어는 두 가지 종류의 구분에 양다리를 걸치고 있기 때문에 도움이 되지 못한다. (자주 그렇듯이) 하나의 장(문화적 현대성)을 지시하기 위해 사용될 때는 그 장이 스타일과 같은 방식으로 지배적인 주제에 의해 정의될 수 있다는 것을 함축한다. 스타일을 지시하기 위해 사용할 때는 너무 부정확하다. 이 점은 탈합리화와 탈모더니즘을 다시 연결시킨다. 건축의 모더니즘의 미학적, 사회적 합리주의가 반 *part* 은 장이고 반은 스타일인 불확정적 탈모더니즘과 대조된다면, 탈모더니즘은 불합리적이거나 비합리적 또는 반합리적인 것으로 나타나야만 한다. 그리고 이 점에서 탈현대적인 것에 대한 많은 모더니스트들의 비판이 제기된다.

모더니즘이 신고전주의, 하이테크, 신향토주의와 보다 적절하게 대비되는 것이라면 합리성이 부정되는 것이 아니라 탈총체화되는 상이한 그림이 나타나게 된다. 각각의 탈현대적 스타일은 정연하고 '합리적인' 방식으로 자신의 주제를 정련하고 있다. 심지어 가장 터무니없는 패스티시나 패러디조차(포트메리온으로부터 디즈니랜드에 이르기까지) 시뮬레이

선의 한계를 이용한다는 점에서 탐구적이다. 하이테크는 형태와 질료 사이의 관계에 대한 모더니즘적 담론을 지속하고 있고, 비판적 지역주의는 사회적 기능에 대한 논의를 계속하고 있으며, 다양한 신고전주의는 모더니즘이 퇴색시킨 장식과 비례의 '합리성'을 받아들이고 있다. 이러한 관점은 건축에서의 탈모더니즘이 단순히 아방가르드와 민중적인 것 사이의 현대적 대립을 재현(그리고 단지 역전)하고 있을 뿐이라는 클레이질(Claygill, 1990: 284)의 관심과 연결된다.

후기 현대성의 장 속에서 모더니즘은 헤게모니적 위치를 차지하고 있었지만 건축에서조차 모더니즘은 그 장을 소진시키지 못했다. 예를 들어 다양한 형태의 향토 건축과 패스티시가 주거 건물에 여전히 잔존하고 있었기 때문이다. 나아가 이 장은 현존하는 빌딩가와 도시 환경을 포함해야 하는데, 이는 모더니즘 기획에 의해 변형된 것으로 그와 연관되어서 모더니즘이 적어도 그 의미의 일부분을 획득한 것이다. 모더니즘이 탈모더니즘 속에서 지속될 수 있다는 것은 포스터와 료타르, 그리고 다른 많은 사람들이 '탈모더니즘적인 것'으로 간주하는 건축물들(퐁피두 센터, 로이드 빌딩, 홍콩 상하이 은행)을 사실은 '포스트모더니즘적인 것'(또 Lyotard, 1984 에 실린 제임슨의 '서문'을 보라)으로 이해해야 한다는 젱크스(1987: 4장)의 설득력 있는 주장을 뒷받침하고 있는 언명되지 않은 조건이다. 젱크스의 논의를 조금 비틀어 보면 위에서 지적한 '장'과 '스타일' 사이의 혼동에서 실수가 생겨났다는 점을 알 수 있다. 즉, '탈현대적'이라고 지시된 장에 존재하는 모든 것은 '탈모더니즘적'이어야 한다는 혼동 말이다. '새로움의 전통' 속에서의 하이테크의 실험이 모더니즘의 지속이고, 맥락과 향토적인 것에 민감한 고유한 탈모더니즘과는 전혀 다른 것이라고 본 점에서 젱크스는 확실히 옳다. 그러나 발현적 탈현대성의 다원적 장은 모더니즘의 '의미'를 바꾸어 버려 모더니즘이 지닌 형태와 기능의 합리성이 더 이상 헤게모니적이지 않도록 만들었다. 물론 포스트모더니즘은 복수의 합리성이라는 그것의 맥락을 회피하지 않는다. 젱크스가 바로잡은 혼동 속에 담긴 작은 의미는 평평한 표면이 포기되면서 포스트모더니즘 건물이 지닌 질료와 기능, 형태의 통일성이 '장식적'인 것으로 될 수 있다는 점이다.

건축은 극합리화하는 탈현대화의 효과에 대해 한 가지 통찰력을 더 제공해 줄 수 있다. 피상적 관점으로 보자면 수많은 탈현대적 스타일이 전통적 형태와 실천을 재생하며 실제로 찬양하는 것처럼 보이는 반면 모더니즘은 기술과 기능을 내세워 건축의 전통을 부정하는 것으로 보일 수 있다. 그러나 이는 뷔르거가 아방가르드에 대해 얘기했던 논점, 즉 아방가르드의 비판이 미학적 전통에 의해 규정되고 그 전통을 정의하는 데 도움을 주었다는 점을 망각해 버리는 것이다. 문화적 현대성 속에서의 모더니즘 건축의 핵심은 모더니즘 건축이 질료와 형태, 기능의 전개되는 전통과 맺고 있는 관계에 대한 강한 감각이 없다면 완전히 상실되어 버린다. 모더니즘은 전통이 정점에 달해 급진적으로 재정향된 것으로 파악된다. 극합리화는 단일하고 전체화하며, 전개적인 '이성'의 가능성을 폭파시켜 버린다. 일단 이것이 사라지면 특수하게 현대적 발명품인 발전하는 전통에 대한 감각 역시 사라져 버리고 만다. 앞에서 사용한 정식을 쓰자면 문화의 박물관은 전통의 통합성에 대한 안내인이 되기를 그치고 지리적, 역사적 분포가 우연적인 사실의 문제가 되어 버리는 스타일들의 보관창이 되어 버린다는 것이다.

전통을 보관창으로 변형시키는 것이 많은 주석가들(예를 들어 Jameson, 1984)이 탈현대적인 것에 귀속시키는 '깊이 없음'의 핵심적 요소다. 보관창은 요소들을 선택적으로, 종종 패러디적으로 브리콜라주하는 것(밝게 채색된 '장난감 마을'의 기둥과 박공벽)이나 높은 가치가 부여된 과거를 '향수적'으로 재창조하는 것(영국 왕세자의 민중주의와 신고전주의)에 의지할 수 있다. 어떤 경우든 전통에 대해 현대적 관념이 지니고 있던 깊이와 합리성은 상실된다. 건축에서 눈을 돌리면 '원시 음악'의 재발견과 '진정한' 연주에 대한 숭배가 이미 전통을 극합리화하여 침식시키는 연결 사례로 인용되고 있다. 다시 한 번 여기서 논의되는 예는 우리의 직감과 일치하지 않는다. 분명 음악적 과거의 고고학적 확장과 진정성에 대한 관심은 전통을 심화시키고 풍부하게 만들어야 하는 것이다.

글랜 굴드가 피아노로 바흐를 연주할 때, 카라얀과 베를린 필하모

닉이 모차르트의 교향곡을 연주할 때 그 효과는 전혀 진정성을 띠고 있지 않다. 각 경우에 피아노나 현대적인 교향악단의 자원이 음악의 '내적 의미'를 표현하거나 해석하는 데 봉사하고 있기 때문이다. 현대의 창조된 전통은 그와 같은 '의미들'을 식별하여 그것들을 발전이라는 전개적 논리 속에 위치시킨다. 물론 이러한 의미에서 전통은 연주의 스타일에 대한 음악학적 연구와 아주 잘 양립할 수 있다. 그러나 진정성에 대한 숭배가 대중을 사로잡으면 그것은 작품의 '의미'가 단지 색채와 템포라는 연주의 표면에 불과하게 되는 탈현대화하는 깊이 없음을 고취하게 된다. '진정한' 연주란 역사적 거리와 의미 있는 전통을 흐리게 하는 시뮬레이션밖에 될 수 없는 것이다.

전고전주의 음악으로 레퍼토리를 확장하는 것은 전통을 부식시키는 작용을 한다. 그것은 성숙한 문화적 현대성을 벗어나 미학적 자율성이 수립되지 않은 장으로 옮겨 가는 것이기 때문이다. 초기 현대기에 음악은 다양한 '일상적' 행위를 반주했고 전통이라는 정통성 있는 권위 아래 있기보다 취향의 경제 안에서 움직였다. 오늘날 원시 음악을 녹음하여 사용하는 것은 종종 이러한 초기 현대적 유형을 모방하면서 위대한 예술과 그것의 전통이라는 특수하게 현대적인 아우라를 침식시키고 있다.

앞 절에서 '기술적' 합리화라고 불렀던 것 또한 '극'의 발전 수준에 이르면 탈현대화하는 결과를 낳는다. 첫번째로 기계적, 전자적 재생산은 문화 소비의 가사화 또는 사사화私事化로 향하는 경향이 있다. 영화와 디스코는 실상 현대 기술이 창조한 유일한 공공의 문화적 공간의 예이다.[30] 텔레비전과 음반이 극장, 연주 홀, 오페라 하우스를 대치하였듯이 공공의 문화적 이벤트가 사적인 소비 영역으로 전치되는 것이 대체적인 경향이다. 그렇다고 '라이브' 이벤트와 전통적 공간이 사라졌다는 것은 아니다. 국가에 의해서건 개인에 의해서건 상당한 재정적 후원

---

30) 영화에 대한 벤야민의 열광이 영화를 기계적 복제의 패러다임으로 보게 만들었고, 그래서 영화의 해방적 잠재력을 과대 평가하도록 이끌었는지에 대해서는 논란이 있을 수 있다.

이 그 생존을 거들고 있다. 그러나 이 사실, 즉 '라이브' 문화를 국립 공원이나 역사적 건축물과 같은 '유물'과 동류의 것으로 만들어 버린 것이 바로 중요성의 변화를 드러내고 있다. 아주 소수의 예술 '전문직 종사자'를 제외하고 문화 생산의 주요한 중심에 살고 있는 모든 사람들에게(Jencks, 1987: 10) 라이브 연주는 라디오와 텔레비전, 비디오, 음반 등의 정규 식사에 대한 이따금씩의 보완물에 불과하게 되어 버렸다.[31]

라이브로 열리는 공공 연주가 지니게 된 보완적 성격은 연주가 전자 매체의 생산물에 대한 시뮬레이션이 될 때 중요한 왜곡을 겪게 된다. 음반이 만들어지기 시작한 아주 초기부터 공공 연주는 일차적으로 음반을 통해 알려지게 되었고, 청중은 평소에 즐기던 곡들을 보고 듣기 위해 라이브 쇼에 참석했다. 이러한 현상은 1960년대 말 녹음된 '앨범'이 통합된 단위(한 곡씩 절취해 낸 것이 아니라)로 생산되어 라이브 시뮬레이션에 대한 매트릭스가 되면서(여기서 그룹 후 Who 의 ≪토미 *Tommy*≫가 예시적이다) 또 한 번 왜곡을 겪는다. 다른 부문에서는 영국의 텔레비전 코미디 <알로 *Allo*>를 예로 들 수 있다. <알로>는 무대용으로 각색되어 전세계에서 공연됨으로써 텔레비전 '스타들'을 대중 연극과 팬터마임의 바람잡이로 사용하는 기존의 관행을 더욱 확대시켰다.

어느 정도까지는 엄마와 아빠, 그리고 2.4명의 아이들로 구성된 '가족'이 이 가사화된 문화 소비의 일차적 단위이다. 몰리(1987)는 텔레비전을 사용하는 것이 연령, 성, 계급 등의 변수와 결합되어 가족의 조직과 상호 작용에 구성적인 관련을 갖는 것으로 이해되어야 한다고 주장하는 사람들 가운데 하나다. 그러나 최근 라디오와 텔레비전, 카세트 플레이어 등의 가격이 하락하고 다채널의 유료 텔레비전과 비디오를 이용한 예약 녹화가 발전하면서 가사화된 문화 소비가 점차 개인화되

---

31) 1987~8년 사이의 예술 협회 Arts Council 자료를 보면 영국에서 '라이브 문화'의 지리적 집중성이 아주 명확하게 드러나고 있다. 이 자료는 100만 명당 52.6회의 오페라와 댄스 공연이 런던에서 공연된 반면, 런던 다음으로 많은 공연이 있었던 스코틀랜드에서의 공연 횟수는 16번에 불과했다. 다른 대부분의 지역에서 이 숫자는 10을 훨씬 밑돌고 있다(Feist & Hutchinson, 1990: 44 를 참조하라).

어 가고 있다. 많은 부유한 가정에서는 어떤 시간에도 가족들 각자가 서로 다른 매체나 채널을 사용할 수 있다. 양질 변화의 예로서 이러한 문화의 가사화에 대한 아이콘으로는 워크맨을 들 수 있는데, 워크맨은 가장 개인화된 소비가 '공공의' 공간에 재삽입되는 것을 허용해 준다. 그것의 모호하고 경계 침해적인 타자는 '게토 블라스터 *ghetto blaster*'인데, 그들은 얌전한 순응을 거부하며 기질에 따라 공 – 사의 분리를 카니발적으로 전복시키거나 자아를 절대주의적으로 주장한다고 얘기된다.

기술적 합리화와 극합리화의 은밀하거나 명백한 모델들이 현대 문화에 대한 많은 유토피아적 또는 디스토피아적인 진단들을 뒷받침하고 있다. 아도르노와 벤야민 사이의 분리를 주목해 보라.[32] 동일한 것이 탈현대화에 대한 많은 영향력 있는 설명에도 적용되는데, 그 가운데 맥루언이 유토피아적인 관점을 대변하는 사람으로 얘기될 수 있다면 보드리야르는 디스토피아적인 긴장에 대한 대변자로 파악될 수 있다. 맥루언 문화 이론의 슬로건인 '매체는 메시지이다,' '뜨거운 미디어와 차가운 미디어,' '지구촌' 등을 1960년대의 상투적인 분위기를 반영하는 것처럼 생각하여 그것들이 이후의 보다 인기를 끈 명제들을 어느 정도로까지 미리 틀지었는지 간과하기 쉽다.[33] 맥루언의 주된 중요성은 그가 매체의 '형식'이 그것의 우연적 '내용'보다 문화에 훨씬 중요하다고 주장한 점에 있다. "매체의 '내용'은 개의 주의를 끌기 위해 강도가 던져 준 한 조각의 고깃덩어리와 같다"(McLuhan, 1967b: 26). 새로운 매

---

32) 문화 연구 저작들(Bennett, 1986: 14 를 참조하라)에서 프랑크푸르트 학파의 '비관주의'를 빈번하게 참조하고 있지만, 실은 벤야민으로부터 파생된 '낙관적' 긴장이 훨씬 더 큰 영향을 미쳐 왔다. 엔첸스베르거(1976)와 1980년대 하버마스의 관심사에서 벤야민이 차지하는 위치를 주목해 보라.

33) 예를 들어 맥루언의 1951년 저작인 ≪기계 신부 *The Mechanical Bride*≫가 바르트의 매우 유사한 저작인 1957년의 ≪신화론 *Mythologies*≫에 비해 상품화된 대중 문화라는 '현기증 나는 주마등'(1967a: v)을 훨씬 더 혁신적이고 재미있으며 통찰력 있게 탐색하고 있다는 주장이 가능하다. 그러나 바르트는 급진적 문화 이론의 지배적인 이론틀이 되었던 구조주의가 활개를 치던 시기에 그의 글들을 훨씬 잘 포장해서 내놓았다. 하지만 보드리야르는 이따금 맥루언을 인용하면서 '그가 미디어 분석에 도입한 진정한 혁명'(Baudrillard, 1988: 208)에 대해 치하하고 있다.

체는 자아의 새로운 확장 또는 외부화를 제공하며, 그것은 사회 관계에 새로운 척도를 도입한다(1967b: 15). 전자 매체는 그와 같은 '확장'을 정보 체계 속으로 돌려 개인은 '이제 신체 외부에 뇌와 신경을 지닌 유기체'가 되었다(1967b: 57). 크로커와 크루크(Kroker & Crook, 1988: 74)는 이 구절을 "감각을 끝없이 '외부화시키는' 탈현대적 경험에 대한 완벽한 기술"이며 맥루언을 보드리야르에 연계시키는 것으로 받아들였다.

전자 매체 가운데에서도 라디오와 영화는 '뜨거워서,' "단일 감각을 '높은 정세도'로 확장시킨다"(McLuhan, 1967b: 31). 이와 대조적으로 텔레비전은 '차가운데,' 맥루언은 텔레비전이 집중된 선적 참여를 가로막는다는 주장을 통해 '산만한' 탈현대적 청중이라는 명제를 예견하고 있다. 텔레비전은 감각을 재통합하여 선적이기보다는 모자이크적이며, 전망적이기보다는 도상적인 경험의 체제를 수립한다. 다소 전치되고 굴절된 형태지만 리비스적으로 전체성을 추구하는 맥루언은 전자적 커뮤니케이션이 사회적, 지리적 거리를 극복하는 '지구촌'의 관념을 통해 지구 공동체와 연계되는 새로운 경험의 전체성을 제시한다. 그는 현대 문화의 소외적 파편화가 정확히 현대적 기술 합리성의 극확장에 의해 치유되는 탈현대성을 전망하고 있다.

맥루언의 낙관적인 관점은 보드리야르에 오면 악몽의 성질을 지닌 것으로 받아들여진다. 보드리야르에게(1988: 183의 주) "'매체가 메시지'라는 주장은 바로 기호가 세 번째 단계의 시뮬레이션에 들어갔을 때 기호의 정치 경제학이 내거는 슬로건"이며 이미지가 '기본적인 실체의 결핍을 은폐하는' 질서이다(Baudrillard, 1988: 170). 매체 기술은 '작용이 전개되는 즉각적 표면을 커뮤니케이션의 부드러운 작용 공간'으로 남겨놓은 채 표상과 실체, 표면과 깊이 사이의 구분을 침식하는 데 공모하고 있다. '대중'은 하나의 의미의 규약을 다른 것에 대립시키지 않고 침묵과 불가시성에 안존하며 '다른 어떤 약호도 요구하지 않은 채 모든 것을 통채 전망적인 것으로 재정향시킨다'(Baudrillard, 1983: 43).

네 번째이자 마지막의 '이미지 단계'는 그것이 '그 자신의 순수한 시뮬라크룸'이 되는 단계이다(Baudrillard, 1988: 170). 실체의 상실은 '공황적인' 반응을 낳으며, 그 속에서 향수가 솟아 나오고, 진정성에 대한 숭배가 발생하며, (탈)문화는 스스로를 '공황에 충격을 받은 실재의 생산'에 내맡겨 버린다(1988: 171). 보드리야르는 디즈니랜드의 비밀이 미국이 '실제적'이라는 허구를 보존하기 위해 '가상'으로 존재해야 한다는 점에 있다고 주장한다(1988: 172). 크로커와 크루크(1988: 268)는 이 명제를 텔레비전에 적용하여 '텔레비전이 탈현대적 문화와 사회, 경제의 문자 그대로의 의미에서 실제적 세계'라고 주장한다. 디즈니랜드의 지워진 극실제가 미국의 '현실 원칙'을 유지하기 위해 필요한 것처럼 수많은 이데올로기와 관행들이 '사회의 거울이 텔레비전인 것이 아니라 그 반대라는, 즉 텔레비전의 거울이 사회'라는 상황을 만들고 있다. 텔레비전은 '영역을 만들어 내는 것은 지도'인 탈현대적인 '시뮬라크라의 우선성'을 구현하고 있다(Baudrillard, 1988: 166).

극분화와 탈분화

료타르 같은 친구에게 탈현대화는 단일하고 대문자로 표시된 현대성의 이성, 역사, 가치, 언어 등을 복수화하며 비교 불가능한 장르들을 하나의 문화적 세계에 위치시킨다(Lyotard, 1988 '서문'을 보라). 탈현대화에서는 1000개의 꽃들이 한꺼번에 개화한다. 비판론자들은 이에 대해 피상적 다원주의와 다양성이 전현대적인 것과 수렴하는 잠재적, 복고적인 신크레티즘을 감추고 있다고 주장한다. 올린(Wolin, 1984: 27)이 이 점에서 전형적인데, 그는 가치 영역들이 현대적 분화 '이전으로' 회귀하여 종교적 근본주의와 같은 의심스러운 운동을 진작시킬 위험성을 지적한다. 하버마스는 가장 명료하게 현대성과 계몽에 대한 비판이 명시적 또는 암묵적으로 보수적이라고 주장하며 그에 반대하는 입장을 제시한다(Habermas, 1981, 1985, 1987b 를 보라). 요약하자면 분화와 탈분화의 문제가 탈현대화에 대한 오늘날의 논쟁에서 핵심을 이루고 있다는 것이다.

이러한 맥락에서 라시의 작업이 특히 중요하다. 그는 단지 반대하는 것을 넘어서 '탈분화'를 탈현대화의 기본적 원리로 조리 있게 설명하고 있다. 라시는 '문화 패러다임'(모더니즘과 탈모더니즘은 그 예이다)의

네 가지 구성 요소를 구분한다. 상이한 문화적 대상들 사이의 관계, 문화와 사회 사이의 관계, 문화, 경제, 그리고 의미 작용 양식이 그것들이다(Lash, 1990: 11). 각각의 경우에 탈현대화는 탈분화되어 있다. 첫째로 칸트가 밝힌 세 가지 가치 영역(미학적, 도덕적, 인지적)은 그 자율성을 잃어버렸다. 두 번째로 문화는 (벤야민의 의미에서) 그것의 '아우라'를 잃어버리고 사회에 '내재적'인 것이 되었다. 세 번째로 저자와 독자, 연주자와 청중, 예술가와 비평가 사이의 구분이 쇠퇴하였다. 네 번째로 기표와 기의, 지시체 사이의 구분이 문제적인 것이 되었다(1990: 11~2).

이 사례의 세부적인 내용에 대해서는 논쟁의 여지가 있을 수 있겠지만[34] 전체적인 모델은 상당한 설득력을 갖추고 있다. 보다 근본적인 문제는 탈현대화가 설명되는 방식과 관련된다. 왜 수백 년 동안 계속되던 분화 과정이 갑자기 스스로 역전되어 탈분화로 전환했는가? 이 점에서 라시는 그다지 설득력이 없다. 그는 미디어 표상이 경험에 침투하는 정도가 증가한 것이 이것과 관계 있지 않을까라고 시사하면서 '사회학적 기반'이 요구된다고 제안하고 있다(1990: 15). 그는 현대성과 탈현대성을 연결시키는 네 가지의 '고유한 사회학적 설명'을 발견하였는데, 그것들은 각각 '부르주아 정체성'의 문제, 노동자 계급의 운명, 기성의 환경, 문화의 '정치 경제학' 등이다. 라시 논의의 자세한 사항은 무척 흥미롭지만 여기서는 그에 걸맞을 정도로 다루지는 못한다.

하지만 전체적인 전략은 이미 많이 써먹은 방식을 취하고 있다. 라시는 단순히 모더니즘적 사회 이론의 우선성을 재강조함으로써 탈현대성과 탈모더니즘을 길들이려고 하는 앤더슨(1984), 제임슨(1984), 하비(1989) 등의 다소간 마르크스주의적인 일련의 시도에 수렴하고 있는 것이다. 물론 이들 사이에서 핵심적인 것은 '문화' 과정에 대한 '사회' 과정의 우선성이며, 그래서 네오마르크스주의적 변형판 속에서 탈모더

---

34) 그래서 (베버가 지적했듯이) '세 영역'은 그들의 합리적 자율성을 라시가 함축한 것보다 더 이전 시기에 상실해 버렸고, 벤야민의 설명은 표면 가치로만 파악될 수 없으며, 모더니즘 '문화 경제'는 문화적 현대성만큼 오래 된 것일 수 있다(특히, 대중 문화에서)는 등의 반론이 제기되기도 한다.

니즘은 자본주의의 최고 단계와 '접합된다.' 라시에게는 미학적 모더니
즘이 조직 자본주의와 '때로는 양립 가능성의, 때로는 양립 불가능성
의' 모호한 관계를 맺고 있었듯이 탈현대화는 탈조직화된 자본주의와
같은 관계를 맺고 있다(Lash, 1990: 18). 결과적으로 라시는 누구보다도
포스터(1983)가 놀았던 철저하게 현대적인 게임에 함몰되어 '자본 축적
체제'를 지지하는 탈모더니즘과 그에 저항하는 탈모더니즘 사이에 구
분선을 긋는다(Lash, 1990: 37~8).

라시의 탈현대의 사회학은 문화의 탈현대화를 설명하는 데 있어서
두 가지 서로 연관된 커다란 결함을 지니고 있다. 먼저 그것은 '문화'
와 '사회'에서의 탈현대화가 모더니즘의('고유한 사회학적') 설명 전략이
시대 착오적인 것이 될 만큼 양자의 구조와 양자 사이의 관계를 바꿔
오지 않았는가라는 문제를 회피하고 있다. 이 질문은 마지막 장[35]에서
보다 일반적인 방식으로 제기되고 있다. 두 번째로 비록 라시가 탈분
화로의 분화의 역전이라는 결과를 탐구하고 그것과 자본주의 발전과의
'접합'에 대해 언급하지만 그는 결국 그것을 설명하고 있지 못하다.

이에 대한 대안적 접근은 극상품화와 극합리화에 대해 앞의 논의
에서 주목했던 것과 마찬가지로 우리 직감과는 일치하지 않는 성격을
지니고 있다. 문화적 탈분화의 효과는 역전이 아니라 분화의 극확장으
로 설명되어야 한다. 이로부터 탈현대화하는 탈분화는 미분화된 전현
대 문화와도, '예술'과 '삶'의 분리에 저항하는 현대기의 탈분화하는
운동(낭만주의에서 아방가르드에 이르는)과도 등치될 수 없다는 귀결이 나
오게 된다. 이 절의 나머지 부분에서는 이런 일반적 논의를 되풀이하
고 그 다음 그것을 대중 문화와 '저항'에 대한 논의 그리고 '스타일'
현상에 연결시켜 보도록 하겠다.

현대 문화의 가치 영역들이 단번에 전현대적 통일성 속으로 밀어
넣어지지는 않는다. 영역들 사이의 경계의 침범에 있어서 핵심은 그들
내부에서의 경계의 범람이다. 이 현상에 대한 가장 놀라운 예는 자연

---

35) Crook, Pakulski, Waters, 앞의 책 8장. ― 옮긴이

과학의 발전인데(7장[36]에서 다뤄질 것이다), 자연 과학에서 분화는 엄격한 분과 경계를 만들어 낸 반면, 극분화는 그것을 침식시켰다. 유사한 논리가 건축의 탈현대화에서도 작동되는 것을 볼 수 있다. 건축에서 모더니즘이 지녔던 형태와 기능, 질료 사이의 통합성이 일단 찢어지자 현기증 나는 스타일의 범람이 발생했던 것이다(Jencks, 1987: 23 의 '진화 수형도'를 보면 6개의 주요한 전통이 분기하고 엮어지고 있다). 각각의 스타일은 다른 예술, 이론적 지식, 그리고 경제적, 사회적, 정치적 삶의 실천적인 정명들과 각각 독자적으로 관계를 맺는다. 문화의 영역들 사이의 관계, 그리고 문화와 '삶' 사이의 관계는 구조화된 전체보다는 단편들에 훨씬 더 침투적이다. 탈분화는 새로운 집괴들로 함께 융합되는 단편들에 의해 경계가 침식됨에 따라 발생한다.

이 과정이 또한 1960년대 이후의 대중 음악에서도 작동하고 있다. '프로그레시브' 록 음악의 출현과 쇠퇴는 아방가르드가 밟았던 궤적이 짧은 시간 동안에 되풀이된 것이다. 비틀스와 후로부터 비치 보이스와 버즈Byrds 에 이르는 1960년대 중반의 인기 밴드들은 1960년대 말에 이르면 그들 자신을 훨씬 더 진지하게 취급하게 된다. 보다 제한된 컬트적 추종자들을 거느리고 있는 '언더그라운드' 밴드들로부터 힌트를 얻어서 그들은 자신들의 음악을 예술적으로 '발전'시키고자 자의식적인 노력을 기울이게 되고, 그 발전이 1960년대와 1970년대의 '대안적' 정치 계획과 연결되었다. 1970년대 초기 프로그레시브 음악의 진지한 연주자와 열광적인 팬들은 레드 제플린이나 재니스 조플린, 페어포트 컨벤션 등을 상업적인 대중 음악은 물론 블루스와 재즈, 포크 음악에서 자라난 복합적이고 발전하는 전통에 위치시키려고 했다. 1970년대 중반이 되자 프로그레시브 록은 지나치게 발전되고 엄숙해져서 펑크라는 야만적이고, 다다와 같은 아방가르드적 비판으로 성숙되었다.

펑크의 여파는 대중 음악의 탈현대화를 초래했다. 주류 음악이 1950년대를 연상시키는 상업주의로 전환한 반면 다양한 음악적 스타일

---

36) Crook, Pakulski, Waters, 앞의 책 7장 "Science and Technology: decomposition of the 'Grand Design'." — 옮긴이

들이 음악 전문 라디오 프로그램과 음반 소매상이 마련한 틈새 시장에서 번성하게 된 것이다. 대중 음악 역시 현재 속에 그 과거를 흡수했는데, 이는 전통이 보관창으로 변환된 생생한 예이다. 1960년대는 전통의 전개 과정의 한 국면으로서가 아니라 새로운 세대의 소비자들에게 재포장되어 팔릴 수 있는 일련의 스타일로서 살아남았다. 대중 음악에 있어서 향수란 강력한 힘인데, 그것은 어떤 '잃어버린 황금 시대'를 그리워하는 것이라기보다 역사를 지워 버릴 수 있고 현재를 스타일화할 수 있는 과거의 변형이다. 대중 음악의 생산자, 유통자, 소비자에게 있어서 참여는 대중 음악이라는 광범위한 영역과 관련하여 일어난다기보다 특정 스타일과 관련하여 일어나는 것이다. 그 다음 음악적 스타일은 경계를 넘어 의상과 말, 정치, 인간 관계 등등의 스타일과 함께 '라이프스타일'로 응고된다.

극분화에 의해 야기된 탈분화의 동일한 효과가 '고급' 문화와 '대중' 문화 사이의 경계가 침범되는 현상에서 분명하게 나타난다. 일단 하나의 이미지나 음악적 주제, 또는 포맷이 극분화에 의해 탈맥락화되면 그것은 아무리 많은 방식으로라도 재맥락화될 수 있다. "모차르트의 히트 선집"과 같은 제목을 단 음반은 탈맥락화된 단편들을 함께 포장해 놓고 있다. 탈문화 속에서 이런 음악적 단편들의 '의미'는 영화나 텔레비전 드라마, 광고의 배경 음악으로 이용될 수 있다.[37] 대중 음악이 '박물관' 문화의 포맷을 이용하여 로이드 웨버의 '록 오페라'나 '진혼곡' 같은 것을 만들어 내는 동안, '진지한' 음악과 연주자들은 토크쇼와 퀴즈 등의 텔레비전 프로그램에 출연하고 있다.

외관상 무한히 다양한 이용에 대한 탈문화의 단편적 질료의 무차

---

37) 이러한 이용은 이제 오리지널을 재포장하여 파는 데 사용될 수 있다. 모차르트의 K467 피아노 협주곡판이 '엘비라 마디간의 주제'로 광고되고, 바로크 협주곡 모음집이 <크레이머 대 크레이머>의 '사운드트랙 앨범'으로 팔리는 것이다. 물론 여기서 이러한 발전이 전혀 '새로운' 것이 아니라는 점에는 다소의 주의가 필요하다. 아도르노와 호르크하이머가 대중 음악과 진지한 음악이 혼합되는 것에 대해 불평하고 있는 동안 20세기 초의 많은 오페라 연주자들은 또한 음악당의 노래를 음반으로 만들고 있었다.

별적 개방성은 위의 극상품화에 대한 논의에서 제기된 문화에서의 권력과 저항의 문제와 연관된다. 문화적 권력의 '장소'를 종속자를 위한 '공간'으로서 저항적인 전술로 이용하는 것은(Fiske, 1987, 1989 를 보라) 파편화와 브리콜라주라는 탈문화를 전제한다. 피스크가 탐구하지 않은 가능성은 권력자의 문화적 권력이 더 이상 일차적으로 '전략적'이지 않고 그것 역시 의미의 전술적 이용이라는 끊임없이 유동하는 논리를 통해 스스로를 접합하고 있다는 점이다. 챔버스는 대중 문화의 탈현대화에 대해 낙관적 관점을 제시한 또 다른 사람인데, 그는 현대 도시 생활의 '유동적 콜라주' 속에서 "미학적이고 문화적인 대중주의라는 민주주의가 가능해졌다"(Chambers, 1986: 194)라고 주장한다.

이 관점이 유토피아적일 수 있음을 시사하는 두 가지 고려 사항이 있다. 첫째로 개인적, 사회적 정체성의 형성은 융합적 *inclusive* 인 만큼 배제적 *exclusive* 이기도 하다는 문화 사회학의 기본적 통찰이 있다. 즉, 나는 네가 아니고 우리는 그들이 아닌 것이다. 라이프스타일이라는 문화적 정체성 사이의 구분과 인종, 성, 계급 사이의 전현대적이고 현대적인 구분이 서로 불연속적이라는 것은 문화적 갈등이 종언되는 것이 아니라 더 많아진다는 것을 의미할 수 있다. 나아가 챔버스와 피스크는 스타일 자체가 수립하는 '미시적' 위계보다 '거시적' 사회 위계에 대한 도전으로서의 스타일에 대해 더 주목하고 있다.[38] 스타일이 정체성의 원리가 될 때 정체성은 공인된 비루투오소가 판단하는 스타일리스틱한 연행에 의존하게 된다. 문화적 탈현대화가 동화와 갈등 사이를 왔다갔다 하는 내적으로 위계적인 '스타일들'의 끝없는 융성을 초래할 것이라는 전망은, 적어도 문화적 탈현대화가 민주주의와 민중주의라는 자비로운 유토피아를 가져올 것이라는 전망만큼이나 가능성이 있는 이야기이다.

대중 문화에 대한 피스크의 설명은 1970년대 영국에서 큰 영향력

---

38) 피스크(1987: 249)가 '스타일'을 저항적 '카니발'의 기능으로 무시할 때 그는 '스타일'과 '취향' 사이의 연관 관계를 무시해 버리는 것인데, 이는 부르디외에게서와 마찬가지로 피스크에게서도 본질적으로 헤게모니적인 것이다. 일단 스타일이 반미학적이고 반취향적인 것으로 간주되면 스타일과 연관된 갈등과 위계에 대한 질문은 제기될 필요가 없어져 버린다.

을 지녔던 마르크스주의 '문화 연구'와 많은 공통점을 지니고 있다. 문화적 다양성이 인지되고 심지어 찬양되기도 했지만, 그것은 문화적 헤게모니를 지향하는, 계급에 기초한 투쟁과 '접합'되어야 한다. 이러한 기획은 문화적 탈현대화의 효과('젊음'의 극상품화, 대중 문화의 극분화)를 안정된 사회적, 문화적 현대성이라는 분석적 망을 통해 이해하고 있다. 많이 알려진 예들 가운데 하나를 들자면 홀과 제퍼슨(1975)은 '청년 하위 문화'의 다양성을 계급 용어로 이해하려는 일련의 정교한 시도를 수집하였다. 물질적 조건에 대한 그들의 '상상적 관계'와, 그들이 부모나 지배 문화와 맺는 '이중 접합'이라는 용어로 제퍼슨은 테디 보이 *teddy boys* 를 논의하고, 헵디지는 모드족 *mods* 을 분석하며, 클라크는 스킨헤드족 *skin heads* 을 고찰한다. 거의 형이상학적인 원리, 즉 대중적 힘이 물리적으로 '현존'한 것으로 파악하는 피스크의 논의는 1970년대의 기획을 단순히 향수적으로 확장하고 있는 것에 지나지 않는다. 그러나 1970년대의 기획은 이미 그 분석적 망이 붕괴되어 버리고 말았다. 그렇다고 해서 저항이 곧 헤게모니적인 것이고 순응이 곧 종속적인 것이라는 식의 단순한 구분은 더 이상 적용될 수 없다.

이러한 논점은 '취향 문화'의 극분화가 지니는 효과라는 보다 광범위한 질문으로 되돌아가게 한다. 루이스(1981: 205)가 주장하듯이 대부분의 취향 문화 연구는 "사회의 사회 구조와 문화 구조 사이에 일종의 상관적 연결을 가정하고 있다." 이런 경향에 반대하여 루이스(1981: 206)는 2차 세계 대전 이후 적어도 미국에서는 취향과 계급적 지위 사이의 밀접한 연관에 대한 경험적 증거가 거의 존재하지 않는다는 점을 지적한다.[39] 탈현대화에 대한 분석에서 '취향 문화'가 적합한 용어인지 의심하는 것에는 다른 근거도 있다. 이 개념은 우리가 그 속에서 살아가는 삶의 방식으로의 문화라는 관념을 너무 많이 지니고 있다. 적어도 위에서 언급한 영국 전통에서 전개된 바에 따르면 하위 문화 개념

---

39) 이는 부르디외(1984)가 찾아 낸 매우 정밀한 배열과 대치되는 것이다. 그리고 이러한 차이는 분명 프랑스와 미국의 계급 구조와 문화, 사회학적 전통의 차이를 반영하고 있다.

에서도 이는 마찬가지이다.

극분화하는 탈현대화는 경험의 생생한 통합체로서의 문화에 대한 감각을 쇠퇴시킴으로써 탈문화를 생산한다. 그것은 단지 소수의 완전히 통합된 문화적 통합체를 다수에 의해 대치하는 것이 아니라 완전히 통합된 문화적 통합체 자체를 쇠퇴시키는 것이다. 이를 끝까지 밀고 나가면 이 과정은 각 개인이 그의 삶의 모든 지점에서 고통스러운 실존적 딜레마에 직면하도록 만든다. 즉 옷, 음악, 자동차 또는 정치적 관점의 선택이 항상 갱신되어야 하지만 그를 지도해 주는 것은 아무것도 존재하지 않는다. 물론 이런 결과는 '불가능하다.' 누구도, 어떤 사회도 그런 식으로 작동할 수는 없기 때문이다. 논점은 이 불가능한 결과가 회피될 수 있는 방식과 관련된다.

전현대 사회에서는 경제적, 문화적 발전 수준이 거의 '선택'의 여지를 남기지 않았다. 혹시 선택의 여지가 있다 하더라도 습관과 관습이 이 선택을 지도하였기 때문에 이런 문제가 제기되지 않았다. 초기 현대의 취향이라는 문제는 전통의 쇠퇴와 결합된 선택지의 확장에 의해 도입된 불확실성을 가져왔다. 성숙한 현대성은 취향 문화를 사회 계급에 따라 배열하고, 유행과 문화적 전통의 권위를 통해 이를 어느 정도 해결했다. 이러한 현대의 해결책을 적용한 결과 물질적 조건과 경험적 반응의 전통적인 문화적 '통합성'은 분화된 새로운 모델로 변화되어야 했다. 탈현대화와 스타일의 융기는 이 해결책을 붕괴시켰고, 전통을 쇠퇴시키고 문화적 통합성을 파편화시켰다. 이것이 '취향'이라는 초기 현대의 문제와 '스타일'이라는 탈현대화하는 문제 사이의 유비를 시사했던 이유이다.

문화의 극분화, 극상품화, 극합리화가 선택지의 융성과 권위의 쇠퇴 사이의 딜레마를 재제정한다면 그것은 또한 명확히 탈현대화하는 광범위한 해결책을 가능케 한다. 상이한 방식으로 그것들은 모두 보드리야르의 용어인 시뮬레이션과 극시뮬레이션의 범위 속에서 작용한다. 하나의 극단적 가능성은 문화적 단편들을 '라이프스타일'로 완전히 상품화하여 다시 묶는 것이다. 여기서 라시(1990: 175)의 형상적 탈현대성과 호응하는, 맥루언이 강조하는 모자이크적이고 도상적인 경험 구조의 개념이 정곡을 찌르고 있다. 짧은 텔레비전 광고(아마 아침으로 함께 시리얼을 먹고 있는 어떤 가족의 모습일 것이다)가 도상적인 형태로 연령과 성, 거주성, 고용의 복합적이고 강력한 배열과, 그것들이 품행, 옷차림, 가구, 실내 장식, 음악 등과 맺는 관계를 함께 묶을 수 있다. 전통의 진정성이나 담론의 논리에는 순응할 필요가 없는 이런 식의 상품화된 정체성의 도상이 경험의 모사된 '통합성'의 원리로 기능할 수 있다. 수용자에게 소구하기 위해 그런 도상을 사용하는 시장 분석가와 광고 전문가들은 사회적이고 인구학적인 용어(사회 계급, 연령 집단 등)에 의존하는 분화된 시장 모델로부터 '라이프스타일'의 요인에 기초한 모델로 옮아가고 있다. 호주에서는 조지 패터슨 George Patterson 에이전시와 연관된 **SCAN**(*segmenting change and new value*, 구획화하는 변화와 새로운 가치) 프로젝트와 오길비 Ogilvy 와 마더로이 모건 Mother-Roy Morgan, **VAL**(*value and lifestyle*, 가치와 라이프스타일) 계획이 점점 중요해지고 있다(Thompson, 1989 를 보라).

도상적인 '라이프스타일' 속에서 극상품화된 문화의 시뮬레이션이 탈현대화의 가능성의 연속선상에서 한 극에 위치하고 있다면, '공황 *panic*'이나 문화적 실재의 극모사화된 '향수적' 생산은 다른 극에 위치하고 있다. 신보수주의 정치학과 종교적 근본주의는 탈현대적 미학과 건축에서의 특정 역사적 경향과 유사성을 지닌, 탈현대화의 불확실성에 대한 반응으로 이해될 수 있다. 그것들은 단지 극모사화될 수밖에 없는 전통적 가치로의 '회귀'를 제공한다. 오늘날 호주와 영국, 미국에서 창세기의 진실성을 주장하는 귀에 거슬리는 목소리는 신향토적 *neo-vernacular* 쇼핑 몰이나 테마 공원이 그렇지 않듯이 더 이상 '전통'의 표현이 아니다. 스킨헤드족에 대한 클라크(1975)의 연구는 요점을 예시하기 위해 약간 왜곡될 수 있다. 클라크는 의상과 영역성 *territoriality*, 섹시즘, 동성애, 인종주의, 공격성 등에서의 스킨헤드족의 '스타일'을 사라져 가는 노동자 계급 공동체의 가치에 대한 '상징적' 회복으로 이해한다. 스킨헤드족의 과잉 반응은 '물질적이고 조직적인' 공동체적 기초가 결여되어 있다는 점에서 설명된다(1975: 102).

탈현대화의 렌즈를 통해 보았을 때 클라크의 스킨헤드족은 극실재의 범주에 포함되는데, 거기서는 문화적 단편들을 도상적으로 병치하여 실재를 재확인시켜 주고 있다. '보수적' 문화 현상만 이런 식으로 이해될 수 있는 것은 아니다. 예를 들어 뉴 에이지 의식과 심층 생태학은 종교적 근본주의만큼이나 탈현대적 '실재' 문제에 대한 극모사화된 해결책이다. 이런 종류의 해결책에서 개인과 집단은 그 주위에 경험의 통합성, 진정한 문화가 재구축될 수 있는 심층 실재에 접근했다고 믿는다. 극상품화된 라이프스타일과 극모사화된 실재라는 외견상 반대되는 해결책이 뒤섞일 수 있다는 것이 탈문화의 가장 독특한 측면 가운데 하나이다. 후자, 즉 전통, 공동체, 환경 등에 대한 관심은 전유될 수 있고 상품화될 수 있어 천가방과 재생 화장지 또는 오히려 비효과적인 세제를 소비하는 것이 일종의 제의나 신성한 '환경'에 대한 봉헌 행위가 되었다. 똑같이 극상품화의 도상적 기술도 환경이나 유산, 또는 종교를 판매하고 있다. 실제로는 도상이나 스타일이 실재를 규정한다. 스타일과 실재는 탈문화의 '평평한 표면' 위에서 단일 차원으로 융합된다.

요약: 문화적 탈현대성의 신드롬의 출현?

젱크스(1987: 10)는 미술과 건축에서의 탈모더니즘을 '그 잡종의 명칭이 수반하는 역설적인 이원론 또는 이중의 코딩'으로 특징짓는다. 문화적 탈현대화 또한 문화적 현대성을 모양지었던 원리의 확장과 역전이라는 '이중의 코딩'에 사로잡혀 있다. '극'상품화, 합리화, 분화의 형상은 이 역설을 파악하려는 시도이다. 바우만(1988: 811)이 하려고 했듯이 적어도 현재 보이는 것 속에서 '완전히 성장한, 생존 가능한 사회 체계'로서 탈현대화의 결과를 그려 보려는 것은 많은 의미에서 시대 착오적이다. 그럼에도 불구하고 문화적 현대성에서 출현한 탈문화는 위에서 고려한 과정에 의해 초래된 그 자체의 '통합성'과 효과성 *effectivity* 에 사로잡혀 있는 것처럼 보인다.

극상품화는 마침내 상품화된 영역과 비상품화된 영역 사이의 구분을 침식시키고 의미의 상품화를 왜곡시킨다. 문화적 '수준들' 사이의 제도화된 구분은 스타일의 범람과 라이프스타일로의 그것의 패키지화에 자리를 내주었다. 현대성 내부에서의 극합리화는 성숙한 모더니즘의 운명을 은폐하는 '엘리트주의적 분리'를 낳는다. 모더니즘과 그에 대한 아방가르드의 비판의 여파로 미학적 합리성은 파편화되었고 권위적 전통은 보관창으로 들어가게 되었다. 기술적 발전은 문화 소비의 사사화와, 극모사라는 범세계적 탈문화 속으로의 그것의 재통합을 촉진시켰다. 극분화는 탈분화의 효과를 생산하여 문화적 의미의 단편들이 현대 문화의 영역들 사이, 그리고 문화와 사회 사이를 넘나들 수 있게 해 주었다. 스타일의 도상학과 실재의 공황적 생산은 점차 파편화된 탈문화에서 '통합성'의 원리가 되었다.

이러한 설명에서 두 가지 중요한 교훈을 얻을 수 있다. 첫째로 발현하는 탈문화는 문화적 현대성이 그랬던 것과 같은 하나의 구조나 시스템이 아니며, 심지어 신드롬도 아니다. 그것은 명확하게 구획된 영역을 결여하고 있으며, 경제, 정치, 사회와 그것 사이의 경계는 침해되었고, 그것의 위계는 복수이며 끊임없이 변화하고 있고, 그것은 전혀 '깊이'를 지니고 있지 않아 표면과 실재 사이에 아무런 구분도 없다. 그 결과 둘째로 탈문화의 효과는 현대 문화의 그것과는 매우 상이한 질서를 지니고 있다. 마르크스나 파슨스에게 있어 '문화'는 계급 지배의 논리에 따르거나 유형 유지의 필요를 따르는, 여타 시스템들과 접합되는 하나의 시스템으로서 효과적이다. 탈문화의 효과는 고도로 부하된 *charged* 의미의 단편이며, 사회 문화적 공간을 어디나 자유롭게 다니고 거의 모든 다른 단편들과 무차별적으로 관계에 돌입한다. 이제 문화가 사회 과정을 만들어 내는지, 아니면 반영물인지에 대해 일반적이고 구조적인 용어로 질문하는 것은 더 이상 의미가 없어졌다. '문화'는 아주 미만된 '사회'를 가지고 있어 둘 사이의 구분이 낡은 것이 되어 버렸기 때문이다.

그에 대한 대답이 미래에 놓여 있기 때문에 확신을 가지고 대답할 수는 없지만 아직까지 남아 있는 질문은 과연 탈문화의 승리가 최종적이고 역전 불가능한 것인가 하는 질문이다. 성숙한 현대성이 현대의 불확실성에 대한 '해결책'으로서 문화적 권위를 제도화시켰던 것을 생각해 보면 탈문화도 어떤 식으로든 재구조화될 것이라는 가능성을 원리적으로 상정해 볼 수 있다. 그러나 지금 어디서 그런 재구조화를 위한 자원을 찾을 수 있을지는 알기 어렵다. 하버마스와 같은 모더니스트들은 민주주의와 합의를 강조하고 있지만, 문화의 재현대화가 일종의 폭력을 쓰지 않고 어떻게 실현될 수 있을지에 대해 알기란 쉽지 않다. 그러나 모더니스트들이 악몽처럼 생각하는 전현대로의 완전한 역전 역시 거의 가능하지 않다. 엔첸스베르거(1976: 23~5)가 지적했듯이 오늘날의 의사 소통 기술은 '완전한 통제'가 실제로 달성될 수 없도록 만들었고, 그런 통제 없이는 탈문화의 무차별적인 요소들이 문화적 가치의 단일한 위계에 종속되는 일은 결코 일어날 수 없기 때문이다.

(옮긴이: 정준영)

참고 문헌

Adorno, T. W. (1981). *In Search of Wagner*. London: New Left Books.

Adorno, T. W. & Horkheimer, M. (1979). *The Dialectic of Enlightenment*. London: Verso.

Alexander, Jeffrey C. & Colomy, Paul eds. (1990). *Differentiation Theory and Social Change*. New York: Columbia University Press.

Anderson, Perry (1984). *In the Tracks of Historical Materialism*. Chicago: Chicago University Press.

Baudrillard, Jean (1983). *In the Shadow of Silent Majorities······ or the End of the Social and Other Essays*. New York: Semiotext(e).

────── (1988). *Selected Writings*. Stanford, Cal.: Stanford University Press.

Bauman, Zygmunt (1988). "Is There a Postmodern Sociology?" *Theory, Culture & Society*, 5, pp.217~37.

Bell, Daniel (1976). *The Cultural Contradictions of Capitalism*. London: Heinemann.

Benjamin, W. (1973). "The Work of Art in an Age of Mechanical Reproduction," in W. Benjamin. *Illuminations*, H. Arendt (ed.). London: Fontana.

Bourassa, S. (1989). "Postmodernism in Architecture and Planning: What Kind of

Style?" Urban Research Unit Working Paper 12, Australian National University.

Bourdieu, Pierre (1984). *Distinctions: a Social Critique of the Judgement of Taste.* London: Routledge.

Brubaker, Rogers (1984). *The Limits of Rationality: An Essay on the Social and Moral Thought of Max Weber.* London: Allen & Unwin.

Bürger, P. (1984). *Theory of the Avant Garde.* Minneapolis: University of Minnesota Press.

Burke, P. (1978). *Popular Culture in Early Modern Europe.* London: Temple-Smith.

Campbell, Colin (1987). *The Romantic Ethic and the Spirit of Modern Consumerism.* Oxford: Blackwell.

Chambers, I. (1986). *Popular Culture: The Metropolitan Experience.* London: Methuen.

Clarke, J. (1975). "Skinheads and the Magical Recovery of Community," in S. Hall & T. Jefferson (eds), *Resistance through Rituals.* London: Hutchinson.

Claygill, H. (1990). "Architectural Postmodernism: The Retreat of an Avant Garde?" in R. Boyne & A. Rattansi (eds), *Postmodernism and Society.* London: Macmillan.

Crook, Stephen (1991). *Modernist Radicalism and its Aftermath: Foundationalism and Anti-Foundationalism in Radical Society Theory.* London: Routledge.

Elias, N. (1978). *The Civilizing Process Volume One: The History of Manners.* Oxford: Blackwell.

——— (1982). *The Civilizing Process Volume Two: State Formation and Civilization.* Oxford: Blackwell.

Enzensberger, H. M. (1976). "Constituents of a Theory of the Media," in H. M. Enzensberger, *Raids and Reconstructions.* London: Pluto Press.

Ewan, S. (1990). "Marketing Dreams: the Political Elements of Style," in A. Tomlinson (ed.), *Consumption, Identity & Style.* London: Routledge.

Feist, A. & Hutchinson, R. (1990). *Cultural Trends in the Eighties.* London: Policy Studies Institute.

Fiske, J. (1987). *Television Culture.* London: Routledge.

——— (1989). *Understanding Popular Culture.* Boston: Unwin-Hyman.

Foster, H. (1983). "Post Modernism: a Preface," in H. Foster (ed.), *The Anti-Aesthetic.* Port Townsend, Wash: Bay Press.

Gans, H. (1974). *Popular Culture and High Culture.* New York: Basic Books.

Giner, S. (1976). *Mass Society.* Oxford: Martin Robertson.

Gouldner, A. W. (1975). *For Sociology.* Harmondsworth: Penguin.

Habermas, Jürgen (1981). "Modernity versus Postmodernity," *New German Critique,* 22, Winter, pp.3~14.

────── (1985). "Neoconsertive Culture Critique in the United States and West Germany: An Intellectual Movement in Two Political Cultures," in R. Bernstein (ed.). *Habermas and Modernity*. Cambridge: Polity.

────── (1987a). *The Theory of Communicative Action Volume Two: The Critique of Functionalist Reason*. Cambridge: Polity.

────── (1987b). *The Philosophical Discourse of Modernity*. Cambridge: Polity.

Hall, S. & Jefferson, T. (1975). *Resistance through Rituals*. London: Hutchinson.

Harris, H. & Lipman, A. (1986). "A Culture of Despair: Reflections on 'Post-modern' Architecture," *Sociological Review*, 34, pp.837~54.

Harvey, David (1989). *The Conditions of Postmodernity*. Oxford: Blackwell.

Hassan, I. (1985). "The Culture of Postmodernism," *Theory, Culture & Society*, 2, pp.119~31.

Hume, D. (1964). "Of the Standard of Taste," in D. Hume, *The Philosophical Works*, vol. 3, T. H. Green & T. H. Gross (ed.). Aalen: Scientia Verlag.

Huyssen, A. (1986). *After the Great Divide*. Bloomington: Indiana University Press.

Jameson, Fredric (1984). "Postmodernism: Or the Logic of Late Capitalism," *New Left Review*, 146, pp.53~92.

Jencks, Charles (1987). *What is Post-Modernism?* (2nd edn). London: Academy.

Kant, I. (1952). *The Critique of Judgement*. Oxford: Oxford University Press.

────── (1956). *Critique of Practical Reason*. Indianapolis: Bobbs-Merrill.

Kroker, A. & Crook, D. (1988). *The Postmodern Scene: Excremental Culture and Hyper Aesthetics* (2nd edn). London: Macmillan.

Lash, Scott (1990). *Sociology of Postmodernism*. London: Routledge.

────── & Urry, John (1987). *The End of Organized Capitalism*. Cambridge: Polity.

Lechner, F. (1990). "Fundamentalism and Sociocultural Revitalization: On the Logic of De-differentiation," in J. Alexander & P. Colomy (eds), *Differentiation Theory and Social Change*. New York: Columbia University Press.

Lewis, G. (1981). "Taste Cultures and Their Composition," in E. Katz & T. Szecsco. *Mass Media and Social Change*. Beverly Hills: Sage.

Lyotard, Jean-François (1984). *The Postmodern Condition: A Report on Knowledge*. Manchester: Manchester University Press. (초판, 1979.)

────── (1988). *The Differend: Phrases in Dispute*. Manchester: Manchester University Press. (초판, 1979.)

McCracken, D. (1988). *Culture and Consumption*. Bloomington: Indiana University Press.

McLuhan, M. (1967a). *The Mechanical Bride: Folklore of Industrial Man*. Boston: Beacon Press.

────── (1967b). *Understanding Media*. Harmondsworth: Penguin.

Mennell, S. (1990). "Decivilising Processes: Theoretical Significance and Some Lines of Research," *International Sociology*, 3, pp.205~23.

Moriarty, M. (1988). *Taste and Ideology in Seventeenth Century France*. Cambridge: Cambridge University Press.

Morley, D. (1987). *Family Television: Culture Power and Domestic Leisure*. London: Comedia.

Mowlana, H. & Wilson, C. (1990). *The Passing of Modernity*. White Plains, N.Y.: Longman.

Netzer, D. (1978). *The Subsidized Muse: Policy Support for the Arts in the United States*. Cambridge: Cambridge University Press.

Offe, C. (1984). *Contradictions of the Welfare State*. J. Keane (ed.). London: Hutchinson.

Rodgers, P. (1989). *The Work of Art*. London: Policy Studies Institute.

Slater, D. (1987). "On the Wings of the Sign: Commodity Culture and the Social Practice," *Media, Culture & Society*, 9, pp.457~80.

Swingewood, A. (1977). *The Myth of Mass Culture*. London: Macmillan.

Thompson, G. (1989). "The Way We Are," *The Bulletin*(Sydney), 10, January.

Tolimson, A. & Walker, H. (1990). "Holidays for All: Popular Movements, Collective Leisure and the Pleasure Industry," A. Tolimson (ed.), *Consumption, Identity & Style*. London: Routledge.

Tunstall, J. (1983). *The Media in Britain*. London: Constable.

Turner, S. & Factor, R. (1984). *Max Weber and the Dispute over Reason and Value*. London: Routledge & Kegan Paul.

Weber, E. (1960). *Paths to the Present*. New York: Dodd, Mead.

Weber, Max (1949). *The Methodology of the Social Sciences*. New York: Free Press.

────── (1958). *The Rational and Social Foundations of Music*. Carbondale: Southern Illinois University Press.

────── (1970). "Science as a Vocation," and "Politics as a Vocation," in H. Gerth & C. W. Mills (eds), *From Max Weber*. London: Routledge & Kegan Paul.

Williams, R. (1981). *Culture*. London: Fontana.

Windschuttle, K. (1988). *The Media: A New Analysis of the Press, Television, Radio and Advertising in Australia*. Ringwood Vic: Penguin.

Wolin, R. (1984). "Modernism versus Post Modernism," *Telos*, 62, pp.90~130.

부르디외: 문화 자본과 아비투스

부르디외는 오늘날 프랑스의 대표적 지성인 가운데 한 사람이다. 물론 그 이전에 그는 전후 프랑스의 가장 독창적인 사회학자로 평가받고 있다. 그의 작업은 '탈코트 파슨스 Talcott Parsons 이후 가장 우아하고 포괄적인 이론 체계'를 제시한 것으로 평가된다. 그리하여 전통적으로 철학에 비해 사회학의 학문적 위상을 매우 낮게 평가해 온 프랑스에서 사회학의 학문적 위상을 급상승시키는 데 결정적인 역할을 했다.

그는 1930년 프랑스 남부의 스페인 국경이 가까운 당겡 Denguin 에서 태어났다. 학업에서 탁월한 능력을 보인 지방 출신의 젊은이들이 흔히 그러하듯이 그 역시 가장 전형적인 엘리트 교육 경로를 밟는다. 포 Pau 에서 고등학교를 마친 그는 파리로 올라와 루이 르 그랑 Louis le Grand 에서 대입 예비 과정을 수료하며, 1951년 수재 교육 기관으로 이름난 파리 고등 사범 학교에 입학한다. 그리고 그 곳에서 철학 교수 자격증을 획득한 후, 잠시 물랭 Moulins 에서 학생들을 가르치다가 1958년부터 1960년까지는 알제리 대학의 조교로 있게 된다.

마침 당시 전쟁중이었던 그 곳에서의 연구 생활은 학자로서의 그의 역정에 결정적인 변화를 가져온다. 통상 단절기라고 지칭되는 이 시기를 통해 그는 흔히 철학자들이 사회학과 그와 유사한 모든 것에 대해 품는 명백한 경멸로부터 벗어나, 민족학과 사회학을 자신의 주요 탐구 영역으로 삼는다. 이 시기의 탐구의 결실은 1964년부터 3년 동안에 걸쳐 ≪알제리의 노동과 노동자들 *Travail et travailleurs en Algérie*≫, ≪뿌리 뽑기 *Le Déracinement*≫, ≪상속자들 *Les héritiers*≫(특히, 이 가운데 문화적 불평등의 재생산을 연구한 ≪상속자들≫은 1968년 학생 운동에 적지않은 영향력을 행사한다) 등 7권의 저서 출간으로 나타나며, 이로써 그는 자신의 학문 분야에서 일인자로서의 위치를 차지한다.

이러는 도중 파리 대학에서의 레이몽 아롱의 조교 생활(1960~1)과 릴 대학에서의 강사 생활(1961~4)을 거친 다음, 1964년 사회 과학 고등 연구원(E.H.E.S.S.) 교수와 연구 주임으로 취임한다. 이후 그는 이 곳에서 소장 연구자들과의 공동 연구를 정력적으로 추진하는 가운데, 유럽 사회학 센터 Centre de Sociologie Européenne 를 설립하고, 1975년 <사회 과학 연구 학보 *Actes de la Recherche en Science Sociale*>의 창간과 편집을 주도한다. 그리고 이로써 사회학계에서의 자신의 지도적인 위치를 더욱 공고히 한다. 1982년 그는 레이몽 아롱의 뒤를 이어 콜레주 드 프랑스 Collège de France 의 교수직에 취임한다.

지난 30년 동안 그는 거의 3년에 2권꼴로 저서를 출간하는 막대한 학문적 생산력을 보여 주었다. 하지만 이러한 업적은 그 양적 측면에서뿐 아니라 질적 측면에서도 놀라움을 자아내고 있다. 알제리에 관한 인류학적 연구에서 출발하여 ≪예술의 규칙 *Les Règles de l'art*≫(1992)의 플로베르 연구에 이르는 그의 저서들이 보여 주는 다양하고 깊이 있는 탐구와 분석은 오늘날 인류학, 교육 사회학, 정치학, 철학, 미학, 문학 등 광범위한 분야에 그 영향력을 행사하고 있는 것이다. 앞에 이야기된 저서들 이외의 그의 주요 저작들은 다음과 같다. ≪재생산 *La reproduction*≫(1970), ≪실천 이론 개요 *Esquisse d'une Théorie de la Pratique*≫(1972), ≪구별 *La Distinction*≫(1979), ≪실천적 감각 *Le Sens Pratique*≫(1980), ≪말하기의 의미 *Ce que parler veut dire*≫(1982), ≪호모 아카데미쿠스 *Homo Academicus*≫(1984), ≪국가 귀족 *La Noblesse d'Etat*≫(1989), ≪예술의 규칙≫(1992), ≪실천 이성 *Rasons pratique*≫(1994) 등.

이렇듯 방대하고 섬세한 부르디외의 연구의 전모를 간략히 요약하여 전달하는 일은 쉽지 않다. 여기서는 아비투스 *habitus* 와 장 *champ* 개념에서부터 출발하여 그의 이론 체계의 전모를 짐작할 수 있는 정도로 소개해 보기로 하겠다.

    아비투스는 부르디외의 설명에 따르면 결정된 사회적 조건에 반복적으로 노출됨으로써 일종의 성향의 형태로 개인들 내부에 새겨진 사회적 환경의 필연성이다. 그것은 개인에게(혹은 그 개인과 유사한 사회적 구조의 압박을 받은 집단이나 계급들 혹은 계급 분파들에게) 무의식적으로 체화되고 침윤된 역사적 관계의 총체인 인지와 평가, 행동의 틀 전체를 지시한다. 사회적 행위 주체들은 이 아비투스에 입각하여 행위한다. 때문에 행위는 결코 기계적 법칙에 따르는 자동 부품과 같이 이루어지지 않는다. 일련의 지속적이고 변경 가능한 성향 체계로서의 아비투스는, 행위 주체자들로 하여금 행위 과정 중 예견치 못한 계속 변화하는 상황에 대처하는 일종의 전략 발생 원리로서의 구실을 한다.

    이러한 아비투스 개념이 지니는 방법론적 의미는 매우 중요하다. 실상 부르디외는 그의 연구 전체를 통해, 그 동안 사회 과학에 있어 해결할 수 없는 모순으로 간주되어 왔던 여러 가상적 대립과 구분들(상징적인 것에 대한 분석과 물질적인 것에 대한 분석의 구분, 이론과 경험적 탐구의 분리, 특히 대상이 되는 사회에 대한 주관주의적 인식 방식과 객관주의적 인식 방식 사이의 대립 등)을 통합해 내려는 지속적인 노력을 보였다. 특히, 이 가운데 주관주의와 객관주의의 대립의 해소가 관건이었다고 할 수 있는데, 아비투스 개념은 이러한 모순에 대한 나름의 해결책을 제시한다. 즉, 객관적 조건의 내면화의 산물인 동시에 개인적 행동의 조건인 아비투스로써 일반적인 지각과 단절하여 사람들이 그 안에 들어가 그것에 따라 활동하는 객관적 규칙성을 드러내 주는 동시에 일상적인 지식과 실천 능력이 사회의 지속적인 생산에 기여하는 측면을 드러냄으로써, 주관주의와 객관주의 양자를 동시에 함축하는 개념을 제시한 것이다.

    아비투스가 어디까지나 일차적으로 행위 주체의 속성이라면, 장은 이 행위자들이 활동하는 행위 공간을 지칭한다. 아마도 우리는 단순하게 장 개념이 사회라는 막연하고 정태적인 느낌을 주는 용어를 대체한 것이라고 이해할 수 있을 것이다. 이렇게 본다면 사회 공간이란 죽은 구조가 아니다. 그것은 자체 내의 자율적인 규칙에 따라 경쟁하고 투쟁하는, 즉 그 규칙에 동의하면서 경쟁하고 투쟁하는 장들, 즉 게임군들(예를 든다면 정치, 경제, 예술, 출판 등)로 형성된 일종의 게임 공간이다. 이들 장에서 해당 영역의 규율을 승인하는 각각의 집단, 계급, 개인들은 역사적으로 주어진 물질적, 사회적, 문화적 자산의 수준에 기반하여 거기에서 효력을 가지는 특수한 종류의 자산(예술에서는 문화적 권위, 종교에서는 성직자의 권위 등)에 대한 독점권을 확보하려는 목적으로 투쟁한다. 그리고 이러한 투쟁의 결과 장은 이 특수한 종류의 자산의 분배 관계의 상태에 따라 객관적인 힘들의 구조화된 체계로 형성된다.

이렇게 볼 때 사회란 결국 마르크스의 선례에 따라 자신들의 재생산을 보장하기 위해 이해를 극대화하고자 하는 집단 간, 계급 간, 계급 분파들 간의 투쟁 공간에 다름 아니다. 하지만 이를 마르크스의 방식 그대로 이해해서는 안 된다. 부르디외는 물질적인 존재 조건의 재생산을 보장하기 위해 인간 행동들이 조화되는 방식(생산 양식)보다는 그러한 조화에 의해 만들어지는 불평등한 계급 관계가 정당화되는 양식(지배 양식)에 더 주목한다. 그에 있어 사회 구성체란 무엇보다도 집단들과 계급들 사이의 '힘과 의미들의 관계 체계'인 것이다.

여기서 중요하게 대두되는 것이 일종의 이데올로기 투쟁이라고 할 수 있는 상징 투쟁이다. 각각의 계급과 집단들 그리고 계급 분파들은 항상적으로 각자 자신들의 이익에 가장 들어맞는 사회 세계에 대한 정의를 부과하기 위해 노력한다. 하지만 이 투쟁을 선도하는 것은 자신의 권력을 경제 자본에 의존하고 있는 지배 계급이다. 이들은 일상 생활의 상징 투쟁을 통해 직접적으로, 혹은 상이한 상징 생산의 전문가들을 통한 대리전을 통해 간접적으로 현재의 불평등한 계급 관계(위계 관계)의 정당성(즉, 상징 권력의 독점)을 확보한다. 하지만 이 때 행사되는 상징 폭력은 자신들이 상징 폭력에 복속되어 있거나 또는 상징 폭력을 사용하고 있음에도 그런 사실을 알고자 하지 않는 사람들의 공모에 의해서만 행사될 수 있는 비가시적 권력이다.

다시 말해 지배 효과는 사회 행위자로 하여금 사회 세계의 객관적 구조에 바로 이 구조들로부터 발생한, 즉 상동성을 지닌 지각과 평기를 적용함으로써 사회 세계를 당연한 것으로 보이게 만드는 바로 그 방식, 요컨대 사회 행위자들과의 일종의 공모 관계에 의해 발생하는 사물의 질서에 의한 설득 방식에 의해 이루어진다는 것이다.

문화 영역 혹은 문화의 장 또한 이러한 상징 생산과 투쟁 공간의 하나이다. 여기서 각각의 집단들과 계급들의 획득 투쟁의 대상이 되는 것은 문화적 능력이다. 다시 말해 이러한 문화 능력의 유무가, 혹은 그 정도의 차이가 일종의 위계를 구성하여 그로써 지배를 정당화하는 수단이 된다. 이러한 문화적 능력의 획득 가능성은 실제로는 그것의 획득을 위해 투자할 수 있는 시간의 양(이는 경제 자본의 문화 자본으로의 전이의 토대가 된다)과 연계될 수밖에 없는 이미 얻어 낸(가정으로부터 그리고 무엇보다도 교육으로부터) 문화 자산의 축적 정도에 따라 규정된다. 하지만 부르주아들은 이렇듯 자신들의 유리한 조건으로부터 유래한 자본을 마치 천부적인 능력에 의한 것으로, 즉 자연적으로 타고난 듯이 위장함으로써 그 획득의 사회적 조건을 지워 버린다. 그리고 이를 통해 지배 효과를 얻어 낸다. 따라서 중요한 것은 문화가 누군가의 것이 아니라 누군가가 소유한 것 혹은 차라리 누군가로 되어 온 것이라는 사실을 기억하는 것이다. 그리고 이것이야말로 문화를 사회적으로 사용함으로써 나타나는 효과의 배후를 포착할 수 있는 핵심이 된다.

(이영욱)

예술적 취향과 문화 자본

피에르 부르디외

인지되지 않은 것을 그 자체로 해독하는 행위, 다시 말해서 즉각적이며 정합적인 '이해'는, 오로지 해독 행위를 가능케 하는 문화적 약호 *code* 가 즉각적이며 완벽하게 관찰자에 의해 (교양 능력 혹은 성향의 형태로) 숙지되어 있고, 그것이 지각된 작품을 가능케 한 문화적 약호와 통합되는 특별한 경우에만 가능하고 효과적일 수 있다…….

　이런 특수한 조건이 충족되지 않으면 불가피하게 잘못된 이해가 생겨난다. 즉, 즉각적인 이해라는 환영 *illusion* 이 잘못된 약호에 기초한 가공架空의 이해로 이끄는 것이다. 작품이 약호화된 방식을 지각하지 못하거나 작품이 다른 방식으로 약호화되었을 경우, 사람들은 무의식적으로 일상에서 쉽게 통용되던 약호나 친근한 대상들을 해독할 때 쓰던 약호들을 낯선 전통의 작품들에 적용한다. 즉, 무의식적인 약호화를

---

* Pierre Bourdieu, "Artistic Taste and Cultural Capital," *Culture and Society: Contemporary Debates*, J.C. Alexander & S. Seidman (eds.), Cambridge University press, 1990. 이 글은 Pierre Bourdieu, "Outline of a Theory of Art Perception," *International Social Science Journal*, 2(4), 1968, pp.589~612에서 발췌된 것이다. 피에르 부르디외는 프랑스의 대표적 지성인 가운데 한 사람으로 독창적인 사회학자로 평가된다. 유럽 사회학 센터 설립, <사회 과학 학보>를 창간하기도 했던 그는 1982년 이래 콜레주 드 프랑스의 교수로 있다. ≪재생산 *La reproduction*≫(1970), ≪구별 *La Distinction*≫ (1979), ≪실천 이성 *Rasons Pratique*≫(1994) 등의 저서가 있다.

내포하지 않는 지각이란 존재하지 않으며, 무기교나 순진함으로 인정되어 덕성으로 간주되는 '신선한 눈 *fresh eye*'이라는 신화를 제거하는 것은 본질적인 사안이다. 우리 사회에서 교육을 덜 받은 관객들이 그렇게도 강력하게 사실주의적인 초상화를 요구하는 경향을 띠는 이유 가운데 하나는 다음과 같다. 즉, 특수한 지각 범주들이 결여된 상태에서, 그들은 학식을 요구하는 문화 산물들에도 단지 그들로 하여금 자신들의 일상 환경의 대상들을 파악할 수 있게끔 해 준 약호들 이외의 다른 약호들을 적용할 수 없기 때문이다. 가장 단순한 관찰자들에까지 접근 가능해서 그들로 하여금 나무와 집을 인지할 수 있게 해 주는, 최소한의 그리고 명백히 즉각적인 이해마저도 나름의 역사를 가진 사회가 '사실주의적'이라고 견지해 온, 사실적인 것의 재현을 규정하는 범주들에 관한 예술가들과 관객들 사이의 부분적인 동의(물론 무의식적인)를 전제한다.

예술 지각과 관련된 자발성 이론은 친근하고 즉각적인 이해가 가능한 경험 — 인지되지 않고 이해 가능한 특별한 경우 — 에 기초해 있다.

이런 맥락에서 교육받은 사람들은 학식을 요구하는 문화에서 편안함을 느낀다. 그들은 결과적으로 아마도 계층 중심주의라고 불릴 수도 있을 일종의 자기 중심주의로 빠져들게 된다. 그리고 이러한 식의 자기 중심주의는 여러 가능한 방식 가운데 하나일 뿐이며, 교육을 통해(그 교육이 제도를 통한 것이든 아니든 혹은 의식적인 것이든 무의식적인 것이든 또 특수 교육이든 아니면 일반적으로 전파된 교육이든) 얻어지는 자신들의 지각 방식을 자연스러운 것(달리 말하면, 당연하면서도 자연에 토대를 둔 것으로)으로 간주하는 데서 성립한다……

상징적 자산 *asset*(물론 동시에 그렇기도 하지만 단순히 경제적 자산으로서만은 아닌)으로 간주되는 예술 작품은 단지 그것을 전유 *appropriation* 할 수 있는, 달리 말하면 해독할 수 있는 사람들에게만 그러한 것으로 존재할 수 있다.[1]

---

1) 예술 작품의 수용을 지배하는 법칙들은 문화 보급 법칙들의 한 특수한 경우이다. 전언 *message* 의 성격이 어떤 것이든 간에 — 종교적 예언이든, 정치적 발언이

한 예술가의 능력 혹은 경쟁력 *competence* 의 정도는 그가 당시 예술 작품의 전유에 필요한 활용 가능한 일련의 수단들을 어느 정도나 숙달하고 있는가에 의해 측정된다. 다시 말한다면 예술 자본 *art capital* 의 전유를 위한 전제 조건인 해석틀, 달리 말하면 주어진 사회에서 주어진 시점에 제공되는 예술 작품의 해독을 위한 전제 조건인 해석틀을 어느 정도나 숙달하고 있는가에 의해 측정된다.

예술적 능력은 잠정적으로 한 재현 세계가 어느 정도나 상호 보충적인 계열들로 나뉘어질 수 있는가에 대한 기초 지식으로 규정될 수 있을 것이다. 이러한 유형의 계열화 체계에 대한 숙달은 그 세계의 각각의 요소들을 다른 계열과의 필연적인 연관 속에서 결정되어 있는 한 계열에 위치할 수 있게끔 한다. 즉, 의식적으로든 무의식적으로든 참작된, 문제가 되는 계열에 속하지 않는 모든 예술 재현에 의해 그 자체가 구성되는 한 계열에 위치할 수 있게끔 한다…….

그러므로 예술적 능력은 엄격한 예술적 분할 원리들에 대한 선행 지식이라고 할 수 있다. 이러한 원리들은 하나의 재현을, 그것이 내포하고 있는 양식적 특징들에 대한 분류를 통하여, 예술 세계를 구성하는 재현의 가능성들 사이에 위치시킬 수 있게끔 한다. 일상적 대상들 (혹은 보다 정확히 말한다면 용구들)의 세계나 혹은 대상들을 단순히 기념비로서, 다시 말하면 선험적 의미를 전달하는 데 쓰이는 단순한 소통 수단으로 취급하는 것이 되는 기호들의 세계를 구성하는 재현의 가능

든, 광고 이미지이든, 기술적 대상물이든 혹은 다른 어떤 것들이든 — 수용은 그것을 받아들이는 사람들의 지각, 사유, 행위의 범주에 의존한다. 따라서, 분화된 사회에 있어서는 전달되는 정보의 성격 내지 질과 공중의 구조 사이에 매우 밀접한 상호 관계가 성립된다. 그리고 이 때 그 정보의 '가독성'과 효력은, 정보가 명시적이든 내포적이든, 기대와 가능한 한 직접적으로 만날 때 훨씬 더 증대된다. 그리고 이 때 기대란 수용자가 주로 그들의 가족의 가르침과 사회적 환경(또한 적어도 학식을 요구하는 문화의 경우에는 그들의 학교 교육)으로부터 힘입어 갖게 된 것이며, 준거 집단의 전파 압력이 규범을 지속적으로 상기함으로써 유지하고 지지하며 다시 강화한 그것이다. 기대가, 전언의 전달 수준과 수용 수준의 지표로 취급되는 공중의 구조 사이의 이와 같은 연계의 토대 위에 있기 때문에 박물관 방문에 대한 수학적 모형을 구성하는 것이 가능해 왔다.

성들 사이에 위치시키는 것이 아니란 말이다. 예술 작품을 순수하게 심미적으로, 즉 오직 자기 자신만을 지시하는 의미체로서 지각하는 것은 통상 이야기되듯이 그것을 "정서적으로나 지적으로 그 자체가 아닌 다른 것들과 연결되지 않는 것으로" 간주함으로써 간단히 말해 환원할 수 없는 단일성으로 파악된 작품에 자신을 몰입시킴으로써 성립하는 것이 아니라, 작품을 그것이 속한 계열을 형성시키는 예술 작품들 전체에 그리고 오로지 이들 작품들에 연관시키는 것에 의해 작품의 **변별적인 양식적 특징들**을 지적해 냄으로써 성립한다…….

주어진 시점, 특정 사회에 제공된 재현 세계를 상호 보족적인 계열들로 분할 가능케 하는 원리들의 체계인 예술 약호는 사회 제도의 본성을 보여 준다.

바로 주어진 시대, 특정 사회로 인하여 사회 현실에 근거를 둔 역사적으로 구성된 체계로 형성되는 이러한 일련의 지각 수단들은, 예술적 부(보다 일반적으로는 문화적 부)를 전유한다. 그리고 개인들의 의지나 의식에 기대지 않을 뿐 아니라, 개인들이 창출할 수도 있고 또 그 개인들을 피해 가기도 하는 변별점 *distinction* 들을 규정하는 것을 통해, 자주 그들이 알지 못하는 사이에 개인들에게 자신을 강요한다…….

문화적 부를 전유하려는 성향은 제도화된 혹은 그렇지 않은 일반적인 혹은 특수한 교육의 산물이다. 그리고 이 교육은 이러한 부를 전유하기 위한 수단들의 숙달인 예술적 능력을 창출(혹은 훈육)할 뿐 아니라, 바로 그 욕구를 만족시키는 수단을 제공함으로써 '문화적 욕구'를 창출한다.

일정 양식의 작품을 반복하여 지각하는 것은 이들 작품들의 생산을 지배하는 규칙들의 무의식적인 내면화를 고무한다. 문법 규칙들과 마찬가지로 이들 규칙들은 그 자체로 이해되지 않을 뿐 아니라, 훨씬 불명료하게 정식화되어 있으며 또 그렇게만 정식화가 가능하다. 예를 들면 고전 음악 애호가는 그에게 익숙한 소리를 창출하는 예술이 준수하는 법칙에 대한 지식이나 의식을 전혀 가지지 않을 수도 있다. 하지만 그의 청각적 훈련은 그로 하여금 주도적인 화음을 들을 경우 이 화음의 '자연스러운' 해소로 느껴지는 조성을 기대하게끔 만든다. 이렇게 되면 그는 다른 원리들에 근거한 음악의 내적 정합성을 감지하는 데에는 어려움을 느낀다. 문화적 산물로서의 작품에 대한 친근감의 토대가 되는 전유 수단의 이와 같은 무의식적인 숙달은 라이프니츠의 의미에서의 '극히 사소한 지각 *little perceptions*'의 오랫동안의 연속, 즉 느린 친밀화에 의해 획득된다. 감식력이란 하나의 '예술적 기술 *art*'인데, 이는 사유의 기술이나 생활의 기술과 마찬가지로 결코 전적으로 규칙이나 훈시의 형식으로 분할될 수 없다. 따라서, 그것의 습득을 위해서는 전통 교육에서의 장인과 도제 사이에서와 같은 장기적인 접촉, 즉 작품(혹은 동일 계열의 작품들)과의 반복적인 접촉이 요구된다. 그리고 학생이나 도제가 무의식적으로 자기 자신을 그 규칙들에 몰두시킴으로써 분석을 배제하고 예증적인 지도의 요소들을 선택하는 가운데 예술의 규칙들을 흡수할 수 있는 바로 그대로, 예술 애호가들은 어떤 방식으로든 예술 작품에 자신을 몰입시킴으로써 그 작품의 구성 원리들과 규칙들을 결코 그것들을 의식하지 않고서도 내면화할 수 있으며 그 자체로 형성할 수 있다. 바로 이러한 것이 예술 이론가와 자신의 판단이 근거하고 있는 원리들에 대해 설명 능력이 없는 감식가 간의 모든 차이점을 만들어 낸다. 이와 같은 영역 혹은 다른 영역들(예를 들면, 모국어의 문법을 배우는 것과 같은)에서 학교 교육은, 예를 들면 조화나 대비의 준칙 혹은 회화적 구성의 법칙과 같은 창조 문법의 원리들을 정식화하거나 이전에 순전히 직관적 방식으로 경험된 차이들에 이름을 붙이려는 목적으로 음성적인 혹은 개념적인 재료에 중요성을 부여하는 것을 통해 이미 무의식적으로 숙달된 사유나 규칙 혹은 표현의 패턴에 대해 의식적인 반성을 고무하는 경향을 갖는다. 하지만 아카데미즘의 위험은 하나의 교리의 몸체 안에 대체로 긍정적이라기보다는 부정적이며, 명확히 기술될 수 있고 가르치는 게 가능한 규정이나 교훈, 정식들을 주조해 내려는 경향을 보이는 그 어떤 합리화된 교수법에도 명백히 내재한다. 그러나 과거의 전통 교육은 이러한 규정들, 교훈들, 정식들을 분석적 해체에는 익숙하지 않은 전지구적 양식인 직관으로 직접적으로 이해되는 아비투스 *habitus* 의 형식으로 전해 주었다…….

심지어 교육 제도가 비록 적절한 예술적 훈련을 위해 아무런 지원도 행하지 않거나 (프랑스나 다른 여러 나라들에서와 같이) 그러므로 특정하게 문화 활동을 고무한다거나 특별히 조형 작품에 적용될 수 있는 개념체 같은 것을 제공하지 않는 경우라 할지라도, 그 교육 제도는 예술 세계에 대한 일종의 친밀감 ─ 교양 있는 계층에 속한다는 느낌을 제공하는 ─ 을 불러일으키는 경향을 갖는다. 사람들은 이러한 친밀감 속에서 편안함을 느끼며, 자신들이 초심자들에게는 전언을 전하지 않는 작품들의 정해진 수신자들에 속한다고 느낀다. 동시에 다른 한편으로 교육 제도들은 예술 작품의 가치를 인지하고 분류적 범주들에 의해 그것들을 전유할 수 있는 능력을 수반하는 영속적이며 일반화된 태도로서의 세련된 기질 *cultivated disposition* 을 가르치는 (최소한 프랑스나 대부분의 유럽 국가들의 2급의 교육 수준에서) 경향이 있다.[2] 비록 학교 교육이 거의 대부분 단지 문학 작품들만을 취급한다 할지라도, 그것은 한편으로 학교에서 승인된 작품들만을 중시하는 전이 가능한 *transposable* 한 성향과 일정한 교육적, 사회적 지위와 점차적으로 연결되리라 여겨지는 몇몇 작품들, 아니 차라리 몇몇 계열의 작품들을 애호하고 감복해야 할 의무를 창출하는 경향을 가진다. 또한 다른 한편으로는 작가, 장르, 학파 등등에 의한 범주화, 문학 분석의 교육적 범주들의 취급, 그리고 여타 약호들을 지배하는 약호들의 숙달을 위한 역시 마찬가지로 일반화되고 전이 가능한 소질 *aptitude* 을 창출하는 경향이 있다. 동시에 적어도 다른 영역들에서 등가의 범주들을 획득하고, 그것이 아무리 부적절하더라도 최소한 이해의 기초 형태를 가능케 하는 유형적 지식 ─ 비록 외적이고 일화적일지라도 ─ 을 챙겨 넣게끔 하는 경향을 부여하면서. 따라서, 엄정한 회화적 수행 능력의 일차 등급은 차이들에 이름을 붙이고 그러는 가운데 동시에 그것들을 감지하는 것을 가능케 하는

---

2) 학교의 훈육은 항상 정당화의 기능을 충족시킨다. 단지 그것이 찬탄할 만한 가치가 있는 것으로 제시하는 작품들을 축복하고, 또한 주어진 시간의 특정 사회에서 유효한 문화적 부의 위계를 규정하는 것을 돕는 것만으로도 말이다.

작품 저장고에 대한 숙달 정도에서 드러난다. 분류 범주들로 기능하는 이것들은 바로 유명한 화가들의 이름들이다. 다 빈치, 피카소, 반 고흐. 우리들은 어떤 그림 혹은 비형상적인 대상에 대해 "저것은 피카소를 떠올린다"라고 이야기하든가, 또는 근사하게 플로렌스 화가들의 방식을 상기시키는 작품에 대해 "저 작품은 다 빈치의 것처럼 보인다"라고 이야기하기 때문이다. 물론 더 폭넓은 범주들도 있다. 예를 들면 '인상파들'(통상 고갱과 세잔 그리고 드가를 포함하는 것으로 간주되는 유파), '네덜란드 유파,' '르네상스' 같은 것들 말이다. 유파라는 견지에서 생각할 줄 아는 주체들의 비율이, 교육 수준이 높아짐에 따라 그리고 더 일반적으로는 차이를 감지할 수 있기 위해 요구되는 분류적 지식이 증대함에 따라 명백히 증가한다는 사실은 매우 의미 심장하다.

　분별력 있는 혹은 소위 말하는 개인 나름의 견해를 형성할 수 있다는 것은 다시금 수용한 교육의 결과이다. 학교의 강제를 벗어 버릴 수 있는 능력은 학교 교육을 충분히 자기화한 사람들의 특권이다. 즉, 그들 스스로의 태도를, 지배 계급의 가치에 의해 매우 깊숙이 침윤되어 있는 학교에 의해 가르쳐진 학식 위주의 문화에 대한 자신의 자유로운 태도로 만들어 내 그 태도가 학교 교육에 대한 유행하는 평가 절하를 받아들일 수 있게 하는 사람들의 특권이다. 수동적이고 스테레오타입이며, 또한 막스 베버의 의미에 따라 '통례화된' 문화와 진정한 그리고 학교의 연구 보고로부터 자유로운 문화 간의 대조는 단지 모든 재능을 타고난, 문화가 일종의 제2의 본성인 극히 소수의 교육된 사람들에게만 의미를 갖는다. 그리고 학교 문화의 충분한 자기화는 그것을 넘어서서 부르주아 계급과 그 학교가 가치 중의 가치로 간주하고 있는 바로 이러한 '자유로운 문화' — 여기서 자유는 말하자면 그것의 학교적 기원으로부터의 자유이다 — 로 향해 가기 위한 선행 조건이다.

　그러나 훈련의 전이와 관련한 일반적인 원리들이 학교 훈련에도 동시에 적용된다는 최상의 증거는 다음과 같은 사실에서 확인된다. 즉, 한 사회 범주에 소속되거나 혹은 특수한 교육 수준을 가진 한 사람의 개인 혹은 개인들의 실천은 하나의 체계를 구성하는 경향이 있다는 사실이 그것이다. 그리하여 어떤 문화 영역에서의 실천은 그에 상응하는 모든 다른 영역에서의 실천 유형을 내포할 개연성이 크다. 즉, 박물관에 자주 가는 사람은 거의 예외 없이 비슷하게 극장에 가며 그보다 적게 콘서트에 참여한다. 마찬가지로 모든 사항들이 지식과 선호가 하나의 성좌형의 배열 구조 ― 교육 수준과 긴밀히 연관되어 ― 를 형성하는 경향이 있음을 지시하는 듯하며, 따라서 한 회화에서의 전형적인 선호 구조는 거의 전적으로 음악이나 문학에서의 동일한 유형의 선호 구조에 연결된다……

　　학교의 특수한 기능은 방법적으로 어떤 성향, 즉 교육받은 사람들을 만들어 내거나 지속적이며 집중적인 문화 추구의 기초를 쌓는 성향을 창출하고 발전시키는 데 있다. 그리고 오직 이러한 학교와 같은 제도만이 문화 활동의 수행에 대한 격려와 작품에 대한 어떤 형태의 논술에 있어서도 전제가 되는 (예술적) 능력들을 그들의 집으로부터 받아들이지 못한 사람들의 최초의 불이익을 상쇄(최소한 부분적으로는)할 수 있다. 하지만 물론 이러한 상쇄는 학교가 어떤 문화 교육도 그로 인해 비난의 대상이 되는 바 끊임없는 누적 과정의 연속을 파괴하기 위해 모든 가용 가능한 수단들을 동원한다는 조건, 오직 그 조건 아래서만 가능하다. 만일 한 작품을 그것의 집중도, 양태, 그리고 바로 그러한 실존에 입각해 이해하는 일이 수용자 편에서의 작품에 대한 종적이며 유형적인 약호의 숙달에, 말하자면 부분적으로는 학교의 훈련에 도움받은 그의 (예술적) 능력에 달려 있는 것이라면, 이러한 사태는 다른 어떤 기능보다도 학식 있는 문화 작품들의 약호 ― 또한 동시에 또 다른 약호, 즉 소통 행위가 그것으로써 전달에 효과를 발생시키는 약호 ― 를 전달하는 기능에 책임이 있는 교육적 소통의 경우에도 적용되기 때문이다. 따라서, 소통의 집중도와 양태는 여기서 다시금 다소간 학식적인 문화와 언어적이며 문화적인 모형들 ― 학교는 이 문화와 모형들에 따라 이러한 문화 전달에 효과를 발생시킨다 ― 에 접근하는 문화 그리고 수용자가 그의 집안으로부터 얻어 낸 문화(지각과 표현 그리고 역사적으로 구성되고 사회적으로 조건지어진 사유틀의 체계인)의 한 기능이다. 학구적 문화의 산물인 작품들의 직접적인 경험과 그러한 작품을 적절히 경험하기 위한 선행 조건인 제도적으로 조직된 문화의 획득이 동일한 법칙에 종속된다는 사실을 고려할 때, 문화 자본의 빈익빈 부익부 현상을 만들어 내는 누적 효과의 연쇄를 파괴하는 것이 얼마나 어려운 일인가는 분명하다. 사실상 학교는 상속(계승)을 통해 몇몇 사람에게 주어진 바, 말하자면 학교의 전언을 적절히 수용할 수 있게끔 하는 도구들을, 교육적인 전언을 통해 그 안에서, 모든 사람들에게 제공하려는 체계적인 노력은 하지 않는 채 단지 객관적인 문화 보급의 기계 장치를 자유롭게 유희하게끔 놓아 둘 뿐이다. 학교는 이 사회적으로 조건 지어진 문화적 능력의 불평등을 승인함으로써 그리고 자연스러운 불평등 혹은 달리 말하면 선천적 재능의 불평등으로 다룸으로써 사태를 수호하고 배가하려 하기 때문이다.

카리스마 혹은 천부적 능력의 이데올로기는 예술적 능력과 교육 사이의 관계를 그것이 명백하게 드러나자마자 괄호 속에 넣어 버리는 데 근거를 두고 있다. 실상 교육만이 문화적 부에서 가치를 인지하는 성향과 이 성향이 그러한 자산을 전유할 수 있도록 만드는 것을 통해 이러한 성향에 의미를 부여하는 능력을 창출할 수 있다. 실상 특권화된 계층은 그들의 예술적 능력이 지각할 수 없는 친밀화와 자동적으로 이전된 소질의 산물이기 때문에, 무의식적인 훈련 과정에 의해 이전되는 문화적 상속분을 자연스럽게 자연의 선물로 간주하는 성향을 보인다. 그러나 거기에 덧붙여 그들 가운데 가장 교양 있는 사람들이 그들의 문화와 더불어 유지하는 관계의 모호함과 모순은 문화의 '실현'을 **자연스럽게 되기**로 규정하는 역설에 의해 허용될 뿐 아니라 고무된다. 오로지 자신 자체를 즉 인공적, 인위적으로 획득되는 것으로서의 자신을 거부함으로써만 성취된 문화, 따라서 제2의 자연, 즉 아비투스(성향 체계), 존재화된 소유물, 취미 판단의 감식력으로 된 문화는, 그렇게도 완전하게 문화의 압박으로부터 벗어나 그리고 자신을 산출한 그렇게도 길고 고통스러운 훈련의 흔적을 남기지 않아 그것을 가능케 했던 조건들 혹은 사회적 조절에 내한 어떠한 기억도 즉시 너무나 자명하고 충격적으로 보일 지경에 이름으로써 마치 일종의 미적 은총에 도달하는 듯 싶다. 이리하여 가장 풍부한 경험을 가진 감식가들은 카리스마 이데올로기의 자연적인 권화 *champion* 라는 결론이 나온다. 이 이데올로기는 예술 작품에 특권 계급의 몇몇 사람들에 내재한 잠재력을 일깨울 수 있는 마술적인 역전의 힘을 부여하며, 마음의 '감동'이나 혹은 즉각적인 직관의 밝힘으로서의 예술 작품의 진정한 경험이라는 것을 지성의 탐구적인 경과나 차가운 주석과 대조시킨다. 그것도 그러한 경험의 근저에 있는 사회, 문화적 조건들을 잊어버리거나 동시에 오랫동안의 친밀화 과정과 방법적 훈련의 실행을 통해 획득된 감식력을 선천적인 것으로 간주하거나 하면서 말이다. 문화의 전유를 위한 사회적 선행 조건 혹은 보다 상세히 이야기한다면 작품의 특수한 전유를 위해 모든 수단을 숙달한다는 의미에서의 예술 능력의 획득을 위한 사회적 선행 조건과 관련한 이러한 침묵은 일종의 자기 본위의 이기적 침묵이다. 그것이야말로 자연의 선물이라고 가장함으로써 사회적 특권을 정당화하는 것을 가능케 하는 것이기 때문이다.

문화가 누군가가 아니라 누군가가 소유한 것 혹은 차라리 누군가로 되어 온 것이라는 사실을 기억하는 것, 미적 경험과 그것을 가능케 하는 그러한 존재자 — 예술 애호가 혹은 '취향을 가진 사람들' — 의 현존을 가능케 한 사회 조건을 기억하는 것, 예술 작품은 단지 그것을 전유할 수 있는 수단을 획득할 수 있는 수단을 얻어 낸 사람들 그리고 아직 그것을 소유하지는 않았더라도 그 소유를 획득하는 데 효과를 미칠 수 있는 실제적인 가능성인 소유의 수단을 소유함으로써 그것을 소유하기 위해 노력할 필요가 없는 사람들에게만 주어질 수 있다는 것을 기억하는 것, 마지막으로 오직 소수의 사람들만이 미술관에서 전시되는 작품을 이용할 수 있는 이론적 가능성으로부터 이득을 얻는 실제적인 가능성을 가질 수 있다는 사실을 기억하는 것, 이들 모두는 문화의 사회적 사용의 대부분의 경우에서 나타나는 효력의 숨겨진 가동부에 빛을 부여하는 것들이다.

은총과 천부적 재능 그리고 막 얻어진, 그럼으로써 '가치 있는' 것으로서의 외관을 지니면서, 문화를 그리고 문화가 자연 그것도 문화화된 자연이 되는 것을 가능케 하는 사회적 조건을 괄호 속에 넣어 버리는 것은, 문화에 특히 '예술에 대한 사랑'에 중산층의 '변사론(辯社論, *sociodicy*)'에서 그들이 차지하고 있는 무엇보다도 중요한 위치를 부여하는 것을 가능케 하는 카리스마 이데올로기에 선행하는 조건이다. 부르주아는 자연히 문화화된 자연 그리고 자연화된 문화로서의 문화에서만 그들의 특권을 정당화할 수 있는 가능의 원리를 발견한다. 천부의 권리(그들 계급이 오랜 과정을 통해 귀족에 대항해 거부했던)와 자연 — '민주적인' 이데올로기에 따른다면 보편성을 대변하는, 즉 모든 변별점이 제거되는 근거나 혹은 부르주아의 첫 세대로 하여금 그들의 우수함을 호소할 수 있게끔 했던 미적 덕성을 대변하는 — 에 호소할 수 없는 상황에서, 그들은 문화화된 자연이나 자연화된 문화 혹은 수다쟁이의 실수에 의한다면 계급, 교육에 아무런 도움을 받지 않은 것처럼 보이는 교육의 산물이라는 의미에서의 교육 그리고 **변별점**, 즉 우수함인 은총과 은총인 우수함, 우수함이 없는 습득을 정당화하는 습득되지 않은 우수함, 말하자면 상속적 계승에 호소한다. 문화로 하여금 계급 호선과 이러한 양태의 선택을 정당화하는 그것의 일차적인 이데올로기적 기능을 충족시키게 하기 위해서는, 동시에 명확하기도 하고 숨겨져 있기도 한 문화와 교육 사이의 연결이 잊혀져야 하고, 숨겨져야 하고, 거부되어야 한다.

자연에 의해 특정 사람에게 부여되는 천부적인 문화 혹은 문화적 재능이라는 자연스럽지 않은 사고는, 문화적 상속의 이득을 보장하고 한편으로 그것이 이러한 기능을 수행한다는 사실을 감추면서 그것의 이전을 정당화하는 제도의 기능들에 대한 맹목과 분리될 수 없다. 학교는 사실상 제도인데, 그 제도는 그것의 외견상으로는 흠 잡을 데 없는 평결을 통해, 사회적으로 조건지워진 불평등을 문화와 관련하여 동시에 우수함의 불평등이기도 한 재능의 불평등으로 해석되는 성공의 불평등으로 전이시킨다. 플라톤은 그의 ≪공화국≫ 마지막 부분에서 다른 삶을 시작하는 영혼은 모든 종류의 '삶의 패턴' 중에서 그들의 제비를 뽑아야 하며, 그것이 이루어진 뒤에는 지구로 되돌아오기 전에 레테 강의 물을 들이켜야 한다고 기록했다. 플라톤이 망각의 물에 부여한 기능은 우리 사회에서는 대학에 위임되어 있다. 대학은 단지 학생들을 의무와 권리에 있어 동일하게 인지할 뿐이라고 가장하겠지만, 사실상 개인들에게 그들의 문화적 상속 그러므로 그들의 사회적 지위에 따라 등급을 부여하는 가운데, 그 공평 무사함에 기반해 오로지 재능과 우수함의 불평등에 따라 그들을 분리한다.

중산층 사회의 특권층들은 사회적 조건의 역사적 산물인 두 문화 사이의 차이를 자연스럽게 배양된 자연과 자연스럽게 자연화된 자연이라는 두 자연의 본질적인 차이로 대체한다. 이러한 대체를, 경제적 영역으로부터 문화의 영역에까지 그들을 다른 계급들과 분리시키는 것들 가운데 본질적인 것들을 상징적으로 제거함으로써 혹은 단순한 물질적 소유에 의해 창출되는 엄격한 경제적 차이에 예술 작품과 같은 상징적 자산의 소유에 의해 창출되는 차이를 덧붙임으로써 수행한다. 또한 동시에 그러한 자산(경제적, 상징적)을 사용하는 방식에 있어서의 상징적 차별을 추구함으로써, 간단히 말해 그들의 '가치,' 보다 언어학적인 용어를 쓴다면 그들의 **변별점** — 리트르 Littre 에 따르면 사람들을 '우아함, 귀족적임, 그리고 좋은 형식의 특성에 의해' 통상적인 무리들과 구분시켜 주는 차이의 특징 — 을 규정하는 모든 것을 자연의 사실로 전환시킴으로써 수행한다. 이렇게 문화와 예술의 신성화는 사회 질서를 성체화하는 데 기여함으로써 생동하는 기능을 충족시킨다. 교육받은 인간들이 야만주의를 신뢰하고 그들 자신의 야만성의 문 안에서 그들의 야만인을 설득할 수 있기 위해서는, 그들 모두가 그들 자신과 사회적 조건을 은폐하는 일을 해야 할 필요가 있을 뿐 아니라 또 해야 한다. 그리고 이 때 조건이란 한편으로 사회가 인간의 탁월함이나 혹은 '좋은 형식'을 지배 계급 미학의 **아비투스** 안에서의 '실현'으로 간주할 수 있게 하는 제2의 자연으로서의 문화를 가능케 할 뿐 아니라 다른 한편으로 문화에 대한 특정한 정의가 정당하게 군림하는 것을 가능케 하는 조건 바로 그것을 말한다. 그리고 바로 이러한 이데올로기적 원환을 완결시키기 위해, 교육받은 인간들 모두는 야만인과 문명화된 시민으로의 사회의 이분화라는 본질주의적인 표상 속에서, 문화 — 그로 인해 비난받아야 할 인간들의 본성에 근거한 것처럼 보이게끔 되어 버린 '자연'의 영지인 — 의 소유와 비소유를 창출하는 조건에 대한 그들 권리의 정당화를 발견해 내야만 한다.

만일 이러한 것이 문화의 기능이라면, 그리고 실제로 은총이 주어진 사람들을 은총을 받지 못하는 사람들과, 보이지는 않지만 결코 넘어설 수 없는 장애에 의해, 분리시키는 선택을 규정하는 것이 예술 애호라면, 다음과 같은 사실, 즉 미술관은 누군가에 속한다는 느낌과 다른 사람들을 배제한다는 느낌을 강화시키는 스스로의 진정한 기능을 그들의 형태와 조직의 극소적인 세부에서 드러내고 있음을 알 수 있다.[3] 이 곳은 부르주아 사회가 자신의 가장 신성한 소유물, 말하자면 자신의 것이 아닌 과거로부터 전승된 유물들을 맡겨 놓는 도시의 사원이다. 그리고 선택된 몇 사람만이 감식력에 대한 신뢰를 배양할 수 있는 반면 순응주의자들이나 가짜 애호가들은 이 곳에 와서 계급적 의식을 치르는 신성한 예술의 전당 — 19세기가 그 곳에 종종 그레코로만식 도시 공회당 양식으로 세워진 인상적인 대건물을 첨가해 놓았던 오래 된 궁정들 혹은 거대한 역사적 거주지들 — 이다. 이 곳에서 모든 것은 예술의 세계가 마치 성스러움과 세속적인 것의 관계와 마찬가지로 일상의 세계와 대립됨을 지시한다. 물건을 만지지 못하게 하는 금

---

3) 노동자 계층의 방문객이 터놓고, 어떤 경우든 그들의 모든 반응에서 명백한, 배제의 느낌을 토로하는 일은 드물지 않다. 실상 그들은 가끔 방문객들을 편리하게 만들어 주는 어떤 표식들, 예를 들면 관람 순서를 알려 주는 방향 표시 화살, 설명판 등등이 부착되어 있지 않은 것에서 초심자들을 배제하려는 교묘한 의도의 징표를 본다. 안내인의 지원이나 설명 방법상의 도움은 실상 학교 교육의 결핍을 메워 주지 못한다. 그러나 최소한 모를 권리, 그 곳에서 무식하게 남아 있을 권리, 그 곳에 있다는 것을 잊어버릴 수 있는 권리, 작품 제시와 미술관 조직의 모든 것들을 도전에 결합시키는 권리가 선언될 것이다. 마치 베르사이유 성에서 들리는 이러한 언급이 증거하듯이. "이 성은 사람들을 위해 만들어지지 않았다. 그리고 그것은 바뀌지 않고 있다."

지, 관람객에게 강요되는 종교적 침묵, 항상 부족하고 불편한 설비들에서 보여지는 청교도적인 금욕주의, 모든 설명에 대한 체계적인 거부, 주랑들, 방대한 회랑, 치장된 천장, 기념비적인 계단실들이 지닌 거대하고 장엄한 장식과 예의바름. 이들 모든 것들은 사람들에게 속세로부터 성스러운 세계로의 이행이 뒤르켐의 말대로 '진정한 변형,' 급격한 정신적 변화를 전제함을 상기시키려는 듯하다. 그리하여 세계를 불러 모으는 것은 "항상 그 자체로 예방 조치와 다소간 복합적인 유인을 요구하는" 미묘한 작업이라는 사실, 그리고 "만일 세속적인 것들이 그들의 특수한 성격을 상실하지 않거나 그들 자체가 일정 정도 성화되지 않고서는 그러한 일이 거의 불가능하다"[4]는 사실을 사람들에게 상기시키려는 듯하다. 비록 예술 작품이 그것의 성스러운 본성 때문에 특정한 배열과 사전 조치를 요구한다 할지라도, 그것은 다시금 그것의 신성함을 그 요구에 만족하는 사람들, 그 호소력에 반응할 수 있는 소질에 의해 스스로 선택된 몇몇의 엘리트에게 되돌려 준다.

미술관은 모든 사람들에게 장대한 과거의 기념비, 즉 지나간 시대의 위대한 인물들의 화려한 영광의 방편들을 공공의 유산으로 제공한다고 한다. 하지만 이것은 잘못된 아량에서 생겨난 판단이다. 자유로운 출입이란 동시에 취사 선택된 출입이기 때문이다. 즉, 작품을 전유할

---

4) E. Durkheim, *Les formes élémentaires de la vie réligieuse*, Paris: PUF, 1960, (6판), pp.55~6. 릴르 Lille 미술관의 오래 된 도자실에서 현대 가구와 가정 용품들을 보여 준 한 덴마크 전시는 관람객들과의 그와 같은 '대화'를 도입했다. 그 대화는 아마도 상점과 박물관 사이에 존재하는 바로 다음과 같은 대조로 축약하여 이해할 수 있을 것이다. 소음 / 침묵. 접촉 / 관람. 어떤 특정 질서도 따르지 않는 빠르고 위험스러운 탐구 / 고정된 정리 방식에 따른 여가적이며 방법적인 탐색. 자유 / 긴장. 구입될 수 있는 작품의 경제적 평가 / '값을 따질 수 없는' 작품의 미적 향수. 그러나 전시된 물건들과 관련한 이러한 변별점들에도 불구하고 미술관의 엄숙화(거리 두기) 효과는 기대와는 달리 결코 줄어든 것으로 느껴지지 않았다. 이 전시의 관람객들의 구조는 통상적인 미술관의 관객들보다 더 '귀족적'(교육 수준을 고려할 때)이었기 때문이다. 작품들이 신성화된 장소에서 전시되는 것에 의해 신성화된다는 단순한 사실 그 자체가 충분히 근원적으로 그 작품들의 의미를 변화시키고, 보다 정확히는 그들의 방사 수준을 고양시킨다.

수 있는 능력을 수여받고 이 자유를 사용할 수 있는 특권을 가진 자들 그리고 자신들을 일관되게 그들의 특권과 관련하여 정당하다고 생각하는 자들, 말하자면 문화적 부를 전유할 수 있는 수단의 소유나 혹은 막스 베버의 표현에 따른다면 문화적 부의 취급과 학교에 의해 부여된 문화적 구원의 제도적 기호들에 대한 **독점권**에 대해 정당하다고 생각하는 자들을 위해 예약된 것이다. 자신의 진정한 기능을 은폐함으로써만 기능할 수 있는 체계의 주춧돌인 예술 경험의 카리스마적인 표상은, 결코 '민주주의적인' 언어에 호소할 때처럼 자신의 신비화 기능을 그렇게 잘 충족시키지 못한다. 즉, 예술 작품은 비록 그가 아무리 문화적으로 초심자라 할지라도 그 누구에게나 미적 계몽의 은총을 일깨우는 힘을 가지고 있다고 주장한다든가, 항상 불균등하게 배분된 교육의 산물인 소질들을 모든 경우에 은총이라는 이해할 수 없는 사건이나 자의적인 '천부적 재능'의 수여라는 것에 기인한 것으로 가장하려 한다든가, 그러므로 상속된 소질들을 자연스럽고 권장할 만한 개인적인 덕성들로 취급하려 한다든가 하는 것처럼 말이다. 카리스마의 이데올로기는 만일 그것이 상속자의 상속물에 대한 권리를 형식적인 민주주의의 이상에 불충실하지 않고도 외관상 흠 잡을 데 없이 정당화할 수 있는 유일한 수단이 아니었다면 그렇게 강력하지 않았을 것이다. 그리고 만일 이 특별한 경우에 있어 예술적 보물을 전유할 수 있는 ― 그것도 **상징적으로**, 말하자면 마치 모두에게 '민주적으로' 귀족적인 과거의 유물을 제출한다는 듯이 가장하는 사회에서 유일하게 정당한 방식으로 전유할 수 있는 ― 중산층의 독점적인 권리를 자연 속에서 설립하려고 목표하지 않았다면 그렇게 강력할 수 없었을 것이다.

(옮긴이: 이영욱)

피에르 부르디외와 문화 사회학: 입문

니콜라스 간햄, 레이먼드 윌리엄스

오늘날까지 앵글로색슨계의 사고와 연구에서 부르디외의 영향력은 인류학과 교육 사회학의 하위 분야에 국한된 채 극히 파편적으로 존재해 왔다. 이러한 영향력은 ≪실천 이론 개요≫와 ≪재생산≫의 영문판 발행에 의해 표현된다.

　부르디외의 연구는 최근 들어 "탈코트 파슨스의 연구 이후로 가장 우아하고 포괄적인 이론 체제"(Di Maggio, 1979)로 묘사되고 있음에도 불구하고 그의 연구 가운데 일부 다른 분야들은 대부분 소홀하게 취급되어 왔다. 특히, 문화사와 문화 사회학에 대한 작업들의 경우가 그러하다. 부르디외와 그의 동료들은 파리에 있는 유럽 사회학 센터에서 이 분야의 연구를 수행했고, 그 성과를 유럽 사회학 센터의 학술지인

---

* Nicholas Garnham & Raymond Williams, "Pierre Bourdieu and the Sociology of Culture: an introduction," *Media Culture & Society*, vol. 2, no. 3, July 1980, pp.209~23. 니콜라스 간햄은 현재 영국 웨스트민스터 커뮤니케이션학과 교수, <미디어, 문화, 사회 *Communication, Culture and Society*>의 편집위원이다. 주요 저서로는 ≪자본주의와 커뮤니케이션, 지구 문화와 정보의 경제학 *Capitalism and Communication, Global Culture and the Economics of Information*≫(1990) 등이 있다. 영국 문화주의 연구의 토대를 마련한 레이먼드 윌리엄스는 1973~84년 영국 케임브리지 대학 드라마 교수를 역임하기도 했으며, 주요 저서로는 ≪장구한 혁명 *he Long Revolution*≫(1961), ≪마르크시즘과 문학 *Marxism and Literature*≫(1977) 등이 있다.

<사회 과학 연구 학보>에 실었다. 부르디외의 연구에서 이 분야들을 소홀히 취급하는 것은 문화 연구 내에서 그의 작업이 갖는 정당한 권리를 손상시키는 것이다. 뿐만 아니라 이러한 파편적이고 부분적인 이해는 부르디외의 이론을 심각하게 오독할 위험을 야기할 수도 있다. 그의 작업들은 알제리의 예술, 과학, 종교, 언어, 정치 과학, 교육에 대한 민속지학으로부터 사회 과학의 인식론과 방법론에 이르는 풍부하고 통일된 이론들과, 그와 연관된 경험적 작업들을 포괄하고 있기 때문이다. 최근 부르디외의 문화 자본 이론을 반박하려 한 핼시 Halsey 와 그의 동료들의 시도는 이러한 오독의 위험을 보여 주는 명백한 사례다.

따라서, 이 글에서는 프랑스 문화 사회학의 15년에 걸친 연구 결과가 집대성된 ≪구별≫의 프랑스에서의 출간을 계기로 부르디외의 사고 구조의 요점들을 제시하고자 한다. 이 글의 의도는 두 가지이다. 먼저 앞서 지적했듯이 부르디외의 이론적, 경험적 연구 결과에 대한 편협한 해독은 오독과 잘못된 이해를 낳을 우려가 있으므로, 부르디외의 연구를 올바로 읽어 낼 수 있는 배경 지식을 제공하고자 한다. 둘째, 현 시점에서 부르디외의 연구가 영국 미디어 연구와 문화 연구 영역에 시사하는 바가 무엇인가를 지적하고자 한다. 부르디외 자신의 이론은 이 특별한 상징적 생산[부르디외의 이론]이 그것이 생산된 영역과는 상이한 영역으로 진입함으로써 필연적으로 특별하고 상이한 기능을 부여받게 된다는 것을 예시하기 때문이다.

지난 10여 년 간에 걸쳐 영국의 미디어와 문화 연구는 두 가지 연속적인 발전 단계에 의해 특징지어져 왔다. 우리는 (부르디외 이론의 도움을 받아) 이 두 단계들에 대한 해명을 시도할 수 있을 것이다. 첫째, 문화주의 마르크스주의의 문헌 연구들이 활발하게 이루어졌다. 이 연구들은 리비스적 문학 비평의 주관주의와 미국 사회학에 지적, 이데올로기적 뿌리를 두고 있는 매스 커뮤니케이션 및 대중 문화에 대한 경험적, 비역사적 사회학에 반대한다. 영국 버밍엄 대학의 현대 문화 연구소의 초기 연구는 이러한 발전을 보여 준다. 두 번째 단계는 마르크스주의 이론가인 알튀세르와 라캉의 영향을 받아 발전했는데, 이데올로기 문제를 고려함에 있어 속류 경제학과 사회학적인 경제 결정론, 계급 결정론으로부터 벗어나 '텍스트'를 지향했다. 그들은 텍스트를 상대적으로 자율적인 의미 실천을 위한 특권화된 장이자 그러한 실천의 이데올로기적 효율성을 징후적으로 해독하기 위한 특권화된 장으로 본다(<스크린 *Screen*>의 작업이 전형적인 예이다). 지난 수 년 동안 알튀세르주의 조류는 오래 된 마르크스주의 전통 위에서 도전받아 왔다. 이들은 이론주의에 반대하여 사회학과 역사에서 경험적 연구가 갖는 가치를 주장하고, 경제와 계급 요인이 갖는 사회적 효율성과 설명력을 다시 강조해야 할 필요성을 역설한다.[1]

이런 특수한 시점에 영국의 미디어 및 문화 연구 내에서 부르디외의 작업이 지니는 잠재적 가치는, 그가 고전 마르크스주의적인 비판 운동 *movement of critique* 의 의미에서 부분적이고 대립되는 입장들에 직면하고 그것들을 변증법적으로 대체해 나간다는 것이다. 이렇게 해서 그는 이른바 이데올로기론(혹은 일반적으로 그는 훨씬 더 명확하고 일관성 있는 사고를 위하여 이데올로기라는 용어를 유보하고 있기 때문에 상징 권력론이라고도 할 수 있다)을 발전시킨다. 이 이론은 구체적인 역사 연구와, 조사 자료의 통계 분석과 같은 경험주의 사회학의 고전적 기법들의 사용에 기반하고 있다. 이와 동시에 그는 이론주의, 특히 구조주의 마르크스주의 및 그와 연관된 형식주의 경향들에 대한 비판을 발전시킨다. 이러한 비판에 의해 지적 실천이 갖는 상대적 자율성의 역사적 뿌리와 경제적, 계급적 결정 요인이 경험적 증거들을 통해 구체화된다. 여기서 상대적 자율성이란 일반적으로 이데올로기적 지배 도구로서의 지적 실천의 효율성을 위한 조건이라고 할 수 있다.

"이데올로기들의 구조와 특정 기능은 그것들을 생산하고 유통시키는 사회적 조건들, 즉 이데올로기들이 일차적으로는 해당 능력(종교적, 예술적 등등)의 독점을 위해 경쟁하는 전문가들, 이차적이고 우연적으로는 비전문가들을 위해 완수해야 하는 기능들에 의존한다. 이데올로기들

---

1) 이와 관련해서는 Williams, 1977; Thompson, 1978; Barret et al. eds., 1979; Garnham, 1979 참조.

은 늘 이중적으로 결정된다. 즉, 이데올로기의 특성은 그것들이 표현하는 계급들과 계급 분파들의 이해뿐만 아니라 그것들을 생산하는 사람들의 특수한 이해와 생산 영역 특유의 논리에 의존하는 것이다(이것은 흔히 '창조'와 '창조자'의 이데올로기로 표상된다). 이러한 관점을 통해 우리는 이데올로기의 생산을 순수한 내적 분석에 종속되는 자족적이고 자생적인 총체로 취급하는 (기호론) 관념론적 환상에 빠져들지 않을 수 있다. 동시에 이데올로기적 생산물을 그것들이 봉사하는 계급의 이익으로 환원시키는 (이것은 '마르크스주의적' 비판에서 흔히 나타나는 폐쇄 회로 효과 *a short-circuit effect* 이다) 조야한 환원주의 역시 피할 수 있다"(Bourdieu, 1977c).

따라서 ≪구별≫로 집대성된 부르디외의 연구는 모든 문화적 전유 *appropriation*(취향)와 문화적 생산(창조성)의 본질주의적 이론들과 문화적 가치를 절대적이고 보편적인 것으로 간주하는 모든 관념들을 정면으로 공격하는 것이다. 특히, 그의 연구는 '지배 계급 내의 피지배 분파'인 지식인들이 물질적, 상징적인 이해들을 관철하기 위해 만들어 낸 경제적, 정치적 결정 요인들로부터의 지적, 문화적 자율성이라는 이데올로기와 지식인 자체에 대한 정면 공격이기도 하다.

사적 유물론에서 핵심적이고 명시적인 문제는 재생산이라고 할 수 있다. 이것은 물질적인 동시에 상징적인 수준의 문제이다. 즉, 재생산 문제는 노동 공간의 확장과 분할로 특징지어지는 사회 구성체 내에서 물질적 존재 조건의 세대 간 재생산을 보장하기 위해 인간의 행위들이 조정되는 방식(생산 양식의 문제)을 설명하는 것과 관련 있다. 뿐만 아니라, 그러한 조정에 의해 생산된 불평등한 계급 관계 자체가 정당화되어 재생산이 사회적 갈등과는 상대적으로 무관하게 일어나는 것처럼 만드는 방식(지배 양식의 문제)을 설명하는 것과도 관련된다. 물론 이러한 문제 설정은 그것의 역전, 즉 다소 급격한 사회 구성체의 변형이 야기됨으로써 재생산이 일어나지 않을 조건들을 상술하는 문제(위기와 혁명의 문제) 역시 함축한다.

부르디외의 실천 이론이 겨냥하는 것은 바로 이 일반적인 문제이다. 부르디외의 관심은 그 스스로 상징 권력의 행사라고 불렀던 지배 양식에 집중되었던 반면, 그의 이론은 완전히 유물론적 용어로 이루어졌다. 그의 이론을 협의의 엄밀한 경제 분석, 즉 그에게 있어 항상 궁극적이지만 그렇게 궁극적으로 결정적이지는 않았던 물질적 삶의 생산 양식에 대한 분석에 연결시킨 것은, 그가 문화적 실천을 기술하고 분석하기 위해 사용했던 자본, 이윤, 시장, 투자와 같은 용어들만은 아니었다.

부르디외의 작업과 사적 유물론의 중심 전통 사이의 두 번째 중요한 연결은 그의 작업이 마르크스 자신이 실천했던 고전적 의미에서의 '비판' 형식으로 제기되었다는 점이다. 즉, 부르디외의 상징 권력에 대한 이론적, 경험적 분석을 문화 연구나 문화 사회학, 지식 사회학 같은 일부 주변적인 하위 학문으로 규정하는 실수를 범해서는 안 된다는 것이다. 상징 권력 분석은 마르크스의 작업에서의 물신주의와 이데올로기론과 마찬가지로 부르디외의 광범위한 일반 이론의 핵심부에 놓여 있다. 그것은 상징 권력 분석이 부르디외의 이론이 지닌 과학으로서의 가능성 *potential scientificity* 을 규정짓는 조건들 자체를 제공하기 때문이다. 부르디외는 사회학을 인간 실천을 결정하는 사회적 조건들에 대한 과학으로 정의한다. 따라서, 상징 권력의 사회학은 지적 실천을 결정하는 사회적 조건들에 관한 학문이 되는데, 이 조건들은 항상 구체적이고 특수한 역사성을 지닌다. 그리고 비판 운동을 통해 이러한 조건을 밝히는 것은, 이용 가능한 진실의 역사적으로 규정된 한계를 폭로하면서 사회적으로 조건화되어 부분적일 수밖에 없는 이데올로기로부터 탈피하고 과학적 실천을 성취하기 위한 조건이 된다. 나아가 이는 정치적 행위가 되는데, 기존 계급 관계의 구조가 재생산되는 경향을 강화하는 상징 권력의 행사는 이러한 조건과 한계에 대한 오인을 통해서 가능하기 때문이다.[2]

지식 이론은 정치 이론의 한 차원이다. 현실, 특히 사회적 현실을 구축하는 원리들을 개선하고자 하는 특정 상징 권력은 정치 권력의 주요한 차원이기 때문이다(Bourdieu, 1977a: 166).

---

2) Bourdieu, 1975a, 1979a 참조.

부르디외는 그의 저서(Bourdieu, 1980b) 서문에서 그의 사상이 프랑스의 사상 체계에 잇달아 지배적인 영향력을 행사한 사르트르와 레비스트로스로부터 성장하고 또 그것에 반작용하면서 발전해 온 방식을 명확히 기술하고 있다. (부르디외는 특히 사르트르에 지적으로 반발하고 혹은 매혹되면서 끊임없이 그와의 모호한 무희를 즐긴다. 그가 프랑스 문화 생산 연구의 전형적인 사례로 플로베르를 선택하는 것은 이런 맥락에서이다.)

> 프랑스의 지적인 장에서 레비스트로스의 연구와, 한 세대 전체에 부과되었던 지적 활동에 대한 새로운 이해의 구체적인 매개가 생산한 사회적 효과를 환기하는 것은 결코 쉬운 일이 아니다. 당시 지적 활동에 대한 개념은 '완전한 *total*' 지식인의 상 ─ 사르트르가 전형적인 예다 ─ 에 완전히 변증법적인 방식으로 맞서면서 결정적으로 정치적인 방향으로 선회했다. 이 전형적인 대결은 당시 사회 과학에 의지하고 있던 많은 사람들을 상당히 고무시켰다. 이들은 순수 과학자나 예언자가 아닌 훨씬 겸허하고 책임감 있는 연구자이며 일종의 전투원으로서 그들의 책무를 수행하기 위해, 빈번하게 분열되었던 이론적 목적과 실천적 목적, 과학적 사명과 윤리적 혹은 정치적 사명을 화해시키려는 야심을 가지고 있었다(pp.7~8).

부르디외의 이론적 담론 내에서 주관주의와 객관주의라는 용어는 전후 프랑스 지식인의 이 두 극을 지칭한다. 그의 사회학은 이들 두 학파에 대한 구체적인 비판을 통해 발전해 왔다. 그는 진정한 실천 과학 이론이 재생산의 무의식적 순환에서의 탈피를 위한 조건이며, 이 두 학파는 이 이론의 발전선상에 존재하는 두 개의 연속적인 변증법적 계기들이라고 보았다. 주관주의 또는 그의 표현대로라면 '지식의 현상적 형태'는 ─ 그는 실존주의나 현상학뿐만 아니라 사회 심리학, 민족지학 방법론과 같은 경향들을 주관주의로 언급한다 ─ 개별 행위자와 사회적 행위의 경험적 실체에 초점을 맞춘다. 부르디외에 따르면 주관주의는 그 자신의 사회를 연구 대상으로 하며, 그 결과 관찰자 자신이 참여자가 되는 사회학의 한 경향이다. 반면에 객관주의는 ─ 부르디외는 모든 형태의 구조주의와 기능주의를 객관주의로 언급하지만 특히 레비스트로스와 알튀세르에 중점을 둔다 ─ 개별 행위자의 즉각적인 경험을 넘어서 사회적 행위의 관찰 가능한 규칙성, 즉 '사회적 사실 *social facts*'을 규명한다. 그러나 이 과정에서 구조를 물신화하고 행위 주체를 구조의 담지자 또는 운명지워진 대로 따르는 단순한 실행자로 취급하는 경향을 띤다. 부르디외는 이것을 특히 인류학자들에게서 나타나는 경향이라고 보는데, 그것은 인류학자들이 그들이 몸담지 않은 사회의 관찰자로서 생각하는 경향 때문이다. 주관주의는 인간 행동의 사회적 결정 요소를 인지할 수 없는 반면, 객관주의자들은 지식인들이 특히 빠지기 쉬운 무지에 굴복하는 경향이 있는데, 그것은 상징 권력 행사자 특유의 이데올로기이다. 즉, 객관주의자들은 모든 인간 실천을 결정하는 사회적이고 역사적인 조건을 인지하는 데 실패하고 구조와 그것의 논리를 이상화하는 실패를 저지르기 쉽다.

부르디외의 연구에는 사회학과 역사의 담론들이 복잡하게 얽혀 있다. 그는 실천 이론 *theory of practice* 혹은 인간 실천의 경제 과학 *science of the economy of human practices* 을 발전시키는 과정에서 스스로에게 주관주의와 객관주의의 대립항을 극복하는 임무를 설정하였다. 이러한 임무는 한편으로 사회적 행위의 관찰된 규칙성 즉 구조와, 다른 한편으로 자유롭고 목적 의식적이며 이성적인 인간 행위자들의 경험적 현실 사이의 관계를 설명하는 방식으로 이루어졌다. 이와 더불어 그의 이론에서는 이러한 사회학적 문제에 대한 해결은 구조가 재생산되거나 역으로 다소 빠르게 변형될 사회적 조건을 상술함으로써 적절한 역사적 설명 역시 제공해야만 한다는 점을 요구한다. 부르디외는 이와 같은 사회학적 설명과 역사적 설명을 결코 분리된 두 가지 문제로 파악하지 않는데, 주관주의든 객관주의든 간에 전통적 사회학에 대한 주요한 비판 가운데 하나가 소위 '기원 기억 상실 *Genesis Amnesia*'[3]이기 때문이다. 경제학에서 케인스와 마찬가지로 부르디외는 어떤 인간 행위에 대한 만족할 만한 설명을 위해서는 과학으로 그것을 재구축하는 것이 아니라, 모든 인간 행위가 시간상 불가역적으로 일어난다는 사실을 완전히 설명할 수 있어야만 한다고 강조한다.[4] 모든 인간 행위자들은

---

3) Bourdieu, 1977a, p.79.

자신의 전략이 다른 행위자의 전략과 대립될 수밖에 없기 때문에 그 결과가 불확실한 상황에서 전략에 개입된다. 따라서 문제는 행위자들이 대체로 알지 못하는(왜냐하면 그들이 안다면 그들은 이 지식을 참작하여 그들의 전략을 변경할 것이다) 이러한 즉흥적인 전략들이 객관적으로 조정되는 기제를 상술하는 것이다.[5]

부르디외가 제시한 조정 기제는 아비투스이다.[6] 이것은 행위 주체들이 예측 불가능하고 계속 변화하는 상황에 대처하게 하는 전략 발생 원리…… 지속적이고 변경 가능한 성향의 체제이다. 그것은 과거의 경험들을 통합하면서 순간순간 인지와 이해와 행동의 모체로서 기능한다. 또한, 유사한 형태의 문제들을 해결할 수 있게 하는 스키마의 유비적 전이에 힘입어 무한정한 각양 각색의 임무들을 달성할 수 있게 하는 것이다. 아비투스는 단순히 무작위적인 일련의 성향들이 아니라, 상대적으로 내적 일관성 있는 논리에 따라 작용한다. 부르디외는 이것을 실천의 논리라고 부른다.

이 논리는 일차적으로 유년 시절에 가정에서 형성된다. 그것은 직접적으로 물질적인 조건과 아비투스를 통하여 즉 주위의 어른들, 특히 부모를 통해 중개된 것으로서 물질적인 일단의 객관적 조건들을 내면화함으로써 이루어진다. 이후에 학교 교육이나 직업 등의 경험에 의해 아비투스의 실천 논리 구조가 변경되는 경우에도, 이와 같은 변경들은 기존 아비투스가 갖는 구조적 논리에 따라 이루어질 것이다.[7]

이러한 실천 논리는 무의식적으로 작용되는 것이지 명시적으로 가르칠 수 있는 것이 아니다. 따라서, 단순한 범주 구분을 가지고 작동한다는 의미에서 빈약한 논리일 수밖에 없으며, 또한 광범위한 상황에 걸

---

4) Bourdieu, 1977a, pp.5~6.

5) 같은 책, ch. 1, pp.1~30.

6) 같은 책, ch. 2, pp.72~95.

7) 같은 책, pp.77~8. 아비투스에 대한 유년 시절 영향의 일차적이고 상대적인 관성이 '이력 효과 *hysteresis effect*'를 낳고, 계급 사이의 차이뿐만 아니라 세대 간 차이와 투쟁에 관한 부르디외의 관심에 대해 설명을 제공해 준다.

쳐 구축되는 실천 원리로서 적용될 수 있도록 융통성을 가져야만 한다. 따라서 실천 논리는 높은 / 낮은, 내부의 / 외부의, 가까운 / 먼, 남성의 / 여성의, 선한 / 악한, 검은 / 하얀, 희귀한 / 흔한, 구분되는 / 모호한 등과 같은 단순한 이분법적 구분을 통해서 작동한다. 이것들은 어린이들이 쉽게 접하는 환경에서 발전하는 범주화의 원리들이지만 무의식적인 규제 원리로서 광범위한 분야들과 상황들에 계속해서 적용될 수 있다.[8]

또한 아비투스는 하나의 통일된 현상이다. 아비투스는 그것에 의해 생산된 실천들을 일련의 통일된 원리에 결부시키는 에토스 *ethos* 를 생산한다. 또한, 아비투스는 명백하게 개인적 현상이 아니다. 그것은 고립된 행동들을 규제하기 위해서가 아니라, 상호 작용을 규제하기 위해서 개인들에 의해 내면화되고 작용된다. 따라서 아비투스는 가족, 집단, 특히 계급 현상이며, 공통된 물질적 존재 조건에 상응하여 개인들의 실천을 규제하기 위해 그러한 존재 조건으로부터 끌어 낸 논리이다. 부르디외의 계급 정의는 명백히 아비투스에 기반하고 있다.[9]

따라서 실천 논리에 의해 규제되는 개인적 실천은 항상 집단 실천, 특히 계급 실천의 구조적 변형이다. 그러나 아비투스는 소위 개연적 논리에 따라 실천을 규정한다. 사람들은 아비투스를 통해 형성된 과거의 행위 결과들에 대한 경험에 근거해서, 주어진 행위 과정이 야기할 결과를 예상하는데, 이 예상은 주어진 현재 상황에서의 실천을 제한하게 된다. 따라서 계급 기원은 아비투스의 구조를 중층 결정하지만, 실천은 궤적에 의해 결정된다. 궤적이란 계급으로부터 가족에 이르는 결정 요인들의 위계 속에서 가족, 계급 분파, 또는 계급 등이 사회적으로 상향 또는 하향으로 이동하는 것을 지칭한다. 조야한 수준에서 말하자면 상향 이동은 가능한 결과에 대한 낙관적인 관점을 제공하고, 하향 이동은 비관적인 관점을 제공할 것이다. 그들 각각은 다양한 사회적 투쟁의 장을 향한 서로 다른 실천 정향들을 결정할 것이다. 실천에 대한 예상의 영향력을 보여 주는 고전적 예로서 공식 교육에 참여

---

8) 같은 책, ch. 3, pp.96~158.

9) 같은 책, pp.81~7.

하는 노동자 계급의 태도를 들 수 있다. 이러한 예상들에서 핵심은 실천 논리의 다른 면들처럼 단지 사회적 환경에 대한 개인들의 무작위적인 반응을 반영하는 것이 아니라는 점이다. 반대로 이 예상은 특정한 계급 위치에 놓여진 한 행위자에게, 주어진 사회적 장의 상황에 의해 제공되는 객관적 가능성들을 아비투스를 통해 현실주의적으로 평가하게 하는 것이다.[10]

그래서 부르디외가 문화 소비나 전유라는 구체적 장을 고찰할 때, 조사 자료에서 드러나는 취향 패턴의 규칙성은 계급과 계급 분파 아비투스의 지표 또는 인덱스다. 이 때 취향 패턴의 규칙성은 음식, 복장, 실내 장식, 화장으로부터 스포츠, 대중 예술, 고급 예술에 이르기까지 광범위한 분야에 걸쳐 발견된다. 그런데 부르디외가 밝히고자 했던 것은 소비나 전유의 특정 패턴이 아니다. 사회적 장의 또 다른 국면에서는 다른 지표들이 동일한 관계적 위치를 위해 사용될 수도 있기 때문이다. 오히려 부르디외는 일련의 문화 상품과 실천들, 그리고 일련의 계급 아비투스 사이의 특수한 관계를 설명할 수 있는 논리를 해명하려고 시도한다. 그러므로 부르디외가 현대 프랑스의 문화 실천이 지닌 구체적인 특수성을 분석하는 것은 광범위한 상징 권력 이론의 일부가 되며, 경험에 입각해서 그 이론을 확인하고 세련화하는 작업이다. 동시에 이러한 분석은 상징적 계급 투쟁에 대한 정치적 개입이기도 하다.

'예술은 사회 세계를 부정하는 탁월한 장이다. 그러나 그와 같이 부정하고자 하는 무의식적 의도는 사회 세계에 대해 이야기하는 것을 목적으로 하는 수많은 담론들의 기반이 되는 원칙이다. 결과적으로 이 담론들은 이중의 의미로 쓰여지고 읽혀질 수 있다. (얼마나 많은 철학자, 사회학자, 언어학자들이 사회 공간에 적절하게 적응하지 못함으로써 철학, 사회학, 또는 문헌학으로 뛰어들었던가? 이 학자들에게 그 학문들은 규정 *definition* 을 회피할 수 있게 허용하는 장이었다. 그러나 자신들의 위치를 알고 싶어하지 않는 모든 사실상의 몽상가들은, 그들이 위치한 사회 공간에 대해 알 수 있는 가장 적절한 위치에 놓여 있지 않다. 만일 그렇지 않았더라면 우리가 그렇게 많은

---

10) Bourdieu, 1974, 1979a, ch. 2.

읽을거리와 강사들 *lectores*, 물질 없는 유물론자, 사고의 도구가 없고, 그리하여 사고할 대상도 없는 사고와 극소의 관찰, 그리고 결과적으로 저자 *auctores* 들을 가질 수 있었겠는가!) 만일 중립화를 중립화하고, 부정을 부정함으로써 지금의 조류를 애써 전환하지 않는다면, 사회 세계의 과학을 진전시키고 확장시킬 수 없다. 특정한 혁명적 담론이 갖고 있는 과장된 급진주의의 특성인 모든 형태의 현실 부정은 결코 의미 없는 것이 아니다. 진리도 오류도 아닌, 진리임을 증명할 수도 오류임을 증명할 수도 없는, 이론적이지도 경험적이지도 않는 담론, 라신느 Racine 와 같이 소가 아닌 소의 울음소리를 애기하며, 다즈 Daz 나 노동 계급의 속옷은 애기할 수 없고 단지 생산 양식과 프롤레타리아 또는 '중하층 계급'의 역할과 태도만을 말할 수 있는 담론에 대항해야 한다. 그러려면 대상들과 심지어 사람들을 보여 주고, 제 손가락으로 사물을 만져 보는 것 — 손가락으로 그것들을 가리키는 것과는 다른 — 이 필요하다고 비판하는 것만으로는 충분하지 않다. 자신들이 생각하는 것을 이야기하는 데 익숙해져서, 더 이상 그들이 말한 것에 대해 생각하지 않는 사람들로 하여금 대중 식당 또는 럭비 경기장, 골프장 또는 사교 클럽에 들어가도록 만드는 것이 필요하다고 비판하는 것도 충분하지 않다(Bourdieu, 1979a: 596~7).

뒤르켐의 전통 속에서 부르디외는, 상징 체계란 현실을 반영하거나 표현하지 않고 그 현실을 스스로 구축한다는 의미에서 구조들을 구성하는, 자의적이고 비결정적인 분류학이라고 본다. 또한 그러한 체계는 소쉬르적 언어 모델에서와 같이 '차이 *difference*'나 '구별 *distinction*'에 기반한다. 그러나 그는 다음과 같은 점을 강조하면서 뒤르켐과 소쉬르적 전통의 이상주의를 비판한다. 상징 체계들은 본질적으로 자의적일지라도, 계급 관계의 구조를 오인된 형태로 표현하는 사회적 기능에서는 자의적이지 않다는 것이다. 사실상 상징 체계가 이러한 기능을 수행하도록 허용하는 것이 바로 그 자의성이다. 만일 상징 체계가 자의적이지 않다면 그것은 계급 투쟁의 대상이 될 수 없기 때문이다. 상징 체계는 계급 관계를 표상하지만, 동시에 '구별'의 논리를 통해 그러한 표상을 위장한다. 프랑스어와 마찬가지로 영어에서도 '구별'이란 단어의 범주적 용어와 사회적 용어로서의 이중 의미는 상징 권력의 기능을 정확히 반영하는 것이다.

따라서, 상징 체계는 계급 관계를 아비투스에 내면화된 것으로서 강화하는 데 기여한다. 전유를 내면화하는 운동에서 그들의 특수 논리가 계급 결정적 실천의 일반 논리를 확증하기 때문이다. 상징 체계들 — 또는 통합되어 있으므로 상징 체계 — 의 특수 논리의 내면화는 위계적으로 조직된 일련의 구분들, 예컨대 희귀한/흔한, 구분되는/모호한, 공평한/편파적인, 필요 없는/필요 불가결한 등의 구분을 확정한다.

부르디외는 모든 사회를 자신들의 재생산을 보장하기 위해 이해를 극대화하고자 하는 집단 간 또는 계급 간, 계급 분파 간의 투쟁으로 특징짓는다. 사회 구성체는 위계적으로 조직화된 일련의 장 *field* 들이다. 그 속에서 모든 인간 행위 주체들은 지식, 교육, 경제적 장 등에 속한 사회적 자원에 대한 통제를 극대화하기 위한 구체적인 투쟁들에 참여한다. 그리고 그 속에서 사회적 행위 주체들의 위치는 상관 관계에 놓여 있어 그 장에 속한 세력 노선들의 총체에 의해 유동적으로 결정된다. 각 장들은 물질적 자원들의 생산과 분배에 대한 계급 투쟁의 장에 의해 중층 결정되는 구조 속에서 위계적으로 조직되며, 각각의 하위 장들은 자신의 구조적 논리 내에서 계급 투쟁의 장의 논리를 재생산한다.

> 장 *field* 은 고립된 행위 주체들의 단일한 집합 또는 단순히 병치된 요소들의 합으로 환원될 수 없고, 자기장 *magnetic field* 과 마찬가지로 권력 노선들의 체계로 구성된다. 바꾸어 말하면 행위 주체의 구성이나 체계는 수많은 세력들로 묘사될 수 있는데, 그들의 존재, 대립 또는 조합을 통해 특정 시점에서 그것의 특정 구조가 결정된다. 그 결과 이들 각각은 장 내에서 특정 위치를 부여받고, 그 위치로부터 본질적 속성과 다른 위치적 속성이 도출된다(Bourdieu, 1971: 161).

사회 집단들과 계급들은 각 세대별로 이 장들이 가진 역사적으로 주어진 구조화된 상태에 속하게 된다. 그리고 그 집단들과 계급들은 주어진 장의 역사적 상황에서 자본으로 전화될 수도 있는 물질적, 사회적, 문화적 자산의 역사적으로 주어진 수준에 기반하여 그들의 투쟁 전략을 전개, 발전시킨다. 모든 장들처럼 상징적 장은 계급 투쟁의 장이고, 관건이 되는 것은 권력을 정당화하거나 탈정당화하는 것이다. 그러나 상징적 장은 특수한 오인 기제를 이용하여 주어진 물질적 계급 관계의 상태를 정당화하는 경향이 있고, 상징 체계는 오인 기제에 의해 물질적 계급 관계의 장의 세력 균형과 위계 구조를 변형된 형태, 즉 '완곡화되고' '공평 정대한' 형태로 표현한다.[11]

또한 부르디외는 역사 발전 모델을 기반으로 연구한다. 그는 알제리의 카빌족 Kabyle 에 대한 인류학적 현장 조사에 기반하여 다음과 같은 점을 주장한다. 전근대 사회, 소위 원시 사회 구성체는 제한된 공간 확장, 제한된 노동 분업, 단순 재생산 등으로 특징지어지는데, 여기서는 물질적인 것과 상징적인 것, 생산 양식과 지배 양식이 분리될 수 없다. 그와 같이 물질적 자원이 빈약한 사회에서 상징 권력은 직접적인 경제적 기능을 수행하며(예를 들면, 노동력 동원에서), 권력 행사를 위해 상징 폭력이 선호된다. 그러한 사회에서는 부 wealth 의 편차가 크지 않기 때문이다. 더욱이 시장이나 교회 같은 기구를 통해 권력을 객관화할 수 없고, 쓰기 writing 처럼 객관화에 필요한 도구들이 없기 때문에 권력 관계는 끊임없이 직접적 인간 상호 작용 속에서 강조되어야만 한다. 이러한 상황에서 단순 재생산을 위해 물질적 힘을 공공연하게 직접적으로 행사하는 것은 물질적 자원 면에서 너무 많은 비용이 든다. 그러한 사회들이 도그마 Doxa 의 상태로 존재하고, 거기서 상징 체계는 모두에게 공통된 것이며 당연한 것으로 받아들여진다. 그것은 명시적인 담론으로서보다 실천의 논리로서 암묵적인 수준에서 존재하기 때문이다.[12]

역사 발전의 다음 단계에서는 경제 발전을 통해 교환 관계의 발전과 관련된 자율적인 경제 영역이 성장한다. 또한, 도그마의 속박이 깨지고 상대적으로 자율적인 상징 영역이 창조된다. 이 단계에서 상징 체계는 훨씬 더 명시화되어 상징 영역에서 정통 orthodoxy 과 그것의 필연적인 귀결인 비정통 heterodoxy 사이의 계급 투쟁이 생겨난다. 동시에 상징 투쟁의 객관적 도구, 특히 필사 언어를 독점하려는 투쟁에서, 즉

---

11) Bourdieu, 1977a, ch. 4, pp.159~97, 1979a.

12) Bourdieu, 1977a, pp.171~83.

부르디외가 '위계화 원리의 위계화'로 묘사했던 것에 대한 투쟁에서 지배적인 경제 계급에 대립되는 이해 집단인 전문적인 상징적 생산자 집단이 창조된다. 이 전문가 집단은 전반적인 물질적 관계를 유지하는 데 있어 지배적인 경제 계급과 상호 이해를 공유한다. 문화 자본이 궁극적으로 경제 자본이나 물질 자원으로 변형되어야만 하고, 지배적인 경제 계급이 이제 정통성의 부여와 유지를 위해 상징적 상품 생산자의 서비스를 필요로 하게 되었기 때문이다. 이러한 상호 이해 때문에 상징 체계는 주어진 계급 관계를 재생산하는 경향이 있다. 그러나 일단 비정통이 창조되면, 정치 의식과 과학이 가능해지고, 계급 투쟁과 그것의 과학에 대한 관계가 상징적 장에서 전적으로 배제될 수 없다.

그러나 부르디외는 역사적 이행 단계에서 시장 경제와 경쟁 자본주의가 만들어지면서 물질적 계급 권력은 훨씬 더 개방적으로 행사되었다고 주장한다. 이는 훨씬 더 혁명적이고 혁신적인 대립으로 이끌어지며 그리하여 지배 계급은 자신의 지배 유지를 위해 어쩔 수 없이 점차 상징 권력의 사용을 지배 양식으로 선택하도록 회귀하게 된다.[13] 부르디외는 이제 이 세 번째의 동시대 국면의 특수한 양상과, 19세기에서의 그것의 역사적 뿌리에 주로 관심을 가진다. 인간 행위 주체들은 역사적으로 주어진 재산을 가지고 사회 구성체라는 계급 투쟁의 장으로 들어간다. 이 때 재산은 성향과 능력의 형태로 아비투스 내에 합체된 상태로 존재하거나 물질적 상품으로 객관화되어 존재한다. 부르디외는 이러한 재산들을 자본으로 언급하고 있는데, 그것들은 설명을 위해 경제 자본과 문화 자본으로 구분된다. 각각의 행위 주체들은 자기 집단의 자본을 재생산하고 가능한 한 그것을 증대시키기 위해 투쟁한다. 이를 위해 그들은 투자를 할 경우 가장 높은 이윤을 올릴 수 있는 하위 장과 그에 대한 개입 양식을 선택하는 투자 전략을 추구한다. 투쟁 목적들 가운데 하나는 다른 장들에 대한 투자들에 맞서 주어진 장에서의 주어진 투자에서 상대적으로 높은 이익 환수를 이루어 내는 것

---

13) 이와 같은 역사적 발전 모델에 대해서는 Bourdieu, 1977a, pp.183~9 참조.

이다.[14] 부르디외는 '사심이 없거나 대가를 바라지 않는, 따라서 비경제적인 것들을 포함한 모든 실천들을 물질적 또는 상징적 이윤을 극대화하려는 경제적 실천'으로 취급한다(Bourdieu, 1977a: 183).

이러한 일반적 투쟁은 궁극적으로 계급 관계 장에서 경제적 투쟁에 의해 결정된다. 경제 자본과 문화 자본은 상호 양 방향으로 전환 가능하지만(각각의 장과 전체로서의 사회적 장에서 주어진 투쟁의 상태에 따라 서로 다른 교환 비율로), 궁극적으로 문화 자본의 경제 자본으로의 전환 가능성이 자본으로서 스스로를 규정하고, 전반적인 사회적 장의 구조뿐만 아니라 변형된 형태로이긴 하지만 하위 장들의 구조까지도 결정하기 때문이다. 경제 자본은 세대 간의 이전이 훨씬 용이하여 더 효율적인 재생산 기제가 된다. 이 때문에 부르디외의 이론에서 교육 체제가 그토록 중요한 역할을 수행하는 것이다. 역사적으로 자격증 체제와 같은 교육 체제의 발전이 문화 자본 시장을 만들어 냈고, 그 속에서 자격증은 돈으로서 활용된다. 자격증은 문화 자본들 간 또는 더욱 중요하게는 문화 자본과 노동 시장 간의 교환을 위해 사회적으로 보장된 공통되고 추상적인 매개물이며, 따라서 경제 자본에 접근할 수 있는 돈과 같다고 할 수 있다.[15]

일반적으로 모든 실천이 그러하듯이 문화적 실천은 단순한 소비가 아니라 전유 *appropriation* 이다. 음식을 예로 들자면, 섭취 행위는 단순히 소화 과정을 위한 필요 조건으로서 유기체로 하여금 물리적 재생산을 위해 필요한 성분들을 추출해 내고 나머지는 버리게 하는 것이다. 어떤 조건에서는 소화가 전혀 일어나지 않을 수도 있다. 따라서 문화적 계층화가 부분적으로는 경제 자본의 불평등한 분배와 그에 따른 문화 상품의 불평등한 분배에 의해 직접적으로 결정된다는 것이 여전히 중요한 사실임에도 불구하고(즉, 노동 계급은 그림 수집을 하거나 거대한 개인 도서관을 가지는 일, 자주 극장에 가거나 오페라를 보는 등의 일을 할 여유가 없다), 훨씬 더 중요한 사실은 이러한 객관적인 계급 구분들이 문화적 실

---

14) Bourdieu, 1977a, pp.171~97, 1975b, 1977c 참조.

15) Bourdieu, 1977a, pp.183~97.

천의 정당화 기능이라는 견지에서 아비투스 — 문화에 대한 성향과 태도를 상이하게 하고, 문화적 대상과 실천들을 이용할 수 있는 능력을 상이하게 하는 것으로서 — 내에 내면화되는 방식들인 것이다. 부르디외는 바로 이러한 이유에서 음악이나 사진과 같이 상대적으로 광범위하게 이용 가능한 문화적 실천들의 이용과 태도에 대한 계급 결정 요인을 분석하는 데 특히 관심을 가졌다.[16]

문화적 장은 다음과 같은 두 가지 이유에서 하나의 지표로서, 그리하여 계급 관계의 강화자로서 기여한다. 첫째, 최소한의 사용 가치를 지닌 대상들과 실천들로 채워진 하나의 장 — 예술이란 하위 장에서는 실상 사용 가치가 거부된다 — 에서 투쟁은 특히 차이나 구별, 위치지음 등의 순수 논리에 의해 지배되기 때문이다. 둘째, 사회적 대상과 사회적 실천의 특정 범주로서의 역사적인 예술 창조는 일상 생활의 물질적 현실로부터의 차이와 거리, 그리고 그러한 현실에 대한 우월성 등으로 정의되고 그에 상응하는 이데올로기, 즉 후기 칸트적 '순수' 형식의 미학과 '사심 없음' 등을 지닌다. 그런데 이 때의 예술 창조란 경제 자본을 소유한 부르주아에 의해 제공되는 경제적 필요로부터 상대적인 거리를 두고 있다는 표현이자 그러한 거리 두기 *distanciation* 에 객관적, 실제적으로 의존한다. 바로 이것이 문화적 장이 계급 관계의 강화자로서 기여하게 되는 이유이다. 부르디외의 주장에 의하면 예술 작업에서 첫번째로 요구되는 것은 예술의 전유를 위한 미적인 성향이다. 이 성향은 예술 게임을 하려 하고, 거리를 두고 세계를 보고자 하며, 일련의 대상과 실천들에서 사회적 재생산을 위한 투쟁의 긴급성을 동떨어뜨려 놓으려는 내면화된 의지라고 할 수 있다. 이러한 성향은 지배 계급인 부르주아들의 물질적 존재 조건의 아비투스 내에 합체된 형태의 결정적인 표현이다.[17] 예술 작업에서 두 번째로 요구되는 것은 특정 능력, 즉 주어진 예술 형식에 해당되는 코드에 대한 지식이다. 이는 선천적

---

16) Bourdieu, 1965, 1966, 1979a, pp.301~21, 1968. 문화적 능력과 여론 조사의 정치적 역할 사이의 관계에 대해서는 Bourdieu, 1979a, 1979b, pp.463~42 참조.

17) Bourdieu, 1980a.

이지는 않지만 가정에서 일련의 예술적 대상들과 실천들의 경험에 의한 가르침을 통해서나 학교에서의 공식적인 교육을 통하여 획득될 수 있는 능력이다. 부르디외는 상이한 문화적 소비 패턴들이 이와 같은 상이한 문화적 능력의 획득 양식, 즉 문화적으로 대립하는 획득 양식과 연관될 뿐만 아니라 가족의 경제 자본의 연륜과 관계된 사회적 위계와도 연관된다고 주장한다. 예를 들어 가정에서 그들의 문화적 능력을 획득하여 그것이 제2의 천성 또는 구별을 위한 자연의 선물로 보여지는 구 부르주아들과, 학교를 통해 그들의 문화적 능력을 획득한 사람들, 그리하여 독학자를 겨냥한 모든 문화적 멸시와 스스로 문화적 정당성의 위계에 집착하는 자신 없어함에 노출되어 있는 사람들을 비교해 보라. 반면에 구 부르주아의 자녀들은 그러한 위계를 경멸하고, 영화나 재즈와 같은 새로운 문화적 실천의 형식을 정당화함으로써 그들의 자연스러운 취향을 표현할 수 있다.

경제 자본과 문화 자본 간의 전환 가능성이 보장되는 중요한 방식 가운데 하나는 희소 자원인 시간에 대한 통제를 통해서이다. 이러한 통제는 두 가지 형식을 취한다. 첫째, 교육 시간에 경제적으로 투자하는 능력으로, 예컨대 가정에서 지식층 엄마가 일하지 않고 자녀들의 문화적 개발에 시간을 할애하는 경우 또는 학교에서 성향이나 능력의 형태로 문화 자본을 건네 받거나 획득하기 위해 교육 시간에 투자하는 것 등이다. 경제 자본과 문화 자본 사이의 이러한 관계는 교육 수준과 그에 따른 자격 획득의 차별적인 계급 접근에 반영된다. 이는 다시금 예를 들면, 신문 독자층에서와 같이 교육의 성취도와 연결된 문화적 실천의 성층화를 정당화하게 된다. 그러나 두 번째가 훨씬 더 본래적인데, 부르디외에 따르면 텍스트적, 상호 텍스트적으로 (그리하여 훨씬 더 광범위한 문화적 지시물을 요구하게 되고, 다른 예술 작업들에 대한 예술이 증가하게 된다) 코드화의 복잡성(보통 '난이도'로 표현되는)을 최대화하기 위한 문화적 실천이 협의의 예술 분야에서 발전되어 왔다는 것이다. 그리고 이러한 발전은 예술의 전유를 위해서는 필연적으로 상당한 소비 시간을 필요로 한다는 것을 의미해 왔다(예를 들자면 작가론의 관점에서 영화를 보기 위해서는 그 작가에 의해 만들어진 모든 영화를 보아야만 한다). 계급들에 따라, 그리고 지배 계급의 분파들에 따라 이용 가능한 문화적 소비 시간이 차별적이기 때문에 이러한 발전은 꾸준히 계급 분할을 강화한다. 또한 문화적 담론으로부터 배제된 사람들을 어리석다거나 교양이 없다는 식으로 이름 붙이면서 이러한 분할을 정당화한다.

그러나 단순히 얼마만큼 이용 가능한 시간이 있느냐에 의해 소비 시간에 대한 투자가 전적으로 결정되는 것은 아니다. 시간은 항상 희소 자원이기 때문에 주어진 문화적 전유 양식에 시간을 투자할 것인가의 결정은 주어진 장 또는 일련의 장들 내에서의 세력 관계에 의존하고, 그에 따라 주어진 투자로부터 예상할 수 있는 이익이 결정될 것이다. 모든 실천의 장에서와 마찬가지로 그러한 예상은 아비투스에 의해 결정될 것이다. 따라서 예를 들자면 한 행위 주체가 일반적으로 스포츠나 기술적 능력이 아닌 문학적, 음악적, 또는 미술적 능력을 계발하는 것을 선택하느냐의 여부는, 그의 자본 투자를 위해 객관적으로 개방된 시장과, 이 시장에서 이러한 능력이 상대적으로 어떻게 가치 평가되는가에 따라 결정될 것이다. 따라서 어떤 사람이 사회적 교류에서 축구에 대한 지식, 서유럽의 예술에 대한 지식, 또는 아방가르드 영화에 대한 지식 가운데 어떤 것을 선택하는가의 여부는 — 그러한 능력들 사이에 아무런 위계적 가치 평가도 존재하거나 만들어질 수 없다는 것을 재강조하는 것이 중요하다 — 행위 주체들이 사회적 장에 가지고 들어서는 문화적, 경제적 재산에 의존할 것이다. 이 때 행위 주체들은 자신들이 속한 계급 위치와 다양한 장의 상대적 비중이 주어진 상태에서, 객관적이고 현실적으로 자유롭게 이 사회적 장에 투자할 수 있다.[18] 따라서 대립되는 비판들이 약할 때, 영화 비평에서 하나의 능력을 상대적으로 빠르게 획득하고 동원하는 것이 가능할 수도 있다. 그러나 빈약한 문화 자본을 가지고 조형 예술의 장으로 들어선다면 그는 주변으로 밀려나거나 실패를 경험하게 될 것이다. 예를 들자면 이러한 맥락에서 영국과 몇몇 산업 경쟁국들 간의 차이점에 대해서, 개인과

---

18) Bourdieu, 1975a, 1975b, 1979a.

계급이 기술적 능력보다는 문화적 능력에 투자함으로써 남다른 사회적, 경제적 이윤을 창출하고 있다고 보는 최근의 설명들은 아주 적절하다고 할 수 있다.[19]

　따라서, 문화적 장의 논리는 지배 계급과 피지배 계급, 그리고 지배 계급 내에서의 지배 분파와 피지배 분파 사이의 두 개의 커다란 분할 주위에 구조화된 일련의 계급 관계들을 창조하고 재생산하고 정당화하는 방식(정당화하기 때문에 재생산한다)으로 작용한다. 소위 '옥스퍼드 사회 이동 *Oxford social mobility*' 연구에서 서비스 계급이라고 불린 지배 계급은 상당한 양의 경제, 문화 자본을 소유한 사람들이고, 피지배 계급은 적은 양의 경제, 문화 자본을 소유한 사람들이다(부르디외는 때때로 그들을 노동자 계급으로 지칭하기도 하고 또는 농부를 포함한 대중 계급들로서 언급하기도 한다). 지배 문화와 그것이 정당화하는 문화적 실천들(그리고 그러한 실천들에 의해 그것은 탈정당화한다)이 행하는 일차적 구별에 의해 문화는 피지배 계급의 경험들과 실천들로부터 거리를 둔 것, '흔한,' '속된,' '대중적인' 모든 것들과 차별화되는 것으로 규정된다. 이에 대하여 피지배 계급은 계급 에토스 *ethos* 의 가장 심연의 수준에서 절대 부정의 운동으로 지배 문화를 거부한다. 오히려 그들은 암시적 수준에서 부르디외가 생필품 문화 *culture of necessity* 의 미학이라고 불렀던, 주제와 기능에 의존하고 형식을 추방하는 미학을 구축한다. 그 미학은 예술 또는 문화적 실천 작업을 그것들 자체의 용어들로 판단하기를 거부하며, 계급 에토스의 사회적, 윤리적 가치에 따라 판단한다. 또한 사심이 없고 관조적인 자세를 배척하고 참여와 직접적인 준감각적 충족을 높이 평가한다.[20] 부르디외는 자신의 작업을 우파적인 것 또는 좌파적인 것을 불문한 현재의 모든 형식주의에 반대하는, 이러한 암시적인 미학을 정당화하려는, 본질적으로 정치적인 노력의 일환으로서 이해한다. 따라서 노동 계급의 취향을 문화에 의해 구제가 불가능한 것으로 치부하는 계급 인종주의에 반대하는 동시에, 광부의 현수막을 문화 작업으로 보

---

19) Bourdieu, 1979a, pp.68~101.

20) Bourdieu, 1980a.

면서 그 취향을 합법적인 문화의 규범에 동화시키려는 순진한 대중주의 역시 반대한다. 그는 특히 좌파 '해체주의자들 *deconstructionists*'의 실천과 이론을 냉혹히 비판한다. 그는 이러한 실천과 이론이 지배 계급의 지배를 오인 *misrecognition* 을 통해 강화하는 데 봉사하는 이데올로기로서, 문화 자본의 독점자들, 즉 지배 계급 내의 피지배 분파의 이데올로기들의 가장 최근의 것이며, 가장 효율적인 것이라고 본다.[21]

> 브레히트적인 '거리 두기'는 퇴각의 운동으로 볼 수 있다. 바로 그것에 의해 지식인은 대중 예술의 핵심부에서 자신의 대중 예술로부터의 거리감을 확인한다. 그리고 이 거리가 대중 예술을 지적으로 받아들일 수 있게, 즉 지식인에게 수용될 만한 것이 되게 한다. 게다가 이로써 지식인은 더욱 근본적으로는 대중과 자신의 거리를 확인한다. 이것은 지식인들이 대중에 대해 판단 중지함으로써 전제하는 거리이다(Bourdieu, 1979a: 568).

지배 계급 내의 두 분파는 그들의 세습 자본 중 경제 자본과 문화 자본의 상대적인 비중에 따라 정의된다. 지배 계급은 두 개의 전문화된 집단으로 나뉘고, 이들 가운데 지배 집단은 생산의 영역에서 물질적 재생산에 관심을 가지고, 피지배 집단은 상징적 권력의 행사를 통해 물질적 재생산을 정당화하는 데 관심을 가지게 된다. 이로 인해 전문적인 상징적 재화의 생산자들은 궁극적으로 늘 경제 자본에 종속된 채로 남아 있다. 그럼에도 불구하고 그들은 상대적인 정당성을 놓고, 즉 경제 자본에 대립되는 것으로서 문화 가치의 정당성을 획득하기 위해 지배 분파와 투쟁한다. 따라서 지식인들은 항상 문화적 장의 자율성을 최대화하고, 그들의 전문 능력의 희소성을 증대시키기 위해 지속적으로 노력하는 등 자신의 능력의 사회적 가치를 높이려고 투쟁할 것이다. 이러한 이유로 인해 지식인들은 경제 자본에 반대하는 그들의 투쟁에서 정치적 민주주의나 경제적 평등 같은 광범위한 개념을 동원하는 반면, 문화적 민주주의를 향한 움직임들은 항상 거부할 것이다. 만일 지식인의 정치적 지위와 역할을 이해하고자 한다면, 주어진 역사

---

21) Bourdieu, 1979a, pp.543~64.

적 사건에서 특히 이와 같은 모순의 특수성에 대한 분석이 요구된다.[22]

지식인들은 조야한 물질적 가치로부터 거리를 둔다는 식의 '사욕이 없는 공평함'을 강조함으로써 그들의 이익을 최대화한다. 이러한 이익은 지식인들이 교육 체제에 대한 통제와, 나날이 증대하고 있는 일반적인 국가 관료제에 대한 통제를 통하여 궁극적으로 그들의 문화 자본을 경제 자본으로 전환하거나, 대안적으로 그들의 문화 자본의 재생산을 보장할 수 있는 가치의 견지에서 추구된다. 부르디외가 관심을 가졌던 문제는 단순히 주어진 문화 소비의 장에서 계급과 문화적 전유 사이의 결정 관계를 수립하는 문제도 아니고, 주어진 문화 생산의 장에서 문화 생산과 계급 사이의 결정 관계를 수립하는 문제도 아니다. 문제는 훨씬 더 복잡하고 어렵다. 그가 상징 권력의 특수 이론뿐만 아니라 실천의 일반 이론에서 설명하고자 했던 것은 행위 주체들의 자유롭고 자율적으로 보이는 실천들이 두 개의 상이한 장에 개입하는 방식, 그리하여 그들의 행동들이 상이한 실천의 특수 논리에 의해 지배받는 방식, 행위 주체들이 일반적으로 문화적 실천의 계급 패턴들을 단순히 생산하기 위해서가 아니라 재생산하기 위해 상호 작용하고, 그렇게 함으로써 일반적으로 주어진 계급 관계를 재생산하려는 경향을 띠는 방식 등에 대해서다.

부르디외는 19세기와 20세기 프랑스 지식인들의 계급 기원, 문화적 실천, 그와 연관된 이데올로기들(즉, 비판 이론), 그리고 전체로서 지배 계급의 소비 패턴들에 대한 세밀한 연구를 바탕으로 다음과 같이 주장한다. 분파들 사이의 투쟁은 그들의 특정 하위 장들, 즉 그림, 문학, 사회 과학, 학문 세계 등에서의 지배를 위해, 그리고 전체로서의 지적인 장 내에서 그들의 하위 장에 대한 지배를 위해 지식인들이 서로 투쟁하는 형태를 취한다. 이러한 지속적 투쟁이야말로 지속적 갱신 혹은 최소한의 변화 과정, 즉 러시아 형식주의자들이 예술 그 자체의 역동적 원리라고 칭했던 것을 사회학적으로 또 역사적으로 설명해 준다. '새로움을 만드는 것'에 대한 인식.[23]

---

22) Bourdieu, 1975b, 1977c.

따라서 새로운 참가자, 특히 이미 계급적으로 규정된 상징적 생산자로서의 잠재성을 지닌 새로운 세대는 지배적 자리들이 이미 점령된 장에 직면하게 된다. 이러한 지배의 위계는 궁극적으로 지배 분파에 의해 제공된 상징적 상품을 위한 경제 시장에 의해, 그리고 상이한 형태의 문화 자본들이 경제 자본으로 전환되는 비율에 의해 결정된다. 따라서, 장은 두 개의 축을 따라 정돈된다. 하나의 축은 문화 시장에서 직접적인 이전을 통해 문화 자본이 경제 자본으로 직접 이전되는 것이다. 즉, 부유한 구매자를 위해 그림을 그리는 것, 지배 분파에 소구하는 소설을 쓰거나 연극을 만드는 것, 지배 분파가 높게 가치 평가하는 하위 학문들에 참가하는 것 등에 의해 그러한 이전이 이루어지고, 그것은 높은 봉급, 연구 보조금, 자문에 대한 대가 등을 제공한다(사회 과학이나 인문학보다는 의학이나 자연 과학, 그리고 의학 내에서는 노인병학보다는 심장 의료 수술 등). 그러나 시장에서의 너무 명확한 성공이라든지 또는 그것보다 더 나쁜 것으로서 그러한 성공에 대한 너무 노골적인 바람 등은 문화 자본과 경제 자본 사이의 전면적인 투쟁 때문에 문화적 탈정당화로 이끌어질 수 있다. 따라서, 또 다른 축은 경제적 계급의 장을 구조화하는 원리 ― 원래 경제적 계급의 장을 구조화하는 원리는 부와 그 부가 허용하고 표상하는 필요로부터의 거리이다 ― 를 희소성과 문화적 순수성으로 변형시켜서 문화 자본을 극대화하는 것이다. 이 축을 따라서 주류라고 할 수 있는 '부르주아' 예술보다 아방가르드가, 응용 과학보다 순수 과학이, 그래픽 아트보다 순수 예술이, 그리고 최근까지 최소한 우파 정치학보다 좌파 정치학이 더욱 높이 평가받는다.[24]

이와 같이 다양한 투자 가능성을 보여 주는 특수하게 구조화된 장에 직면하여 일단의 잠재적 생산자들은 상징적 생산의 장을 구조화하는 객관적 계급 관계에 의해 아비투스의 형성 법칙에 따라 구조화된다. 이 장에 대한 최초의 진입은 주어진 계급의 출발점으로부터의 성공의 개연성에 대한 객관적 평가에서 야기되는 성향의 범위에 의해 계

---

23) Bourdieu, 1975a, 1975b 참조
24) Bourdieu, 1971, 1975a, 1975b, 1979a, pp.68~101.

급 노선에 근거해서 구조화된다. 따라서, 노동 계급 행위 주체는 부르주아들에 비해 자신을 화가나 소설가로 (최소한 전문적인 화가 또는 소설가로서) 전망하는 경향이 훨씬 적다. 그런 경력을 가지려면 많은 문화 자본의 투자가 필요하고, 노동자 계급의 경우 그것은 필요한 능력을 획득하기 위해 교육에 상당 시간을 투자해야 한다는 것을 함축하고 있기 때문이다. 그러나 경제적 성공 역시 부르주아들의 문화적 전유 성향에 맞는 능력을 요구하기 때문에 (예컨대 외과 의사, 지휘자, 성공한 소설가 그리고 극작가들은 객관적으로 부르주아적인 사교적 특성을 필요로 한다) 노동 계급 참여자들은 어쩔 수 없이 획득된 문화 자본의 회수율을 극대화하는 방향으로 움직일 수밖에 없다. 그것이 바로 위험을 최소화하는 한편 가능한 회수율을 최대화할 수 있는 장으로 들어가는 전략을 선택함으로써 피지배 계급의 구성원들이 지배 계급에 들어서는 지점이다. 그러나 일반적으로 문화 자본을 최대화하는 전략은 경제적으로 위험하고 비용도 많이 든다. 실천 초기에 직접적인 경제적 이익을 과시적으로 거부해야 하고, 상징적 장에서 문화적으로 가장 막강한 위치를 차지하고 있는 사람들에 거스르는 방향으로 나아가기 때문이다. 따라서 부르디외의 주장에 따르면, 특히 플로베르와 예술 지상주의 운동과 관련하여 문화 자본을 최대화하는 전략은, 종종 필수적으로 부르주아에 반대하는 정치적 비판주의의 노선을 전략의 일부로서 취한다 할지라도, 실행 가능한 전략이 되기 위해서는 기존 지배 계급 내의 지배 분파의 구성원 의식을 요구한다. 따라서, 부르디외는 특히 플로베르의 예술적 발전에 대한 사르트르의 심리학적 분석을 반박한다. 그의 주장에 의하면 사르트르의 분석은 모든 '예술 지상주의'의 주도적 실천자들과 이론가들이 지방 부르주아 출신이며, 따라서 파리 출신 부르주아의 지배적인 문화 형식들에 도전하는 경향이 있다는 점, 그리고 그들 모두는 비경제적인 문화 전략을 유지할 사적인 수단을 가졌다는 사회학적 사실을 적절하게 설명할 수 없다는 것이다. 그는 또한 차남으로서 플로베르의 입장은 전형적인 경우라고 주장한다. 그에 의하면 귀족들은 가족의 경제 자본을 낭비하지 않고 차남들과 점차 증가하는 딸들이 편안하고 높은 신분을 보장받을 수 있도록 하기 위해 교회와 군대 같은 상징적 장을 사용하는 식의 지속적인 계급 전략을 수행했다는 것이다.[25] 뉴 미디어 관련 직업과 레스토랑, 공예점, 건강 클리닉 등과 같은 주변적 서비스 산업의 성장을 이러한 전략의 새로운 진전으로 예시하고 있다. 이는 획득 문화 자본에 대립되는 것으로서의 상속 문화 자본이 가장 높은 이윤을 창출할 수 있는 직업들을 만들고자 하는 구 부르주아 구성원들의 욕구와 연관되어 있다는 것이다.[26]

따라서, 문화적 지배를 위한 경쟁에서 성공하는 데 필요한 직접적인 경제적 압력들과 문화적 투자는 지배 계급의 계급 구조를 위해 그것 자체와 상징적 생산에 대한 그것의 통제를 재생산하려는 경향을 보장해 준다. 해당 장에 참여하는 사람들은 다음과 같은 아비투스를 소유할 것이기 때문이다. 그들로 하여금 지배 이데올로기, 즉 직접적으로 지배적 위치에 들어간 사람들을 지지하게 하는 아비투스나 또는 어렵게 번 소량의 문화 자본을 상대적으로 위험은 없지만 투자에 대한 회수율이 적은, 경제적으로 덜 선호되는 단계에 투자하게끔 강제되는 상향 이동한 소부르주아 구성원을 지지하는 아비투스가 바로 그것이다.

한편, 그러한 과정에서 존재하는 모든 대립은 문화적 투쟁의 실천 논리라는 견지로 변질된다. 여기서 희소성과 문화적 구별, 그것과 연관된 문화적 전유 양식들이 가치 평가되고 높은 수준의 문화적 능력과 자본이 요구된다. 그리하여 피지배 계급은 소비에서 객관적으로 배제되고 문화적 구별을 통해 계급 구별이 정당화된다.

부르디외의 연구는 우리들에게 많은 문제들을 제기한다. 첫째로 가장 분명한 것은 이론적 측면에서, 프랑스와 대비되는 영국의 지배 계급과 피지배 계급, 그리고 지배 계급 내의 분파들 사이에서 전개된 지배와 저항의 상이한 전략의 역사 속에 각인된 유사성과 차이점 분석을 위해 비교 연구가 필요하다는 점이다. 멀흔 Mulhern 의 최근 연구인 <음미의 순간 The Moment of Scrutiny>은 이러한 점에서 모범적인 사례이다.

---

25) Bourdieu, 1975b.

26) Bourdieu, 1979a, p.415.

또 다른 연구 문제는 머독과 골딩, 그리고 간햄과 미에쥬 등에 의해 제기된 것으로서, 소위 문화 산업을 통하여 경제 자본의 상징적 상품 생산의 장으로의 직접적 개입 증대가 상징 권력 행사에 미치는 효과, 그리고 이것이 지배 분파의 경제적 이해가 피지배 분파의 문화적 이해를 직접적으로 위협하는 상황에서 지배 계급의 분파들 간의 투쟁에 있어서의 세력 관계에 영향을 미치는 방식에 대한 연구이다.

다음으로 부르디외의 정치학의 문제가 있다. 디 마지오 Di Maggio 는 최근 부르디외의 위치를 마르크스주의자적 혁명가라기보다는 뒤르켐적 인류학자의 그것으로 묘사했다. 그리고 종종 부르디외의 공격 대상이 되곤 했던 프랑스 마르크스주의자들은 이에 답하여 그를 상대주의적 비관주의자로 비난했다. 선진 자본주의 사회 구성체의 주요하고 즉각적인 변형의 가능성에 대하여 가능한 한 객관적 관점을 취한다면 비관주의가 되는 것이고, 이런 관점에서라면 부르디외는 비관주의자이다. 그러나 이러한 입장을 비판한 많은 다른 사람들과 달리 다음과 같은 점들이 진술되어야만 한다. 그는 (a) 계급 투쟁과 그 투쟁 내에서 상징적 투쟁의 위치에 대한 유물론적 이론을 절대적으로 명확히 언명하였다. (b) 특히 《구별》에서 그는 좌파에 있어 보기 드문 속성, 즉 순진한 대중주의 또는 노동자주의로 빠지지 않고, 노동자 계급의 문화적 가치와 열망에 대한 긍정적이고 생색 내지 않는 가치 평가를 보여 준다. (c) 그의 이론은 상징적 권력의 문제에 초점을 두면서, 생산 양식에 의해 결정되는 객관적 사회 조건들과 계급과 계급 분파들의 의식과 실천 사이에서의 특수한 모순들에 대한 구체적인 분석을 가능하게 한다. 그러한 모순들은 구체적인 혁명적 동원과 행동의 가능성을 제공할 수도 있는 것이다. 그러나 부르디외의 재생산 개념에는 형식주의적이고 결정론적인 잔여물이 존재하는 것으로 비칠 수 있음을 반드시 지적해야만 한다 (그러나 이는 다분히 톤과 뉘앙스, 태도의 문제이다). 그의 이론이나 경험적 연구에서 필수적이라고 언급한 것에 비해 실제적인 변화나 혁명의 가능성에 그다지 강조점을 두지 않는 것은 바로 그 점 때문이다. 우리의 관점에서 평가할 때, 재생산 과정에서 '복제 *replication*'와 '개혁 *reformation*'

사이의 구분은 필수적이다.[27] 개혁은 우리들에게, 지배 계급이 객관적으로 약화되고, 그리하여 사회 구조에서 실제적인 계급 관계의 장 속에서 권력 관계의 이동을 위한 기회를 제공하는 결합된 상황들에서 열려 있는 공간들을 지적해 준다. 그리고 이 때 이러한 혁신과 이동은 비록 계급적 의미에서의 '혁명'에는 미치지 못할지라도 훨씬 더 장기적인 역사적 리듬 내에서 실제적이고 실질적인 역사적 중요성이 있고, 객관적으로 '혁명적인' 계급 관계 내의 권력 구조의 변화인 것이다. 예를 들면, 부르디외는 프랑스의 교육과 고용 분야에서 현 계급 관계의 상태에 의해 생산되는 모순들을 분석하면서, '개혁'을 위한 그러한 잠재성을 지적한다. 여기서 그는 지배 계급이, 선호된 지배 양식으로서 상징 권력의 이용을 향한 더 광범위한 역사적 운동의 일부로서, 점차 경제 자본으로부터 문화 자본을 선호하는 축적 양식으로 전환해 왔다고 주장한다(예를 들면 국가와 국가 - 경제 관료주의의 높은 자리를 통제함으로써 경제적 권력에 대한 특권화된 접근을 획득하는 것은 다시금 지배적인 고등 교육 기구들, 소위 그랑 에콜 Grandes Ecoles 에 대한 특권화된 접근에 의해 통제된다). 그러나 이러한 전환은 지배 계급에게 중요한 문제점을 야기시킨다. 문화 자본이 경제 자본으로 재전환될 수 없다면, 재생산이란 목적에 대해 문화 자본이 상대적으로 비효율적이기 때문이다. 그 동안 교육의 '민주화'가 개혁주의자의 압력, 즉 재생산 기제로서 학교 교육의 권력 정당화를 위해 부분적으로 부딪혀야만 했던 압력에 대한 반응으로 증가되어 왔다. 그 결과 노동자 계급의 교육적 기대는 상승되었고, 동시에 학교와 고용 시장 사이의 필수적인 연결로 인해 훨씬 더 좋은 일자리에 대한 그들의 기대 역시 획득된 교육 수준과 연관하여 증가되었다. 그러나 이러한 기대들은 충족되지도 않고 충족될 수도 없다. 학교 교육을 위계화의 작용체로 계속 유지하고, 그것을 통해 경제 권력의 새로운 중심부에 대한 통제를 유지하고, 또 그러한 통제를 정당화하기 위해서는 어쩔 수 없이 객관적으로 교육적 자격증을 탈가치화할 수밖에 없기 때문이다. 반면 그와 동시에 물질적 생산의 장의 객관적인 발전들이 전통적인 정신 노

---

27) Williams, 1980.

동 영역의 엄청난 탈숙련화와 프롤레타리아화를 낳고 있다는 것도 이유가 된다. 어떤 사람은 이것이 이미 상징적 폭력보다 점차 직접적인 폭력에 의지하는 지배의 전략을 이끌어 내는 문제라고 주장하기도 할 것이다. 부르디외 스스로가 그 자신의 구체적 분석으로부터 이러한 결론들을 어느 정도까지 끌어 낼 수 있을 것인가는 명확하지 않다.[28]

마지막으로 부르디외 자신의 지적 실천의 사회적 조건들에 대한 인식론적 문제가 있다. 이것은 물론 사회적 변화, 즉 '개혁'의 문제와 관련된 것이다. 부르디외 자신이 명확히 믿고 있고 우리가 동의하는 것처럼 그의 이론이 진보적인 정치적 개입이라 해도, 그 자신의 이론에 따르자면 상징적 장의 구조는 편입을 통해 그 개입을 무화시키고 무위 *futility* 에 그치도록 운명지울 것이다. 혹은 다른 한편으로 상징적 장 특유의 논리가 상징적 수준에서 모순들을 생산해 내서는 그것들이 더 이상 주어진 계급 관계들을 재생산하지 못하게끔 하는 조건들이 존재할 것이다.

(옮긴이: 양은경)

참고 문헌

Barret, M. et al. eds. (1979). *Ideology and Cultural Production*. Croom Helm.
Garnham, N. (1979). "Subjectivity, ideology, class and historical materialism," *Screen*, vol. 20, no. 1, Spring.
Thompson, E. P. (1978). *The Poverty of Theory*.   London: Merlin.
Williams, R. (1977). *Marxism and Literature*. London: Oxford University Press.
———— (1980). *Culture Fontana New Sociology*. London(in Press).

---

28) Bourdieu, 1979a, pp.145~85.

부르디외의 저서 및 논문

1965. (with L. Boltanski, R. Castel, & J. C. Chamboredon) *Un Art Moyen, Essai sur les Usages Sociaux de la Photographie*. Paris: Les Editions de Minuit.

1966. (with A. Darbel & D. Schapper) *L'Amour de l'Art, Les Musées d'Art Européens et leur Public*. Paris: Les Editions de Minuit.

1968. "Outline of a Sociological theory of art perception," *International Journal of Social Science Research*, 20, Winter 1968, pp.589~612.

1971. "Champs de Pouvoir, champ intellectuel et habitus de classe," *Scolies*, 1.

1974. "The school as a conservative force: scholastic and natural inequalities," *Contemporary Research in the Sociology of Education*, J. Eggleston (ed.), London: Methuen, 1974, pp.32~46; also in *Schooling and Capitalism*, R. Dale et al. (eds.), London: Routledge (with Open University Press), 1976, pp.192~200.

1975a. "The specificity of the scientific field and the social conditions of the progress of reason," *Social Science Information*, XIV, December, pp.19~47.

1975b. "L'invention de la vie d'artiste," *Actes de la Recherche en Science Sociale* (ARSS), 2 March.

1977a. *Outline of a Theory of Practice*. Richard Nice (trans.), Cambridge: Cambridge University Press (Original edition, *Esquisse d'une Théorie de la Pratique*, Droz, Genève, 1972).

1977b. "Symbolic power," *Identity and Structure*, D. Gleeson (ed.), Nafferton Books, Driffield, 1977, pp.112~9; also in *Critique of Anthropology*, vol. 4, no. 13 / 14, Summer 1979.

1977c. "The production of belief: contribution to an economy of symbolic goods," *Media, Culture & Society*, vol. 2, no. 1, January 1980.

1979a. *La Distinction*. Paris: Les Editions de Minuit.

1979b. "Public opinion does not exist," *Communication and Class Struggle*, A. Mattelart & S. Siegelaub (eds.), Bagnolet, IMMRC, 1979, vol. 1(Capitalism Imperialism).

1980a. *La Distinction*. Richard Nice (trans.), Harvard: Harvard University Press.

1980b. *Le Sens Pratique*. Paris: Les Editions de Minuit.

드 세르토: 일상 생활의 실천

드 세르토의 주요 관심을 한 마디로 요약하면 '일상 생활의 창조적 실천성'이라고 할 수 있겠다. 그것은 인간이 사회 구조에 매몰되지 않을 가능성을 찾는다는 점에서 계몽주의나 자유주의의 전통에 섰다고 해석할 수 있을지도 모른다. 그러나 그는 이러한 전통과 분명히 구별되는 새로운 시각을 연다. 그것은 인간의 가능성을 이성이나 자유 의지 등에서 찾지 않고 바로 '일상 생활의 창조성'에서 찾기 때문이다. 그런 점에서 푸코와도 구분된다. 판옵티콘에 훈육되고 종속되는 삶이 아니라 주어진 판옵티콘을 정치적, 제도적인 차원이 아닌 '아주 일상적인 차원'에서 재전유, 왜곡, 변형, 재기공하면서 자신의 삶을 만들어 간다는 것이다.

그 동안 큰 담론 속에서 배제되었던 일상 생활의 차원을 부각시켰다는 점, 그리고 그것의 저항성만이 아니라 적극적 창조성을 제시했다는 점에 드 세르토의 의의가 있다. 그것은 '생활자 중심의 경제,' '생활자의 정치'를 얘기하며 구조 개혁을 논의하는 최근의 전세계적 흐름에 연결된다고 하겠다.

이 글은 도시와 공간적 실천의 문제를 다루고 있다. 16세기 이후 서구의 도시는 전통과 삶의 다양성을 배제시키고 기능주의적인 개념 아래 전체화시켜 버렸다. 도시 계획가나 지도에서 나타나는 개념 도시는 일종의 판옵티콘이다. 그러나 개념 도시의 훈육을 피하려 하지도 않으면서 다양한 형태로 저항하고 꾀를 쓰며 공간을 창출하는 실천들이 '되돌아오고' 있다. 이들을 추적함으로써 새로운 공간 이론을 만들려는 것이 드 세르토의 의도이다.

　걷기에 관련된 이론적 시도를 위해 드 세르토는 우선 걷기를 발화로 본다. 걷기는 말하기 행위로 간주된다. 보행 발화는 공간적 랑그의 가능성들을 실현하고, 공간을 분별하며, 친교적인 것으로 만들기도 한다. 나아가 걷기의 수사학이 가능하다. 특히, 걷기의 제유법과 연사 생략은 도시의 완고한 질서를 부수는 의미 생산 행위로 강조된다.

　이로써 걷기는 과거에 잃어버렸던 전설과 신화를 재창조한다. 걷기는 도시 계획의 전체주의와는 다른 지방 권력이 되고, 이를 통해 공간에 얽힌 잊혀진 기억과 의미들을 살림으로써 황량한 도시에서 살아갈 의미 공간을 창출한다. 나아가 걷기는 원초적 경험을 재생하여 움직이는 도시, 은유적인 도시를 만들어 간다. 결국 공간을 창출하는 것은 우리들의 일상적 걷기 실천이라는 것이다.

(김용호)

서론

미셸 드 세르토

이 책은 이용자들 *users* 이 어떻게 작용하는가를 살펴보는 연속적인 연구의 일부이다. 흔히 이용자들은 수동적이며 기존의 규칙을 따라가는 존재로 간주된다. 그렇다고 이 책이 기본적인 주제에 대해 논의하는 것은 아니다. 오히려 이 책은 그와 같은 논의가 가능하도록 기초를 놓아 주고자 한다. 다시 말해 질문을 제기하고 가설을 제시함으로써 앞으로의 연구를 위한 길을 열어 주고자 하는 것이다. 단지 일상의 실천들, '작용 방식들' 또는 사물의 수행이 사회적 행위의 모호한 배경이 아니게 될 때, 또 일련의 이론적 질문과 방법들, 범주들, 시각들이 이 모호성을 관통하여 그것들을 접합할 수 있도록 해 줄 때 이 목적은 달성될 것이다.

이런 실천을 조사한다고 해서 개인성 *individuality* 으로 회귀하는 것은 아니다. 지난 300년 이상을 사회 분석의 역사적 공리로 작용했던 사회 원자론은 기초 단위인 개인을 기반으로 보아, 집단은 개인으로부터 형성되며 언제나 그에 환원될 수 있는 것으로 설명했다. 하지만 지난 한 세기 이상에 걸쳐 사회학적, 경제학적, 인류학적, 정신 분석학적

---

* Michel de Certeau, "General Introduction," *The Practice of Everyday Life*, Los Angeles: University of California, 1984. 미셸 드 세르토(1925~86)는 철학, 고전문자, 역사학, 신학 등을 공부했으며 1950년에 예수회에 들어가 1956년 서품을 받았다. 말년에는 캘리포니아 대학과 고등 사회 과학원 École des hautes études en sciences sociales 에서 강의하기도 했다. ≪복수複數의 문화 *La Culture au pluriel*≫(1980)와 ≪랑그의 정치학 *Une politique de la langue*≫(공저, 1975) 등 많은 저서가 있다.

연구(비록 역사학에서는 이에 대해 아무런 논란도 없었던 것 같지만)가 도전해 온 이 공리는 이 연구에서는 아무런 역할도 하지 못한다. 이 책의 분석은 (항상 사회적인) 관계가 그 항들을 결정하며 그 역은 아니라는 것, 또 각 개인은 정합적이지 않은(때로는 모순적인) 복수의 관계적 결정이 상호 작용하는 장소라는 것을 보여 준다. 나아가 이 책에서 제기하는 문제는 작용 양식 또는 행위의 틀과 관련된 것이지 저자나 운반자인 주체(또는 사람)와 직접 관련되는 것이 아니다. 이 책이 관심을 가지고 있는 것은 단지 작용의 논리일 뿐이다. 이 작용의 논리를 이해할 수 있는 모델을 물고기와 곤충들이 살아남기 위해 수만 년을 이어 내려온, 스스로를 가장하고 변형시키는 방법에서 찾아볼 수 있다. 그런데 이 작용의 논리는 현재 서구 문화에서 지배적인 합리성의 형식에 의해 감춰져 있다. 이 작업의 목적은 우선 작용들의 조합에 의해 구성되는 체계를 명확히 하는 것이다. 작용들의 조합 *les combinatoires d'opérations* 이 바로 '문화'를 이룬다. 다음 이용자의 특징적인 행위 모방을 밝히는 것이다. '소비자'라는 완곡한 용어가 이용자들의 종속적인 사회적 지위(그렇다고 하여 그들이 수동적이거나 유순한 존재들이라는 것은 아니다)를 감추고 있다.

단편적일 수밖에 없는 이 연구 상태를 언급하였으므로 전체적인 관점, 전망 방식을 제시하는 것이 유용할 것 같다. 하지만 하늘을 나는 새의 입장에서 바라본 풍경은 수수께끼의 축소판만을 줄 수 있을 뿐이어서 여전히 빠뜨린 단편들이 많이 존재할 것이다.

1. 소비자 생산

이 작업은 '대중 문화' 또는 주변 집단에 대한 연구에서 파생되었다.[1] 따라서, 일상의 실천에 대한 탐구는 먼저 문화적 차이를 '대항 문화'의

---

1) M. de Certeau, *La Prise de parole*, Paris: DDB, 1968; *La possession de Loudun*, Paris: Julliard-Gallimard, 1970; *L'Absent de l'histoire*, Paris: Mame, 1973; *La Culture au pluriel*, Paris: UGE 10/18, 1974; D. Julia & J. Revel, *Une Politique de la langue*, Paris: Gallimard, 1975 등을 참조하라.

기치를 내걸고 있는 집단들 내에 위치짓지 않을 필요성에 의해 부정적으로 한정된다. 실상 이 집단들은 이미 단일화되어 있고, 종종 특권적이며 이미 부분적으로 민속에 흡수되어 있어 징후 또는 지표에 지나지 않는 것이기 때문이다. 연구의 틀을 마련하는 데는 세 가지의 적극적 결정이 특히 중요했다.

이용, 또는 소비

이제까지 한편으로 사회의 표상과 다른 한편으로 그것의 행위 양식을 연구하려는 많은, 종종 뛰어난 연구들이 계속되어 왔다. 지금 가지고 있는 이들 사회 현상에 대한 지식에 비춰 볼 때 집단이나 개인들의 이용 *usage* 을 결정하는 것은 가능하며, 또 필요하기도 하다. 예를 들어 텔레비전이 방송하는 이미지들(표상)과 텔레비전을 시청하는 데 보내는 시간(행동)에 대한 분석은 문화의 소비자들이 이 시간 동안에 이들 이미지들을 가지고 '만들거나' '하는' 것에 대한 연구로 보완되어야 한다. 도시 공간, 슈퍼마켓에서 구입한 물건, 신문이 배포하는 이야기와 전설 등을 이용하는 것에 대해서도 마찬가지이다.

　여기서 문제가 되는 '만듦'이란 일종의 생산이며 포이에시스 *poiēsis*[2] 인데 감춰져 있다. 그것은 '생산' 체계(텔레비전, 도시 발전, 상행위 등)가 이미 점유하여 규정해 놓은 영역들에 분산되어 있다. 따라서 이 체계들이 확장되어 감에 따라 '소비자'들이 이들 체계의 생산물을 가지고 만들거나 하는 것을 보여 줄 수 있는 장소가 더 이상 아무 데도 남지 않게 되었다. 그러나 합리화되고 확장주의적인 동시에 집중화된, 요란하고 휘황 찬란한 생산에 '소비'라고 불리는 또 다른 생산이 조응한다. 후자는 우회적이다. 그것은 분산되어 있으나 조용하게, 거의 눈에 띄지 않게 어디에나 스스로를 삼투시킨다. 그것은 스스로의 생산물을 통해서가 아니라 지배적인 경제 질서가 부과한 생산물을 이용하는 방식을 통해 자신을 드러내기 때문이다.

---

2) 그리스어 *poiein* 에서 온 말로, '창조하고 발명하고 발생시킨다'는 뜻을 갖고 있다.

예를 하나 들어 보자. 원주민 인디언에게 스페인 문화를 주입하려 했던 식민지 경영자들의 '성공'을 내부로부터 전복시킨 모호성 *ambiguity* 은 이미 잘 알려져 있다. 침탈에 굴복하고 동의하기까지 했으면서도 인디언들은 이따금 그들에게 부과된 의식, 표상, 법률을 침략자들이 염두에 두었던 것과는 전혀 다른 것으로 만들곤 했다. 인디언들이 이용했던 전복의 방식은 거부하거나 바꾸는 것이 아니라, 선택의 여지 없이 받아들여야 했던 체계를 이질적인 목적과 참조 사항들에 관련하여 이용하는 방식이었다. 밖에서 보면 식민화가 인디언들을 동화시킨 것 같지만 내적인 면에서 보면 인디언들은 여전히 그에 대해 타자로 머물러 있었던 것이다. 도전할 수단을 갖고 있지 못했던 지배적 사회 질서에 대한 그들의 이용법은 그것의 권력을 굴절시켰다. 인디언들은 지배적 사회 질서를 벗어나지 않으면서도 그로부터 도피할 수 있었다. 그들이 차이를 만들어 낼 수 있었던 힘은 '소비'의 과정 속에서 나온 것이었다. 그보다는 못하지만 유사한 모호성이 우리 사회 내부에도 침투해 있다. 언어를 생산하는 '엘리트들'이 살포하고 부과하는 문화를 '보통 사람들'이 이용하는 것이 그 예이다.

표상(설교자, 교육자, 대중화 담당자들이 사회 경제적 발전의 핵심으로 가르치는)이 존재하고 유통된다는 점만으로는 그것이 이용자들에게 어떤 의미를 지니는지를 알 수 없다. 우리는 또한 창조자가 아닌 이용자들이 그것을 조작하는 것을 분석해야 한다. 그 때에야 비로소 우리는 이미지의 생산과, 그것의 이용 과정에 감춰져 있는 이차적 생산 사이의 차이와 유사성을 측정할 수 있다.

우리의 탐구는 이 차이와 연관되어 있다. 여기서 우리는 기존의 어휘와 구문으로 개별 문장을 만들어 내는 것을 이론적 모델로 삼을 수 있다. 언어학에서 '수행 *performance*'과 '능력 *competence*' 간에는 차이가 있다. 발화 행위(그것이 함축하는 모든 발화 전략과 함께)가 언어에 대한 지식으로 환원되지는 않는다. 우리 연구의 주제인 발화의 관점을 취함으로써 우리는 발화 행위를 특권화한다. 이 관점에 따르면 발화는 언어 체계의 영역 내에서 작용한다. 그것은 화자가 언어를 전유하고 재전유하도록 한다. 그것은 특정 시간과 장소와 관련된 현재를 정초한다. 그리고 그것은 장소와 관계의 망 속에서 타자(대화자)와의 계약을 가정한다. 발화 행위의 이 네 가지 특징[3]이 산책과 요리 같은 다른 많은 실천들에서도 발견된다. 이러한 병치로부터 우리가 보게 되듯이 단지 부분적으로만 타당한 하나의 목표가 적어도 윤곽지어지게 된다. 그 목표는 (앞에서 언급한 인디언들처럼) 이용자들이 스스로의 이해와 기준에 맞추기 위해 지배 문화 경제의 내부에서부터 수많은 사소한 변형을 만들어 낸다는 것을 가정한다. 우리는 이러한 집합적 행위의 과정, 기초, 효과와 가능성을 결정해야 한다.

일상적 창조의 과정

탐구의 두 번째 지향점은 미셸 푸코의 ≪감시와 처벌≫을 참조하여 설명할 수 있다. 이 저작에서 푸코는 권력을 행사하는 기구(즉, 국지화될 수 있고 확장주의적이며 억압적이고 법적인 제도들)를 분석하는 대신, 이들 제도의 힘을 무너뜨리고 권력의 기능을 은밀하게 재조직하는 기제들을 분석한다. 그것은 곧 미세한 것들 *details* 위에서, 그 미세한 것들과 함께 작용하는 '미시적' 기술 과정으로서 담론 공간을 일반화된 '감시 *surveillance*'의 수단으로 만들기 위해 재배치하는 것이다.[4] 이러한 접근법으로부터 탐구해야 할 새롭고 상이한 일련의 문제들이 제기된다. 그러나 이 '권력의 미시 물리학'은 ('감시'를 생산하는) 생산 기구를 여전히 특권화하고 있다. 비록 그것이 '교육' 내부에서 '억압'의 체계를 발견하고, 침묵의 기술들이 무대 뒤에서 제도적 무대 장치를 결정하거나 단락시키는 방법을 보여 주고는 있지만 말이다. 만일 '감시'의 망이 어디로나 확장해 가면서 점점 명확해지고 있는 것이라면, 지금 가장 시급한 것은 전체 사회가 그에 환원되지 않을 방법을 찾아 내는 것이다. 즉, (마찬가지

---

3) Emile Benveniste, *Problèmes de linguistique générale* I, Paris: Gallimard, 1966, pp.251~66 을 참조하라.

4) Michel Foucault, *Surveiller et punir*, Paris: Gallimard, 1975; *Discipline and Punish*, A. Sheridan (trans.), New York: Pantheon, 1977.

로 '미시적'이고 일상적인) 대중적 과정이 감시의 기제를 조작하고, 단지 그것들을 피하기 위해 그것들에 순응하며, 마지막으로 '작용 방법'이 사회 경제적 질서를 조직하고 있는 침묵의 과정에 대한 소비자(또는 '피지배자?') 편에서의 대응을 이루는 방법을 찾아 내야 한다는 것이다.

이들 '작용 방법 *ways of operating*'은 사회 문화적 생산의 기술이 조직한 공간을 이용자들이 재전유하는 수많은 실천들로 구성된다. 그로부터 푸코의 저작이 다뤘던 것과 유사하지만 대립되는 질문들이 제기된다. 유사하다는 것은 그 목표가 기술 관료적 구조에서 발전하고 있는 세균과 같은 작용을 감지하고 분석하여 일상 생활의 세부에서 접합되는 수많은 '전술들'을 이용해 그것들의 기능을 빗나가게 하려고 한다는 점에서이다. 대립된다는 것은 질서의 폭력이 감시 기술로 전화되는 방법을 보다 명확히 하려는 것이 아니라, '감시'의 망에 이미 사로잡혀 있는 집단들 또는 개인들의 분산된, 전술적이고 임시 변통적인 창조가 취하는 은밀한 형식을 조명하려고 한다는 점에서이다. 소비자들의 과정과 책략들이 이상적인 극한까지 발전한다면, 이 책의 주제인 감시에 대항하는 *antidiscipline*[5] 망을 이루게 된다.

실천의 형식적 구조

이들 작용 — 다형적이고 파편적이며, 상황과 세부 내용에 따라 상대적이고, 그것들이 구성하는 이용 양식의 기구 내에 스며들어가 감춰져 있으며, 따라서 독자적인 이데올로기나 제도를 결여하고 있는 — 이 어떤 규칙을 따르고 있다는 가정이 가능하다. 다른 말로 하면, 실천의 논리가 있어야 한다는 것이다. 여기서 우리는 다시 한 번 오래 된 문제에 직면한다. 무엇이 예술 또는 '만듦의 방식'인가? 그리스 시대로부터 뒤르켐에 이르는 한 전통이 오랫동안 이들 작용을 설명할 복잡한 (결코 단순하거나 '빈곤한' 것이 아닌) 규칙을 정확히 기술하고자 노력을 기울여 왔다.[6] 이러한 관점에서 보면 '대중적'이라고 불리는 문학 작품[7]

---

5) 이러한 관점으로부터 일상의 삶에 대한 앙리 르페브르 Henri Lefebvre 의 작업이 중요한 근거를 제공해 준다.

을 포함하여 모든 '대중 문화'는 상이한 양상을 띠게 된다. 그것들은 본질적으로 이것 또는 저것을 '만드는 예술'로 드러난다. 즉, 이것 저것을 조합하거나 이용하는 소비의 양식이라는 말이다. 이 실천들은 '대중적' 비율 *'popular' ratio* 이 작동하도록 하였는데, 그것은 행위 방식에 투여된 사고 방식이며 이용의 예술과 절연될 수 없는 조합의 예술이다.

이 실천들의 형식 구조를 파악하기 위해 나는 두 종류의 탐구를 하고자 한다. 본성상 보다 기술적인 첫번째 탐구는 분석 전략에 비추어 본 그것들의 가치에 따라, 그리고 비교적 분화된 변수들을 얻을 목적으로 선택된 특정한 만듦의 방식들과 관련된다. 이를테면 독자들의 실천, 도시 공간과 관련된 실천, 일상의 의례의 활용, 일상적 실천을 가능하게 하는(또는 허용하는) '권위 *authorities*'를 가로지르는 기억의 재이용과 기능 등이다. 덧붙여 보다 세분된 탐구가 두 가지 있다. 이는 한편으로 가족의 실천으로 공간(리옹의 크르와 루스 가 Croix-Rousse street)을 재구성하는 데 적합한 복잡한 작용 형식을 추적하며, 다른 한편으로 요리 예술의 전술에 적합한 작용 형식을 추적한다. 여기서 요리 예술의 전략은 관계의 망과, '만듦 *bricolage*'의 시적 방식, 그리고 시장 구조의 재이용을 동시에 조직한다.[8]

두 번째 계열의 탐구는 자기 의식적이지 않은 사고의 논리를 진지하게 취급할 수 있도록 가설을 제공해 주는 과학적 저작들과 관련된다. 세 영역이 특히 관심을 끈다. 먼저 사회학자, 인류학자, 그리고 역사학

---

6) ≪백과 전서 *Encyclopédie*≫로부터 뒤르켐에 이르기까지 예술에 대한 관점에 대해서는 pp.66~8 을 참조하라.

7) 이런 문학에 대해서는 *Le Livre dans la vie quotidienne*, Paris: Bibliothèque Nationale, 1975 와 Geneviève Bollème, La Bible bleue, Anthologie d'une littérature "populaire," Paris: Flammarion, 1975, pp.141~379 에 나와 있는 목록을 참조하라.

8) 두 논문 가운데 첫번째 것은 피에르 마욜 Pierre Mayol 이 썼고, 두 번째 것은 (마리 페리에르 Marie Ferriere 와의 인터뷰에 기초하여) 루스 지아르 Luce Giard 가 썼다. *L'Invention du quotidien* II 와 Luce Giard & Pierre Mayol, *Habiter, cuisiner*, Paris: UGE 10 / 18, 1980 을 참조하라.

자들이(고프만 E. Goffman 에서부터 부르디외에 이르는, 모스 M. Mauss 로부터 데티엔느 M. Détienne 에 이르는, 그리고 브와스벵 J. Boissevain 으로부터 라우만 E. O. Laumann 에 이르는) 그와 같은 실천, 즉 의식과 임시 변통 *bricolages* 의 혼합, 공간의 조작, 망의 운용에 대한 이론을 정교화해 왔다.[9] 두 번째로 피시만 J. Fishman 의 저작에 영향을 받은 가핑클 H. Garfinkel 과 라보프 W. Labov, 삭스 H. Sachs, 세글로프 E. A. Schegloff 와 기타 인물들의 민속 방법론적, 사회 언어학적 탐구들이 일상 언어에 고유한 기대, 협상, 임기응변의 구조와 관련된 일상적 상호 작용의 과정을 기술해 왔다.[10]

마지막으로 기호론과 '관습'의 철학(뒤크로 O. Ducrot 에서 루이스 D. K. Lewis 에 이르는)[11]에 덧붙여 우리는 육중한 형식 논리학과, 분석 철학의 영역에서 행위 영역(폰 라이트 G. H. von Wright, 단토 A. C. Danto, 번스타인 R. J.

---

9) 어빙 고프만의 저작으로는 특히 *Interaction Rituals*, Garden City, N.Y.: Anchor Books, 1976; *The Presentation of Self in Everyday Life*, Woodstock, N.Y.: The Overlook Press, 1973; *Frame Analysis*, New York: Harper & Row, 1974 등을 보라. 부르디외의 저작으로는 *Esquisse d'une théorie de la pratique. Précédée de trois études d'ethnologie kabyle*, Genève: Droz, 1972; "Les Stratégies matrimoniales," *Annalses: économies, sociétés, civilisations 27*, 1972, pp.1105~27; "Le Langage autorise," *Actes de la recherche en sciences sociales*, no. 5~6, November 1975, pp.184~90; "Le Sens pratique," *Actes de la recherche en sciences sociales*, no. 1, February 1976, pp.43~86 을 보라. 마르셀 모스의 저작으로는 특히 "Techniques du corps," in *Sociologie et anthropologie*, Paris: PUF, 1950 을 보라. 마르셀 데티엔느와 장 피에르 베르낭의 저작으로는 *Les Ruses de l'intelligence. La mètis des Grecs*, Paris: Flammarion, 1974 를 보라. 제레미 브와스벵의 저작으로는 *Friends of Friends. Networks, Manipulators and Coalitions*, Oxford: Blackwell, 1974 를 보라. 에드워드 O. 라우만의 저작으로는 *Bonds of Pluralism. The Form and Substance of Urban Social Networks*, New York: John Wiley, 1973 을 보라.

10) Joshua A. Fishman, *The Sociology of Language*, Rowley, Mass.: Newbury, 1972. 또 David Sudnow (ed.), *Studies in Social Interaction*, New York: The Free Press, 1972 에 실린 논문들도 참조하라. William Labov, *Sociolinguistic Patterns*, Philadelphia: University of Pennsylvania Press, 1973 등도 참조하라.

11) Oswald Ducrot, *Dire et ne pas dire*, Paris: Hermann, 1972; David K. Lewis, *Convention: a Philosophical Study*, Cambridge, Mass.: Harvard University Press, 1974; *Counterfactuals*, Cambridge, Mass.: Harvard University Press, 1973.

Bernstein),[12] 시간(프라이어A. N. Prior, 르셰N. Rescher, 우르크하르트J. Urquhart),[13] 그리고 양식화(휴그G. E. Hughes 와 크레스웰M. J. Cresswell, 화이트A. R. White)[14] 로의 형식 논리학의 확장을 살펴보아야 한다. 이러한 확장으로부터 일상 언어의 미묘한 층과 조형성을 파악하고자 하는 무게 있는 기구가 출현 하였는데, 이 기구는 그것의 지배 요소가 상황과 복합 국면적 요구에 의 해 결정되는 논리적 요소들(시간화, 양식화, 명령, 행위의 술어 등)을 거의 관 현악적으로 조합하고 있다. 언어의 구어적 이용에 대해 촘스키가 했던 연구와 유사한 탐구가 일상의 실천에 논리적이고 문화적인 정당성을 회 복시켜 줄 길을 찾아야 한다. 최소한 우리가 그것들을 설명하는 데 필요 한 도구를 지닌 부문 — 여전히 매우 제한되어 있지만— 에서만큼은.[15]

이런 종류의 연구는 이 실천들 자체가 우리의 논리를 악화시키고 파괴한다는 사실에 의해 더욱 복잡해진다. 이러한 사정은 시인의 상황 과 비슷해서 그것은 망각에 저항하여 투쟁한다. "그리고 나는 상황의 우연을 망각해 버린다. 평정과 초조, 태양과 추위, 여명과 황혼, 딸기를 맛보거나 그것을 포기하는 것, 반쯤 이해된 메시지, 신문의 1면, 전화 벨 소리, 매우 하찮은 대화, 전혀 알지 못하는 남자나 여자, 스스로 말

12) Georg H. von Wright, *Norm and Action*, London: Routledge & Kegan Paul, 1963; *Essay in Deontic Logic and the General Theory of Action*, Amsterdam: North Holland, 1968; *Explanation and Understanding*, Ithaca, N.Y.: Cornell University Press, 1971. 그 리고 A. C. Danto, *Analytica Philosophy of Action*, Cambridge: Cambridge University Press, 1973; Richard J. Bernstein, *Praxis and Action*, London: Duckworth, 1972; Paul Ricoeur & Doriane Tiffeneau (ed.), *La Sémantique de l'action*, Paris: CNRS, 1977.

13) A. N. Prior, *Past, Present and Future: a Study of "Tense Logic,"* Oxford: Oxford University Press, 1967; *Papers on Tense and Time*, Oxford: Oxford University Press, 1968. N. Rescher & A. Urquhart, *Temporal Logic*, Oxford: Oxford University Press, 1975.

14) Alan R. White, *Modal Thinking*, Ithaca, N.Y.: Cornell University Press, 1975; G. E. Hughes & M. J. Cresswell, *An Introduction to Modal Logic*, Oxford: Oxford University Press, 1973; I. R. Zeeman, *Modal Logic*, Oxford: Oxford University Press, 1975; S. Haacker, *Deviant Logic*, Cambridge: Cambridge University Press, 1976; *Discussing Language with Chomsky*, Halliday et al., H. Parret (ed.), The Hague: Mouton, 1975.

15) 보다 기술적인 것이기 때문에 양식화뿐 아니라 행위와 시간의 논리에 대한 연 구는 다른 곳에서 출판될 것이다.

하고 소음을 내고, 스쳐 지나가고, 가볍게 우리를 건드리고, 마주치는 이 모든 것들을.”[16]

다수의 주변성

이상의 세 가지 한정에 의해 문화 영역에 대한 탐험이 가능해졌다. 이 탐험은 탐구의 문제틀에 의해 정의되고, 증명되어야 할 가설에 준거하여 위치지워진 보다 상세한 문제 제기에 의해 강조된다. 이러한 탐험은 소비에 특징적인 작용의 양식을 경제의 틀 안에 위치시키고자 할 것이고, 이들 전유의 실천 속에서 창조성의 지표를 찾고자 할 것이다. 그런데 이 창조성은 실천이 스스로의 언어를 더 이상 지니지 못하게 되는 바로 그 지점에서 융성하는 것이다.

오늘날 주변성 *marginality* 은 더 이상 소수 집단에 한정되어 있지 않다. 오히려 대량적이고 편재적인 것이 되었다. 낙관이 없고, 독해 불가능하며, 상징화되지 않는 문화 비생산자들의 문화적 행위가, 생산 경제가 스스로를 접합하는 데 이용하는 눈부신 생산물들을 사고 지불하는 모든 사람들에게 유일하게 가능한 것이 되었다. 주변성은 이제 보편적인 것이 되었다. 주변 집단은 이제 침묵하는 다수가 되었다.

그렇다고 이 집단이 동질적이라는 것은 아니다. 생산물의 재이용을 가능케 하는 과정들은 일종의 강제적 언어 속에서 함께 연결되어 있고, 그들의 기능은 사회적 상황과 권력 관계에 연관되어 있다. 텔레비전이 제공하는 이미지에 맞닥뜨린 이민 노동자가 보통 시민처럼 비판적이고 창조적으로 활동할 수 있는 여지는 별로 없다. 같은 맥락에서 그가 정보와 재정 수단, 그리고 온갖 종류의 보상에 접근하는 데는 한계가 있기 때문에 대신 그에게서는 우회와 환상, 또는 웃음이 늘어나게 된다. 유사한 전략적 전개라 하더라도 힘 관계가 달라지면 그 효과도 달라진다. 따라서, 한편으로 소비자의 그물망 안에서 생산물 체계가 영향을 미치는 ‘행위’나 ‘참여’(군사적 의미에서)와 다른 한편으로 소비자들이 상황에 의해 자신들의 ‘예술’을 수행할 수 있도록 남겨져 있

---

16) Jacques Sojcher, *La Démarche poétique*, Paris: UGE 10 / 18, 1976, p.145.

는 조작의 다양한 여지의 양자를 분화시킬 필요가 있다.

따라서 과정과, 과정이 개입하는 힘의 영역 사이의 관계로부터 문화에 대한 양극적인 분석으로 나아가야 한다. (그것의 모델 가운데 하나인) 법처럼 문화는 갈등을 접합하고 우월한 힘을 교대로 정당화, 전치, 또는 통제한다. 그것은 긴장과 종종 폭력의 분위기 속에서 발전하여 그에 대해 모두 다소간 한시적인 상징적 균형과 양립 가능한 계약, 타협을 제공한다. 소비의 전술, 즉 약자가 강자를 이용하는 천재적인 방식은 이처럼 일상의 실천에 정치적 차원을 부여해 준다.

2. 실천의 전술

연구를 진행하는 과정에서 소비자와 생산 메커니즘 사이의 관계라는 지나칠 만큼 깔끔하게 양분화된 틀을 세 가지 관심사와 관련하여 다양화시켰다. 첫번째로는 수집된 자료들을 접합할 수 있을 문제들의 추구이고, 두 번째는 특히 중요하다고 간주된 제한된 수의 실천(독서, 대화, 산보, 주거, 요리 등)에 대한 기술이며, 마지막은 일상의 작용에 대한 이러한 분석을 외견상 다른 종류의 논리에 의해 지배되는 과학의 영역으로까지 확장하는 것이다. 이러한 세 경로를 따라 우리의 탐구를 제시함으로써 일반적인 진술이 지닌 과도한 도식적 성격이 다소 완화될 수 있을 것이다.

궤적, 전술, 그리고 수사학

소비처럼 인지되지 않은 생산자이며 스스로의 행위에 대한 시인이고 기능주의적 합리성의 정글 안에서 스스로의 길을 찾는 침묵의 발견자이다. 이들은 스스로의 의미 작용적 실천을 통해 생산을 수행한다. 이들의 생산 활동을 보고 있노라면 델리뉴 F. Deligny[17]가 연구한 자폐아가 그렸던 '방황선 *lignes d'erre*'이 연상된다. 즉 스스로의 논리를 따르는

'간접적'이거나 '무작위한' 궤적 *trajectories* 의 모습을 띠고 있다. 소비자가 활동하는 공간은 기술적으로 구성되고, 이미 쓰여져 있으며, 기능화된 곳이다. 그 곳에서 그들의 궤적은 예측할 수 없는 문장, 공간을 가로지르는 부분적으로 해독 불가능한 경로를 만들어 낸다. 비록 기존 언어의 어휘(텔레비전, 신문, 슈퍼마켓, 또는 박물관 앞에 늘어선 줄의 언어)로 구성되고 또 이미 규정된 구문 형태(시간적으로 구성되는 스케줄 양식, 패러디그마틱한 공간의 질서 등)에 종속되어 있지만, 이 궤적들은 그것의 원천인 체계가 결정하지도 잡지도 못하는 다른 이해와 욕망의 책략이 만든 흔적을 보여 준다.[18]

통계학적 탐구조차 이러한 궤적에 대해서는 거의 무지하다. 통계학적 탐구란 스스로의 범주와 분류법에 근거하여 '어휘적' 단위(어휘적 단위가 그것들을 구성하지만 그렇다고 그것들이 어휘적 단위에 환원되지는 않는다)를 분류하고, 계산하며, 표로 만드는 작업에만 초점을 맞추기 때문이다. 통계학적 탐구는 이들 실천의 질료는 잡아 내지만 그것들의 형식을 파악해 내지는 못한다. 그것을 이용한 요소가 무엇인가는 찾아내지만 브리콜라주(장인과 유사한 독창성)와, 이들 관습적이고 단조로운 요소를 조합하는 담론성에 의해 생산된 '문장 *phrasing*'이 어떤 것인지를 찾아내지는 못한다. 통계학적 탐구는 이 '유효한 꼬부랑길'을 자신이 정의하는 단위로 분할하고 분석 결과를 자신의 약호에 따라 재조직하여 단지 동질적인 것만을 '발견해 낸다.' 그것의 계산의 힘은 분할 능력에 의존하고 있지만, 이처럼 분석적 파편화를 수행함으로써 통계학적 탐구는 자신이 추구하고 표상한다고 하는 것에 대한 감각을 잃어버리게 된다.[19]

---

17) Fernand Deligny, *Les Vagabonds efficaces*, Paris: Maspero, 1970; *Nous et l'innocent*, Paris: Maspero, 1977 등을 참조하라.

18) M. de Certeau, *La Culture au pluriel*, pp.283~308; "Actions culturelles et stratégies politiques," *La Revue nouvelle*, April 1974, pp.351~60 을 참조하라.

19) 고립 원리에 대한 분석이 이 비판을 보다 미묘하고 정확하게 수행할 수 있도록 해 준다. *Pour une histoire de la statistique* I, Paris: INSEE, 1978 을 참조하라. 특히, Alain Desrosières, "Eléments pour l'histoire des nomenclatures socio-professionnelles," pp.155~231 을 보라.

‘궤적’은 운동을 시사하지만 또한 일종의 평면도, 즉 평평하게 하기 역시 함축한다. 그것은 사본이다. (눈이 마스터할 수 있는) 도표가 작용을 대치한다. 역전 가능한 (다시 말해 양쪽 방향에서 모두 읽히는) 선이 불가역적인 시간 계열, 행위의 추적에 대한 대용물이 된다. 이 환원을 피하기 위해 나는 전술과 전략의 구분에 의지한다.

‘전략’이란 의지와 권력의 주체(소유자, 기업가, 도시, 과학적 제도)가 ‘환경’에서 분리될 수 있을 때 가능해지는 힘 관계의 계산을 의미한다. 전략은 고유한 것 *propre* 으로 규정될 수 있는 장소를 가정하고 이는 그것과 구분되는 외부(경쟁자, 적대자, ‘고객,’ ‘목표,’ 또는 연구의 ‘대상’)와의 관계를 생산하는 기반이 된다. 정치적, 경제적, 과학적 합리성은 이러한 전략의 모델 위에서 구축되어 왔다.

반면 ‘전술’이란 ‘고유 영역’(공간적 또는 제도적 지역)에 의존할 수 없고 가시적 총체성으로서의 타자와의 구분선에도 의존할 수 없는 계산을 의미한다. 전술의 장소는 타자에 속해 있다.[20] 전술은 타자를 전체적으로 전복시키지 않고, 타자로부터 거리를 유지하지도 못하면서 자신을 타자의 장소에 은밀히 단편적으로 침투시킨다. 전술은 자신의 이점을 극대화하고, 팽창을 준비하며, 상황과 관련한 독립성을 확보할 아무런 기반도 갖고 있지 못하다. ‘고유 영역’이란 시간에 대한 공간의 승리를 의미한다. 반대로 어떤 장소를 가지고 있지 못하기 때문에 전술은 시간에 의존한다. 전술은 항상 ‘활동 중에’ 잡아채야 할 기회를 노리고 있다. 승리를 거두더라도 전술은 그것을 유지하지 못한다. 전술은 끊임없이 사건들을 ‘기회’로 전환하기 위해 사건을 조작한다. 그에게 생소한 권력들을 약자는 끊임없이 자신의 목적에 돌려야 한다. 이는 그들이 이질적인 요소들을 조합할 수 있을 순조로운 순간에 달성된다. (그래서 슈퍼마켓에서 주부는 이질적이고 유동적인 자료, 즉 이미 냉장고에 있는 것, 취향, 맛, 손님의 분위기 등을 고려하여 집에 있는 재료를 염두에 둘 때 가장 좋은 재료

---

20) 부르디외와 데티엔느, 베르낭 J. P. Vernant 의 작업이 ‘전술’ 개념을 보다 정밀하게 다듬을 수 있도록 도움을 주었다. 덧붙여 가핑클과 삭스 등의 사회 언어학적 연구도 이런 명료화에 기여했다. 주 9와 10을 참조하라.

를 사서 가능한 조합을 한다.) 이처럼 주어진 요소들을 지적으로 종합하는 것은 담론이 아니라 결정 자체이고 기회를 '잡는' 행위와 매너이다.

많은 일상의 실천(대화, 독서, 산책, 쇼핑, 요리 등)은 성격상 전술적이다. 그래서 일반적으로 보자면 많은 '작용 방식'이 있다. 이것은 전쟁일 뿐 아니라 또한 '강자'에 대한 '약자'의 승리(여기서 강함이란 권력자 또는 사물의 폭력, 강요된 질서 등을 의미한다), 교묘한 트릭, 사물을 처리하는 노하우, '사냥꾼의 교활함,' 조작, 다형적 시뮬레이션, 즐거운 발견, 시적인 것이기도 하다. 그리스인들은 이러한 '작용 방식'을 메티스 *métis* 라고 불렀다.[21] 하지만 그들은 이를 식물이나 물고기의 트릭 또는 모방에서 볼 수 있는 태고의 지성으로까지 끌고 들어갔다. 대양의 심연에서부터 현대 거대 도시의 거리에 이르기까지 전술에는 연속성과 항구성이 존재한다.

우리 사회에는 국지적 안정성이 붕괴됨에 따라 고정된 경계를 지닌 촌락이 더 이상 존재하지 않는다. 따라서, 전술은 궤도를 벗어나 방황하며 소비자들은 자신들의 것으로 하기에는 너무 광대하고 도망치기에는 지나치게 빡빡하게 짜여 있는 체계 속의 이민자가 된다. 그러나 전술은 체계에 일종의 브라운 운동을 도입한다. 또한, 이 점에서 전술은 그것이 접합하는 일상의 투쟁과 쾌락으로부터 지성이 분리될 수 없음을 보여 준다. 반대로 전략은 객관적 계산의 외양 아래에서 권력과의 연관을 감추고 있는데, 이 권력은 스스로의 '고유한' 영역이나 제도라는 성채로부터 전략을 뒷받침하고 있다.

수사학 분야가 전술의 유형들 사이를 구분할 수 있는 모델을 제공해 준다. 이는 한편으로 수사학이 언어가 장소이자 대상이 될 수 있는 '전환 *turns*'을 기술하는 것이며, 다른 한편 이 조작이 타인(청자)의 의지를 바꾸는 방법(유혹, 설득, 이용)과 관련되어 있다는 점을 생각해 본다면 결코 놀라운 일은 아니다.[22] 이 두 가지 이유에서 수사학 또는 '말

21) M. Détienne & J. P. Vernant, *Les Ruses de l'intelligence.*

22) S. Toulmin, *The Uses of Argument*, Cambridge: Cambridge University Press, 1958; Ch. Perelman & L. Ollbrechts-Tyteca, *Traité de l'argumentation*, Bruxelles:

하는 방법의 과학'은, 비록 그러한 분석이 이론상 과학적 담론에서 제외되어 있다 하더라도, 일상의 행위 방식을 분석하는 형상 유형의 기구를 제공해 준다. 두 가지의 행위 논리(하나는 전술적이고 다른 하나는 전략적인)가 언어를 실천하는 이 두 가지 측면으로부터 출현한다. (게임에서와 마찬가지로) 언어의 공간에서 사회는 그들을 분화시키는 행위와 조작의 형식적 규칙들을 보다 명백하게 만든다.

발화와 조작의 예술에 헌신한 방대한 수사학의 군집 속에서도 소피스트들은 전술의 관점에서 볼 때 하나의 특권적인 위치를 차지하고 있다. 그리스의 수사학자 코락스 Corax 는 그들의 원칙이 취약한 위치를 가장 강한 것으로 보이도록 만드는 것이며, 수사학자들은 특정 상황이 제공하는 기회를 이용하여 강자를 휘젓는 예술을 소유하고 있다고 주장했다.[23] 더욱이 그들의 이론은 이성이 특정 행위나 상황과 맺는 관계를 탐구하는 오랜 반성의 전통 속에 전술을 각인시킨다. 중국의 순주가 저술한 ≪전쟁의 기예≫[24] 또는 아랍인의 선집인 ≪트릭론≫[25]을 거쳐 상황과 타인의 의지를 잇는 이 논리의 전통은 오늘날의 사회 언어학에 이어지고 있다.

독서, 대화, 주거, 요리 등

이용 *capitalizing* 함이 없이, 다시 말해 시간에 대한 통제 없이 생산하는 이 일상의 실천을 기술하기 위해서는 독서라는 하나의 출발점이 불가

Université libre, 1970; J. Dubois et al., *Rhétorique générale*, Paris: Larousse, 1970 등을 참조하라.

23) 수사학에 대한 최초의 그리스 텍스트의 저자로 알려진 코락스의 저작은 소실되어 버렸다. 이 점에 관해서는 Aristotle, *Rhetoric* II, 24, 1402a 를 참조하라. W. K. C. Guthrie, *The Sophists*, Cambridge: Cambridge University Press, 1971, pp.178~9 도 보라.

24) Sun Tzu, *The Art of War*, S. B. Griffith (trans.), Oxford: The Clarendon Press, 1963. 순주(Sun Tzu 또는 Sun Zi)와 후대의 군사 이론가인 순주(Hsun Tzu 또는 Xun Zi)를 혼동하지 말아야 한다.

25) *Le Livre des ruses. La Stratégie politique des Arabes*, R. K. Khawam (ed.), Paris: Phébus, 1976.

피한 것으로 보인다. 독서야말로 현대 문화와 그 소비의 '거대한' 초점이기 때문이다. TV에서 신문에 이르기까지, 광고에서 온갖 종류의 상업적 생산물에 이르기까지 우리 사회는 시각의 엄청난 성장으로 특징지어지며, 모든 것을 그것이 지닌 보여 주는 능력이나 보여지는 능력으로 평가하고, 의사 소통을 시각적 여행으로 전환시키고 있기 때문이다. 그것은 일종의 시각의 서사시이며 읽기의 충동이다. 경제 자체가 일종의 '기호 지배 체제 *semiocracy*'[26]로 변형되어 독서의 이상 비대 발전을 고취한다. 따라서 생산 – 소비라는 이항 연쇄에 대해 우리는 그것의 보다 일반적인 등가물인 쓰기 – 읽기를 대치할 수 있다. 더욱이 독서(이미지 또는 텍스트)는 소비자를 특징짓는 것으로 가정되는 수동성이 최대로 발전한 지점으로 보이며, 이 '쇼 비즈니스의 사회'에서 소비자는 (혈거 인식이든 순회 인식이든) 구경꾼으로 파악된다.[27]

그러나 실상 독서 행위는 반대로 침묵의 생산이 지닌 특징을 모두 지니고 있다. 페이지 사이에서의 표류, 독자의 방황하는 눈이 만들어 내는 텍스트의 변형, 몇 개 단어만을 보고서도 추론을 통해 의미를 즉흥적으로 파악하거나 기대하는 것, 순간의 춤 속에서 쓰여진 공간을 넘어 다니는 것 등이 바로 그것이다. 그러나 독자는(쓰거나 기록하지 않는다면) 축적이 불가능하기 때문에 독서에서의 순간적인 '상실'에 대한 대치물(자취 또는 약속)에 지나지 않는 대상(책, 이미지)을 사지 않고서는 시간의 침식(독서 중에 그는 스스로를 잊고 그가 읽은 것도 잊는다)으로부터 스스로를 지킬 수 없다. 그는 타인의 텍스트 속에 쾌락과 전유의 책략을 주입시킨다. 그는 그것에 숨어 들어가 그 안에 자리를 잡고 그 속에서 신체의 내적인 삐걱거림처럼 자신을 복수화시킨다. 책략, 은유, 배열인 이 생산은 또한 기억의 '발명'이기도 하다. 단어들은 출구 또는 산물이 된다. 읽을 수 있는 것은 그 자체 기억 가능한 것으로 변형된

---

26) Jean Baudrillard, *Le Système des objets*, Paris: Gallimard, 1968; *La Société de consommation*, Paris: Denoël, 1970; *Pour une critique de l'économie politique du signe*, Paris: Gallimard, 1972 등을 참조하라.

27) Guy Debord, *La Société du spectacle*, Paris: Buchet-Chastel, 1967.

다. 바르트는 스탕달의 텍스트에서 프루스트를 읽는다.[28] 시청자는 저녁 뉴스에서 그의 어린 시절의 풍경을 읽는다. 쓰기라는 얇은 필름은 층의 운동, 공간의 유희가 된다. (독자의) 상이한 세계가 저자의 장소 안으로 미끄러진다.

이러한 순환은 텍스트를 셋집처럼 거주 가능한 곳으로 만든다. 다른 사람의 재산을 임차인이 잠시 동안 빌린 공간으로 변형시키는 것이다. 세든 사람은 화자가 언어 속에서 모국어의 메시지와 함께 억양이나 '문장의 전환' 등을 통해 스스로의 역사를 집어넣듯이, 또 산책하는 사람이 거리에서 그들 욕망과 목표의 숲을 채워 넣듯이 그들의 행위와 기억으로 아파트를 설비하여 비견할 만한 변화를 만들어 낸다. 동일한 방식으로 사회적 약호를 이용하는 사람들은 그것들을 스스로의 탐색 과정의 은유와 생략으로 바꾸어 버린다. 지배 질서는 수많은 생산적 행위를 뒷받침하며 동시에 그것의 전유자가 (자기 기업에서 뭐가 창조되는지 알지 못하는 '회장님'처럼) 이러한 창조성에 눈멀게 한다.[29] 그 극한까지 진행될 때 이 질서는 초기 시대 시詩에서의 미터나 라임의 규칙과 등가적인 것이 될 수 있다. 즉, 새로운 발견을 자극하는 제약 조건의 집합체, 즉흥적 연주가 일어나는 일련의 규칙들 말이다.

따라서, 독서는 결코 수동적이지 않은 하나의 '예술'을 도입한다. 그것은 차라리 중세의 시인과 소설가들이 생각했던 예술과 닮아 있다. 즉 텍스트에, 나아가 전통의 요소에 주입된 혁신으로서의 예술 말이다. 근대성(이것은 문화적, 과학적 창조성을 개인 언어의 발명과 동일시한다)의 전략에 연루되어 오늘날의 소비는 '세입자'의 미묘한 예술을 구성하는 것처럼 보이는데, 이 세입자는 그들의 수많은 차이를 지배 텍스트에 숨겨 넣는 방법을 알고 있다. 중세에는 텍스트가, 가능한 것으로 주장되었던 넷 또는 일곱의 해석에 의해 틀지어져 있었다. 그리고 그것은

---

28) Roland Barthes, *Le Plaisir du texte*, Paris: Seuil, 1973, p.58; *The Pleasure of the Text*, R. Miller (trans.), New York: Hill and Wang, 1975.

29) Gérard Mordillat & Nicolas Philibert, *Ces Patrons éclairés qui craignent la lumière*, Paris: Albatros, 1979 를 참조하라.

책이었다. 오늘날 이 텍스트는 더 이상 전통에서 오지 않는다. 그것은 생산주의적 기술 관료 세대에 의해 부과된다. 더 이상 참고서가 아니라 전체 사회가 하나의 책으로, 생산이라는 익명적 법칙을 써서 *writing* 만들어진다.

다른 예술들을 이 독자의 예술과 비교해 보는 것이 유용할 것이다. 예를 들어 대화자의 예술을 보자. 일상 대화의 수사법은 '발화 상황'을 변형시키는 실천으로 구성된다. 발화 위치가 뒤섞인 구어의 생산은 어떤 개인 소유자도 없는 구어체를 짜내며 그것은 누구에게도 속하지 않는 의사 소통을 창조하는 것과 마찬가지이다. 대화는 '상투어(공통 장소)'를 조종하고, 사건들을 '거주 가능하도록' 만들기 위해 그것의 불가피성에 작용하는 예술 속에서의 능력의 잠정적이고 집합적인 효과이다.[30]

그러나 우리의 연구는 무엇보다도 공간, 어떤 장소에 자주 가거나 거주하는 방식, 요리 예술의 복합적 과정, 그리고 개인에게 부과된 상황 속에서 일종의 신뢰성을 수립하는 많은 방식, 즉 그것들 속에 목표와 욕망이라는 복수의 동기를 재도입하여 그 안에 살 수 있도록 만드는 방법 — 조종과 즐김의 예술에 초점을 맞추었다.[31]

확장: 전망과 정치학

연구가 진행됨에 따라 전술에 대한 우리의 분석은 두 영역으로 확장되었다. 첫번째는 전망 또는 미래학과 연관되고, 두 번째는 정치적 삶 속에서의 개인 주체와 연관된다.

미래학의 '과학적' 성격은 출발부터 문젯거리였다. 그와 같은 연구의 목표가 궁극적으로 현실의 이해 가능성과 통일성에 대한 관심을 반

---

30) 앞에서 인용했던 H. Sacks, E. A. Schegloff 등의 글을 참조하라. 말의 기술 *Arts de dire* 이라고 명명된 이 분석은 독립적으로 출판될 예정이다.

31) 이들 실천들에 대해 여러 편의 논문을 써 놓았으므로 그 속에서 이 주제와 관련된 풍부하지만 분산된 참고 문헌 목록을 찾을 수 있을 것이다(Luce Giard & Pierre Mayol, *L'Invention du quotidien* II, Habiter, cuisiner 를 참조하라).

영하는 현실의 규칙을 수립하는 것이라면 한편으로 우리는 점증하는 수많은 개념들의 비기능적 지위를 인식해야만 하고, 다른 한편으로 공간에 대한 사고 과정의 부적절성을 인식해야 한다. 여기에서 연구 대상으로 선택된 공간은 통상적인 정치적, 경제적 결정을 통해서는 아무리 해도 접근할 수 없는 것이다. 이 외에 미래학은 공간에 대해 아무런 이론도 제공하지 않는다.[32] 채용된 개념의 은유화와 연구를 특징짓는 원자화와 그것을 보고하는 데 요구되는 일반화 사이의 간극 등은 우리가 미래학적 담론을 그것의 방법을 특징짓는 '시뮬레이션'으로 정의하도록 시사한다.

따라서, 미래학에서 우리는 다음과 같은 것들을 고려해야 한다. (1) 특정 종류의 합리성과 상상력(이는 담론 속에서 담론이 생산되는 장소를 알려준다) 사이의 관계, (2) 한편으로 실천적 탐구의 단계를 나타내는 시험적 운동, 실용적 책략, 이후의 전술들 사이의 다른 한편으로 이들 조작의 산물로서 공중에게 제공되는 전략적 표상들 사이의 차이.[33]

최근의 논의에서 우리는 과학적 분석에 '고유한' 영역을 은유화하는 수사법의 은밀한 회귀를 감지할 수 있다. 반면 연구 실험실에서 우리는 실제 일상적 실천들과(요리 예술과 동일한 질서를 지닌 실천), 유토피아적 이미지로 조작의 잠음을 강조하는 모든 실험실에서의 '시나리오' 사이의 거리가 늘어가는 것을 찾을 수 있다. 한편으로 과학과 허구의 혼합과, 다른 한편으로 전체적 전략의 스펙터클과 국지적 전술의 불투명한 실체 사이의 상격이 두드러지고 있다는 것이다. 따라서, 우리는 과학적 행위의 '밑면'으로 파고들어가 그것이 콜라주 — 더욱더 비효과적으로 담론의 이론적 야망을, 연구자와 실험실의 일상적 작업에서

---

32) 예를 들어 A. Lipietz, "Structuration de l'espace foncier et aménagement du territoire," *Environment and Planning*, A, 7, 1975, pp.415~25; "Approche théorique des transformations de l'espace français," *Espaces et Sociétés*, no. 16, 1975, pp.3~14.

33) Documentation Français 가 출판한 *Travaux et recherches de prospective* 의 14, 59, 65, 66권에서 특히 Yves Barel 과 Jacques Durand 이 미래학에 대한 이 조사의 기초를 제공해 주었다. 그 조사는 따로 출판될 예정이다.

고대적 트릭을 완고하게 지속하는 것과 병치시키는 기능을 수행하는 것은 아닌지 물어 보게 된다. 어쨌든 수많은 행정 조직과 회사에서 관찰할 수 있는 이 분열된 구조는 과학 인식론이 지금까지 무시해 온 모든 전술을 재고해 보도록 요구한다.

　질문은 생산 과정 이상을 함축하고 있다. 형식은 다르지만 그것은 또한 기술 체계에서의 개인의 지위와도 관련된다. 주체의 참여는 그에 조응하여 이들 체계의 기술 관료적 확장을 감소시키기 때문이다. 점차 구속되지만 이들 광대한 틀과는 더더욱 덜 연관되어 개인은 그것들로부터 도망가지 못하지만 그로부터 자신을 절연시켜 그것의 의표를 찌르고 트릭을 가하고 전자화되고 컴퓨터화된 거대 도시 내부에서 초기 시대의 사냥꾼과 농촌 민중의 '예술'을 재발견하고자 할 수 있을 뿐이다. 오늘날 사회체의 파편화는 주체의 문제에 정치적 차원을 부여해 준다. 이 주장을 뒷받침하기 위해 개인적 갈등과 국지적 조작 그리고 심지어 생태적 조직(비록 이것들은 일차적으로 환경과의 관련을 집합적으로 통제하려는 노력에 선점되어 있지만)에 의해 표상된 징후가 인용될 수 있다. 소비자가 창조해 낸 생산 체계를 재전유하는 이런 방식은 퇴화하는 사회 관계를 치료한다는 목표를 지니고 있고, 이 과정에서 일상적 실천 과정을 인식할 수 있는 재이용의 기술을 이용한다. 이런 책략의 정치가 발전되어야 한다. 프로이트의 ≪문명과 그 불만 *Civilization and It's Discontents*≫이 열어 놓은 전망 속에서 이런 정치는 조작과 즐김 사이의 미시적이고 다형적이며 수많은 연관에 대한 공공의 이미지, 그것을 포함하는 질서와 함께 진행중인 사회적 행위의 유동적이고 대량적인 실체를 또한 탐구하여야 한다.

　영민한 전망가인 곰브로비츠 W. Gombrowicz 가 이 정치에 영웅을 제공해 주었는데, 그는 우리 연구의 주위를 떠도는 반영웅 *anti-hero* 이다. 그가 소기능인(무질 Musil 의 '질 낮은 인간' 또는 프로이트가 ≪문명과 그 불만≫을 헌정한 평범한 사람)에게 목소리를 부여했을 때 그의 대사는 "우리가 원하는 것을 가지지 못했을 때 우리는 가진 것을 원해야 한다"는 것이다. "알다시피 나는 점점 더 작고 거의 보이지 않는 쾌락, 작은 여분의 것에 기대어 왔다……. 당신은 이런 작은 세부를 가지고 우리가 얼마나 거대한 것이 될 수 있는지 알지 못할 것이다. 우리가 어떻게 자라는지 믿을 수 없을 것이다."[34]

(옮긴이: 정준영)

---

34) W. Gombrowicz, *Cosmos*, Paris: Gallimard Folio, 1971, pp.165~68. 원제는 *Kosmos* (1965)였으며 E. Mosbacker 가 *Cosmos*, London: Macgibbon and Kee, 1967 로 번역했다.

도시 속에서 걷기

미셸 드 세르토

세계 무역 센터 110층에서 맨해튼을 바라보면 어떨까? 일렁이는 바람 저 아래로 도시의 섬, 바다 한가운데 있는 바다가 월 스트리트 위 마천루로 치솟았다가는 그리니치에서 가라앉고, 다시 미드타운 꼭대기로 올라섰다가 조용히 센트럴 파크를 지나 마침내 할렘 저 너머로 일렁이며 나아간다. 수직선들의 파도다. 그 요동이 잠시 시각에 사로잡혀 고정된다. 눈앞의 엄청난 도시 덩어리가 움직임을 멈춘다. 그것은 반대의 극단이 얽혀드는 직물 구조로 변한다. 야망과 몰락의 양 극단, 인종과 스타일의 확연한 대립, 옛날 빌딩들 간의 대조 등은 이미 쓰레기통이 되었고, 이제는 도시의 침입으로 구획되어 버린 공간만이 남았다. 뉴욕은 로마와 달리 모든 과거를 희롱하면서 늙어 가는 방법을 배우지 못했다. 뉴욕은 순간순간 이전에 성취한 것들을 바로바로 던져 버리고 미래에 도전하면서, 현재만으로 스스로를 만들어 나간다. 기념비적인 양각 부조 속에서 발작적인 장소들로 만들어진 도시다. 그것을 조망하는 자는 이 도시 속에서 끊임없이 폭발하는 우주를 읽을 수 있다. 여기에

---

* 번역한 영역본은 Michel de Certeau, *The Practice of Everyday Life*, Steven F. Rendall (trans.), Berkeley: University of California Press, 1984 중 Part III: Spatial Practices 의 7장 "Walking in the City." 영어판을 기준으로 했지만 때때로 프랑스판을 참조했다.

는 옛날 미니어처와 신비로운 직물에 그려진 '대립물의 일치'라는 건축
적 문양이 새겨져 있다. 두 대양(대서양과 미국해[1])의 냉랭한 물덩어리 사
이에서 잘려 나온 콘크리트, 철, 유리의 무대에서, 세계에서 가장 키가
큰 글자들이 넘치는 소비와 생산의 엄청난 수사를 써내려가고 있다.[2]

멀리서 훔쳐보는 자와 걷는 자

이러한 우주를 읽는 환희는 어떤 지적 쾌락일까? 나는 거기서 관능적
인 쾌락을 즐기면서, 이처럼 '전체를 본다는 것,' 내려다본다는 것, 극
도로 산란한 인간 텍스트들을 전체화하는 *totalizing* 것의 쾌락은 어디서
발생할까가 궁금해졌다.

엘리베이터로 세계 무역 센터 꼭대기에 들어올려지는 것은 도시의
장악권 밖으로 들어올려지는 것이나 마찬가지다. 그것은 익명의 법칙
에 따라 나의 몸을 이리저리 돌리곤 했던 길거리에 더 이상 내 몸이
묶이지 않는다는 뜻이다. 또한 우리의 몸은 연기자로서든 연기되는 대
상으로서든, 뉴욕 시의 숱한 차이들이 내는 윙윙거리는 소음과 교통
신경증에 더 이상 장악당하지 않는다. 누구나 거기 올라가게 되면, 저
자니 구경꾼이니 하는 정체성들을 강탈하고 뒤섞어 버렸던 대중 *mass*
을 떠나게 된다. 이 도시의 바다 위를 높이 떠서 나는 이카로스는 저
밑의 끝없이 유동하는 미로 속에서 작용하는 다이달로스의 술책을 무
시할 수 있다. 그 위로 올라가면 관음하듯이 멀리서 훔쳐보는 자 *voyeur*
로 변한다. 그는 거리를 두는 자가 된다. 그를 '소유했던' 매혹적인 세
계는 그의 눈앞에 놓인 텍스트로 변한다. 이로써 그는 텍스트화한 세
계를 읽을 수 있고, 신처럼 내려다보는 태양의 눈이 될 수 있다. 더 넓
은 범위를 보려는 신비주의적 충동의 고양. 다름 아닌 바로 시점 *view-*
point 이 되려는 욕망, 바로 그것이 지식의 허구다.

그런데 우리는 이리저리 움직이는 군중들, 저 위에서는 보이지만

---

1) 미국해 American Ocean 는 뉴욕의 도시 바다를 말한다. — 옮긴이
2) Alain Médam 의 훌륭한 글인 "New York City," *Les Temps modernes*, August~
September 1976, pp.15~33; *New York Terminal*, Paris: Galilée, 1977 참조.

이 밑에서는 볼 수 없는 군중들이 사는 검은 공간으로 결국 떨어져 되돌아와야 하는가? 이카로스처럼 떨어져야 하는가? 110층에 걸린 스핑크스 같은 포스터가 한순간 환상으로 변한 보행자에게 수수께끼 같은 메시지를 전한다. "한번 올라가면 내려가기는 힘들다."

　도시를 보려는 욕망은 그것을 충족하기 위한 수단을 만들게끔 되어 있다. 중세나 르네상스의 미술가들은 그 전까지는 어떤 눈도 즐길 수 없었던 원경 투시로 본 도시를 그렸다.[3] 이러한 시각의 허구는 이미 중세의 구경꾼들을 천상의 눈으로 만들었다. 그 눈이 신을 창조했다. 기술적 발전이 '모든 것을 보는 권력'[4]을 조직해 낸 이후 사물은 바뀌었을까? 일찍이 미술가들이 상상해 낸 전체화하는 눈은 오늘의 문명 속에서도 살아 있다. 이처럼 전 범위를 보려는 충동은 오늘날 건축 생산물의 이용자들에게도 꿈틀거린다. 예전에는 그리기만 했던 유토피아를 이제는 실현함으로써 말이다. 420미터 높이의 이 탑은 맨해튼의 뱃머리 역할을 하면서 소설을 구축해 나간다. 그 독자를 스스로 만들어 내고, 복잡한 도시를 읽을 수 있게 하며, 불투명한 유동성을 투명한 텍스트로 고정화시키는 소설을.

　눈앞에 펼쳐진 이 광대한 직물 구조는 표상, 즉 시각적 인공물 이상의 어떤 것일까? 그것은 공간 계획자, 도시 계획가, 지도 제작자들이 저 높이 떨어져 있는 방식을 고안함으로써 생산한 팩시밀리에 비유할 수 있다. 파노라마 – 도시는 '이론적인'(즉, 눈에 보이는) 모사물, 즉 실천에 대한 망각과 오해를 통해서만 가능한 그림이다. 이러한 허구를 창조한 신, 슈레버의 신처럼 시체만을 알 뿐인[5] 훔쳐보는 신은 희뿌옇게 뒤엉킨 일상 행위들로부터 스스로를 빼내서 소외시켜야 한다.

---

3) H. Lavedan, *Les Représentations des villes dans l'art du Moyen Age*, Paris: Van Oest, 1942; R. Wittkower, *Architectural Principles in the Age of Humanism*, New York: Norton, 1962; L. Marin, *Utopiques: Jeux d'espaces*, Paris: Minuit, 1973 등등 참조.

4) M. Foucault, "L'Oeil du pouvoir," in J. Bentham, *Le Panoptique*, Paris: Belfond, 1977, p.16.

5) D. P. Schreber, *Mémoires d'un névropathte*, Paris: Seuil, 1975, pp.41, 60 등등.

도시의 일상 생활자들이 살아가는 곳은 가시성이 멈추기 시작하는 반대편의 '저 아래'이다. 그들은 걷는다. 걷는다는 것은 도시에서 가장 기본적인 경험 형태이다. 그들은 걷는 자들이며 방랑하는 자들이다. 도시라는 '텍스트'는 그들이 읽을 수는 없지만 그들 자신이 쓴 것으로, 그들의 몸은 물불을 가리지 않고 이 텍스트에 복종한다. 그들은 공간을 이용하지만, 이 공간은 그들이 볼 수 없는 것이다. 공간에 대한 그들의 지식은 서로 부둥켜안고 있는 연인들이 그런 것처럼 맹목적이다. 각자의 몸은 다른 많은 사람들의 동의에 의해 뒤얽히고 알아볼 수 없는 시 *poems* 의 요소가 되어 있는데, 이 시 속에서 서로 응답하는 길들은 읽을 수가 없다. 분잡한 도시를 조직하는 실천들의 특징은 그 맹목성인 듯하다.[6] 이처럼 유동적이고 서로 얽히는 글쓰기의 그물은 저자도 구경꾼도 없는, 궤적의 부서진 조각들과 공간의 변경으로 만들어지는 다중으로 겹쳐진 이야기를 꾸민다. 시각 표상과 연관시켜 볼 때 그 이야기는 일상적으로, 그리고 무한히 타자로 남는다.

눈에 의해 생기는 상상적 전체화를 피할 때, 일상성의 기묘한 무엇이 감지된다. 그것은 수면에 떠오르지 않으며(달리 표현하면 그 표면이 최고 한계인지도 모르겠다), 스스로 가시권에 저항하여 자기 한계를 짓고 있다. 그리하여 나는 시각적이고 파노라마적인 혹은 이론적 구축물인 '기하학적' 혹은 '지리학적' 공간과는 전혀 다른 실천들을 제시하고자 한다. 이 공간 실천은 특수한 형태의 작용(*operations*. '작용의 방식 *manière de faire*')이며, '또 다른 공간성'('인간학적이고' 시적이며 신비로운 공간 경험)[7]이고, 법석거리는 도시의 특징인 불투명하고 맹목적인 유동성이다. 유민적인 혹은 은유적인 도시는 계획되고 읽을 수 있는 도시라는 명백한 텍스트 속으로 잠입해 들어간다.

---

6) 데카르트는 이미 그의 *Regulae* 에서, 눈 먼 사람은 시각의 환영과 사기에 휘말리지 않고 사물과 장소에 대한 바른 지식을 보증한다고 말했다.

7) M. Merleau-Ponty, *Phénoménologie de la perception*, Paris: Gallimard Tel, 1976, pp.332~3.

1. 도시의 개념에서 도시적 실천으로

세계 무역 센터는 서구 도시 발전의 가장 기념비적인 모습이다. 시각적 지식이 갖는 꼭대기 유토피아 *atopia-utopia* 는 오랫동안 도시라는 덩어리로 뭉쳐지면서 발생한 모순들을 포착하고 뛰어넘으려는 야망을 담고 있다. 그것은 커져 가는 인간의 집중과 집적을 관리하는 문제였다. 그래서 에라스무스는 "도시는 커다란 수도원"이라고 말했다. 전망적 시각과 예견적 시각은 불투명한 과거와 불확실한 미래를 수면에 띄워 올려 처리할 수 있다는 이중적 투사를 구성한다. 그들은 (16세기에?) 도시적 사실 *urban fact* 을 도시의 개념 *concept of a city* 으로 변형시키는 일을 시작했다. 개념 자체가 특정 모습의 역사를 만들기 훨씬 전에, 도시적 사실은 도시 계획적 이성에 종속된 통일체로 다룰 수 있다고 가정되었다. 도시를 개념에 연계시킨다고 해서 양자가 같아진다는 것은 아니며, 단지 양자가 점차적인 공생 관계에서 작동한다는 뜻이다. 도시를 계획한다는 것은 현실의 복수성 *plurality* 자체를 생각한다는 것이며, 동시에 복수적인 것에 대한 사고 방식을 효과적으로 만드는 일이다. 그것은 도시를 분절하는 법을 알고 또 실제로 분절할 수 있다는 것이다.

하나의 조작적 개념?

유토피아적이고 도시 계획적인 담론[8]에 의해 건설된 '도시'는 3중적 조작으로 정의할 수 있다.

(1) 자기 고유의 공간 생산: 합리적 조직화를 통해 모든 물리적, 정신적, 정치적 오염을 억압해야 한다. 그렇지 않으면 합리적 조직화가 불가능하므로.

(2) 전통에서 발생하는 불확정적이고 완고한 저항을 무시간성 혹은 공시적 체계로 대체: 모든 데이터를 수평적인 기획 위에 평준화하

---

8) F. Choay, "Figures d'un discours inconnu," *Critique*, April 1973, pp.293~317.

는 획일적인 과학 전략으로 이용자들의 전술, 즉 '기회들'을 활용하고 함정을 파거나 시각의 착각을 통해 모든 장소에서 역사의 불투명성을 다시 끌어들이는 이용자들의 전술을 대체해야 한다.

(3) 마지막으로 보편적이고 익명적인 주체, 즉 도시 자체의 창출: 이전에는 분산되었던 많은 상이한 실제 주체들 — 집단들, 연합체들, 혹은 개인들 — 에게 할당되었던 모든 기능과 진술을 도시의 정치적 모델인 '홉스의 국가'에 귀속시키는 일이 점차 가능해졌다. 이리하여 '도시'는 마치 고유 명사가 구사하는 방식처럼, 안정적이고 고립시킬 수 있고 상호 연관되어 있는 한정된 수의 특성들에 기초하여 공간을 고안하고 구축하는 역량을 제공한다.

행정은 이 장소에서 '순수 이론적이고' 분류적인 작용으로 조직되면서 제거 *elimination* 과정과 결합하게 된다.[9] 한편으로는 역전, 대체, 축적 등의 결과로 생겨난 도시의 여러 부문들과 기능들을 차별화하고 재배치한다. 다른 한편으로는 이러한 방식으로 다룰 수 없는 모든 것들을 배제함으로써, 기능주의적 행정의 '폐기물들'(비정상, 일탈, 질병, 죽음 등)을 만들어 낸다. 확실히 발전은 계속 증가하는 폐기물들을 행정권 안으로 거듭 끌어들이도록 했으며, 심지어는 (보건, 안보 등에서의) 결함들조차 질서의 그물을 촘촘하게 만드는 방식으로 변형시켰다. 그러나 실제로 행정은 의도한 것과는 반대되는 결과들을 거듭 낳았다. 즉, 이윤 체계는 손실을 생산했다. 이 손실은, 체계 밖에서는 숱한 비참함과 가난의 형태로, 체계 안에서는 숱한 쓰레기의 형태로, 끊임없이 생산을 '비용'으로 바꾸었다. 더욱이 도시의 합리화는 전략적 담론 속에서, 즉 마

---

9) 사물을 공간적으로 분류하는 도시 계획의 기술들은 '기억의 기법 *art of memory*'이라는 전통과 연관된다. Frances A. Yates, *The Art of Memory*, London: RKP, 1966 참조. (각각의 '형태'와 '기능'의 양식들에 부과된 '장소들'을 통해) 지식의 공간적 조직화를 생산하는 능력은 이 '기법'을 기초로 그 절차를 진행한다. 이 기법은 유토피아를 규정하는데, 심지어는 벤담의 *Panopticon*에서도 그것을 확인할 수 있다. 그런 형식은 (과거, 미래, 현재의) 내용들의 다양성과, 지식의 위상 변화에 따른 (보수적이거나 창조적인) 프로젝트의 다양성에도 불구하고, 불변의 안정성을 고수한다.

지막 결정에 도달하기 위해 그 자신의 파괴라는 가설 혹은 필연성에 기초한 계산 속에서 신비화로 나아갔다.[10] 결국 기능주의적 조직화는 '발전'(즉, 시간)을 특권화함으로써 도시를 가능케 하는 조건인 공간 자체를 망각케 했다. 이리하여 공간은 과학적, 정치적 테크놀로지의 맹점이 되었다. 이것이 개념 도시가 작용하는 방식이다. 즉, 개념 도시는 변형과 착취의 장소이며 다양한 간섭의 대상이지만, 새로운 속성들로 끊임없이 풍성해지는 주체이기도 하다. 그것은 기계이며 근대성의 영웅이다.

　이러한 개념의 구체화된 모습이 무엇이든 간에, 오늘날 우리는 다음과 같은 경향을 인정할 수밖에 없다. 이러한 담론 속에서 도시가 사회 경제적, 정치적 전략을 위한 전체화의 신비로운 이정표로 봉사하고 있다면, 도시 생활은 점차 도시 계획적 프로젝트가 배제했던 요소들의 재등장을 허용하고 있다. 권력의 언어는 그 자체가 '도시화하는' 힘이지만, 도시는 파노라마적인 권력의 지배 영역 밖에서 대립 균형을 이루면서 서로 결합하는 모순된 움직임들이 먹어들어갈 대상으로 남아 있기도 하다. 도시는 정치적 전설의 지배적인 주제가 되었지만, 이제는 더 이상 계획하고 규제하는 조작의 대상이 아니다. 도시를 이데올로기화하는 담론 저 아래에서는, 정체성도 읽히지 않는 책략과 권력 결합들이 번져 나가고 있다. 그것들을 붙들 수 있는 거점이 없다면, 합리적 투명성이 없다면, 그것들을 다스리는 건 불가능하다.

되돌아온 실천들

개념 도시는 썩어 가고 있다. 이는 도시를 세웠던 합리성과 도시 전문가들을 괴롭히는 질병이 도시의 모든 주민들까지도 괴롭힌다는 뜻인가? 도시는 도시를 조직했던 절차와 함께 타락해 가고 있다. 그러나 우리는 여기서 주의해야 한다. 지식의 관리자들은 항상 그들의 이데올로기와 위치에 영향을 미치는 변화 때문에 전 우주가 위태로워진다고 가정해 왔다. 그들은 그들이 가진 이론의 불행을 불행의 이론으로 변

---

10) André Glucksmann, "Le Totalitarisme en effet," *Traverses*, no. 9, 1977, pp.34~40.

형시켰다. 지식의 관리자들이 그들의 당황을 '파국'으로 변형시키고 사람들을 그들 담론의 '공황'에 가두어 놓으려고 했을 때, 그들은 필연코 옳았는가?

우리는 내용을 바꿈으로써 특권을 유지하는 담론(이제는 발전을 얘기하지 않고 파국을 얘기하는)의 영역에 머무르는 대신 다른 길을 시도할 수 있다. 도시 계획 체계가 관리했다고 혹은 억눌렀다고 생각했지만 그 체계가 쇠락해도 살아남은 세균 같은 실천들, 즉 하나면서 다수인 실천들을 분석할 수 있는 것이다. 이 실천들은 판옵틱 행정으로 규제되거나 제거되기는커녕 확산되는 부당성 속에서 강화되었으며, 감시망 속으로 침투해 들어가 발전했고, 읽을 수는 없지만 안정된 전술에 따라 결합하여 일상적 규칙과 내밀한 창조성을 구성했다. 단지 저 미친 기계 구조와 관찰 조직의 담론들만이 그것을 모를 뿐이다. 우리는 개미 떼와 같은 이러한 행위들의 절차를 추적할 수 있다.

이러한 발전 방향은 푸코의 권력 구조 분석의 결과로서, 그러나 그것을 상기시키는 것으로 기록될 수 있다. 그는 도제제, 보건, 법률, 군대, 노동 등에 있어,[11] '세부 항목'을 조직화하는 것만으로도 인간의 다양성을 '훈육적' 사회로 바꿀 수 있는, 모든 일탈을 관리하고 차별화하고 분류하며 위계화할 수 있는 기제와 기술적 과정, 즉 '미시적 수단들'을 분석하는 방향으로 나아갔다. '이처럼 종종 미세한 훈육 책략들,' '미시적이지만 빈틈 없는' 기제들은 '조작자'를 그 기제에서 빼 버리기 위해 재분배한 공간과 절차 사이의 관계에서 그 효율성을 발휘한다. 그러나 '훈육이 이루어지는 영역에서의 공간적 실천들이 훈육의 공간을 생산하는 이러한 장치들과 어떻게 상응하는가'라는 문제가 있다. 지금 논의하는 것처럼 집단주의적 행정 양식과 이를 재전유하는 개인적 양식 사이에서 빚어지는 갈등이라는 맥락에서 볼 때, 이 문제는 매우 중요하다. 공간적 실천이 사실상 사회 생활의 결정적 조건들을 구조화한다는 점을 받아들인다면 말이다. 나는 훈육 영역 밖으로

---

11) M. Foucault, *Surveiller et punir*, Paris: Gallimard, 1975; *Discipline and Punish*, A. Sheridan (trans.), New York: Pantheon, 1977.

나가 훈육을 피하려 하지도 않으면서 이처럼 다양한 형태로 저항하고 꾀를 쓰기도 하는 고집스런 절차들을 추적하고 싶다. 이는 우리를 일상적 실천과 살아 있는 공간의 이론으로, 그리고 도시의 불안한 친밀성에 관한 이론으로 이끌 것이다.

2. 한가한 걸음걸이로 말하기

> "여신은 그 발걸음으로 알 수 있다."
>
> (베르길리우스, *Aeneid*, I, 405)

그 이야기는 걸음걸이와 더불어 지면이라는 기본적인 수준에서 시작된다. 걸음걸이는 무수하지만 연속적 시리즈를 구성하는 것은 아니다. 걷기는 수로 셀 수 없다. 걷기의 각 단위는 질적인 성격, 즉 촉감적인 이해와 근육 운동을 통한 전유의 스타일을 갖고 있기 때문이다. 그 개미 떼 같은 움직임의 덩어리는 특이성 *singularities* 의 셀 수 없는 집합이다. 그것들이 엉키며 엮어 낸 길들은 공간에 형태를 부여한다. 그것들은 장소들을 엮어 직물처럼 짜내고 있는 것이다. 이러한 점에서 보행자의 움직임은 "그 존재가 사실상 도시를 만들어 내는 실재 체계들" 가운데 하나를 형성한다.[12] 이 움직임들은 국부화되지 않는다. 오히려 공간을 만드는 것은 보행자의 움직임들이다. 마치 중국말 하는 사람들이 손가락으로 한자를 손바닥에 그리면서 말하지 않는 것처럼 보행자들의 움직임을 용기에 넣어 가두어 둘 수는 없다.

　물론 걸어가는 작용은 그 길(여기는 사람이 많고 저기는 적은)과 궤적(이 길로는 가되 저 길로는 가지 않는)을 베껴 옮기는 식으로 도시 지도 위에서 추적할 수 있다. 그러나 지도의 획일적인 곡선은, 언어처럼, 단지

---

12) Ch. Alexander, "La Cité semi-treillis, mais non arbre," *Architecture, Mouvement, Continuité*, 1967.

지나가고 있는 것들의 부재를 가리킬 따름이다. 도로 조사는 실재하는 것, 즉 지나가는 행위 자체를 빠뜨린다. 걷거나 돌아다니거나 혹은 '윈도 쇼핑'하는 작용, 즉 지나가는 행위는 전체화하고 가역적인 지도 위의 선으로 변형된다. 그렇게 해서 우리가 잡을 수 있는 것은 단지 투사된 영상의 표면이라는 무시간 *nowhen* 속에 세워진 형해화된 유품들일 뿐이다. 지도 그대로는 볼 수 있으나, 지도는 지도를 가능케 한 작용을 보이지 않게 만드는 효과가 있다. 이러한 고정화는 망각의 과정이 된다. 뒤에 남는 자취는 실천을 대체해 버린다. 지리학적 체계는 행위를 읽을 수 있는 것으로 변형시키긴 하나, 그렇게 함으로써 이 세상에서 존재하는 방식을 망각시키는 (게걸스러운) 특성을 드러낸다.

보행 발화

걷기와 발화와의 비교를 통해 우리는 그림 표상에 대한 비판에 한정되지 않고 더 나아갈 수 있다.[13] 읽음의 해안으로부터 저 위 접근할 수 없는 곳을 바라보며. 걷는 행위와 도시 체계와의 관계는 발화(말하는 행위)와 언어 체계(랑그) 혹은 언표된 진술들과의 관계와 같다.[14] 가장 기초적인 수준에서 걷기는 세 가지 '발화적' 기능을 수행한다. 우선 걷기는 보행자측에서 행하는 지형학적 체계의 전용 *appropriation* 과정이다(말하는 자가 언어 체계를 떠맡아 전용해 쓰듯이). 둘째로 걷기는 장소의 공간적 실현이다(말하는 행위가 언어 체계의 청각적 실현이듯이). 그리고 걷기는 차별화된 위치들 간의 관계, 즉 움직임의 형태에 관한 실용적 '계약들' 간의 관계를 포함한다(마치 구어 발화가 '대화'이고, 그 '상대방을 설정하며,' 말로 소통하는 사람들 사이의 계약을 작동시키듯이).[15] 이로써 일단 걷기를 발

---

13) 롤랑 바르트의 *Architecture d'aujourd'hui*, No. 153, December 1970~January 1971, pp.11~3 의 언급 참조. "우리는 단순히 거주해 살고, 걸어가며, 쳐다보는 것으로…… 우리의 도시를 말한다." C. Soucy, *L'Image du centre dans quartre romans contemporains*, Paris: CSU, 1971, 6~15 참조.

14) J. Searle의 "What is a Speech Act?" in *Philosophy in America*, Max Black (ed.), London: Allen & Unwin; Ithaca, N.Y.: Cornell University Press, 1965, 221~39 이후 이 주제에 관한 많은 연구들 참조.

화의 공간으로 정의하는 게 가능할 듯하다.

나아가 우리는 이런 문제 의식을 쓰는 행위와 쓰여진 텍스트와의 관계로 확장할 수 있고, 더 나아가면 '터치'(붓의 터치와 움직임)와 완성된 그림(형태, 색 등) 사이의 관계로 바꿀 수도 있다. 우선 말하기 커뮤니케이션 영역으로만 한정하면, 발화는 말하기 커뮤니케이션을 적용하는 단지 하나의 행위일 뿐이며, 발화의 언어적 양식은 한 체계 안에서 이용된 형식들과 이 체계(즉, 규칙들)를 이용하는 방식들, 즉 두 '상이한 세계' 사이의 보다 일반적인 구분이 최초로 결정된 것일 뿐이다. 이를 상이한 세계라고 한 것은, '동일한 사물'이라는 것이 대립된 형식성의 차원에서 상정되기 때문이다.

이런 각도에서 볼 때, 보행 발화는 세 가지 특성이 있다. 이 특성들 때문에 보행 발화는 처음부터 공간적 체계와 구분된다. 그것은 실현하는 것, 분별적인 것, '친교적인' 것이다.

첫째로, 공간적 질서가 가능성(예컨대, 사람이 다닐 수 있는 장소를 통해)과 금지 규정(예컨대, 더 이상 가지 못하게 하는 장벽을 통해) 전체를 조직하는 게 사실이라면, 걷는 자는 이러한 가능성들 가운데 일부를 실현한다. 그렇게 하여 걷는 자는 가능성들을 나타나게 할 뿐만 아니라 존재하게도 한다. 그러나 그는 또한 가능성들의 방향을 바꾸기도 하고 다른 가능성들을 창출하기도 한다. 걷기에서의 가로지르기, 이리저리 표류하기, 혹은 즉흥적인 행위 등이 공간적 요소들을 특권화하고 변형하거나 포기하기 때문이다. 그래서 찰리 채플린은 그 지팡이의 가능성들을 증폭시켰다. 그는 지팡이로 다른 일들을 했으며, 그럼으로써 그 사물의 사용에 대한 규정의 한계를 넘어섰다. 같은 방식으로, 걷는 자는 각 공간적 기표를 다른 어떤 것으로 변형시킨다. 그리고 한편으로 그는 구축된 질서가 고정시킨 가능성들 가운데 몇몇만을 실현하기도 하지만(이 곳으로만 가고 저 곳으로는 안 갈 경우), 다른 한편으로 그는 가능성들의 수(예컨대, 지름길이나 우회로를 창조함으로써)와 금지의 수(예컨대,

---

15) E. Benveniste, *Problèmes de linguistique générale* II, Paris: Gallimard, 1974, pp.79~88 등등.

일반적으로 통과할 수 있다거나 혹은 의무적으로 통과해야 한다고 간주된 길을 스스로 금지 구역으로 설정하는 경우)를 증대시키기도 한다.[16]

그리하여 그는 분별성을 창출한다. 공간적 '랑그'의 기표들 가운데서 선택함으로써, 혹은 그 기표들을 그의 이용 행위로 대체시킴으로써 말이다. 그는 특정 장소들을 잘 가지 않는 곳으로, 혹은 없는 곳으로 낙인찍어 버리거나, 다른 장소들과 결합시켜 '드문,' '우연적인' 혹은 불법적인 공간의 '맵시'를 꾸미기도 한다. 그런 행위가 이미 걷기의 수사학으로 이끌고 있다.

걷는 자는, 발화의 틀 속에서, 그의 위치와 관련하여 가까운 곳과 먼 곳, 여기와 저기를 구성한다. 여기와 저기라는 부사는 말하기 커뮤니케이션[17]에서 말하는 위치를 가리키는 지침이라는 점에서 볼 때 — 언어 발화자와 보행 발화자 사이의 평행성을 강화하는 일치점인데 — 이런 위상(여기와 저기)(걷기에 필히 포함되며 '나'에 의한 지금의 공간 전유를 가리키는)은 또한 이 '나'와 관련된 타자를 끌어들임으로써 장소들 간의 접속적이고 단속적인 분절을 형성하는 기능이 있다는 점을 덧붙여야겠다. 나는 '친교적' 측면을 특별히 강조하려 한다. 이는 말리노프스키 Malinowski 와 야콥슨 R. Jakobson 이 애기한 것으로, 나는 이 개념을 '안녕,' '그래, 그래'[18]처럼 접촉을 시작하고 유지하고 방해하는 기능으로 사용한다. 길을 따라가기도 하고 누구에 앞서 가기도 하는 걷기 행위는 환경 속에서 유동적인 유기성 *mobile organicity*, 즉 연속하는 친교적 지형 *phatic topoi* 을 창조한다. 커뮤니케이션을 보장하려는 노력인 친교적 기능이 이미 말하는 새들의 언어와 같은 성격을 띠고 있고, '어린 아이들이 획득한 최초의 말하기 기능'과 같다면, 그런 기능을 수행하는 도시 속의 걷기가 마치 정보를 주고받는 말에 앞서서 혹은 그와 동

---

16) C. Soucy, *L'Image du centre*, p.10에서 인용된 롤랑 바르트.

17) "'지금 여기'는 나를 포함하는 담론의 현재 심급과 같은 시간, 같은 공간으로 시공의 심급을 한정한다." E. Benveniste, *Problèmes de linguistique générale*, Paris: Gallimard, 1966, I, p.253.

18) R. Jakobson, *Essais de linguistique générale*, Paris: Seuil Points, 1970, p.217.

시에 골목길에서 메아리치는 일련의 '안녕'과 마찬가지로, 가볍거나 무거운 걸음걸이로 뛰놀고, 네 발로 기어다니고, 춤추며, 이리저리 다니기도 한다는 것은 놀라운 일이 아니다.

　이제 지도 위에서의 수평적 재현이 일으키는 보행 발화의 양식들이 분석될 수 있다. 이 양식들은 진리 가치(필연적인 것, 불가능한 것, 가능한 것, 혹은 우연적인 것의 '진리적' 양식), 인식적 가치(특정의 것, 배제된 것, 그럴 듯한 것, 혹은 문제시되는 것의 '인식적' 양식), 윤리적 혹은 법률적 가치(의무적인 것, 금지된 것, 허용된 것, 혹은 선택적인 것의 '의무론적' 양식)에 조응하여 이 발화가 특정의 통로(혹은 '진술')와 즐기는 몇 가지 관계를 포함한다.[19] 걷기는 걷기가 '말하는' 궤적을 확인하고, 의심하고, 시도해 내며, 어기고, 존중한다. 모든 양식들은 이런 합창의 한 부분을 부른다. 걸음걸이마다 바뀌고, 시간, 길, 보행자에 따라 다른 비례와 시퀀스, 강도를 밟아 가면서. 이러한 발화 작용은 무한히 다양하다. 따라서, 이들을 지도의 그림 자국으로 환원할 수는 없다.

걷기 수사학

지나가는 자의 걷기는 돌기와 우회를 연속적으로 수행하는데, 이는 '말 맵시 *turns of phrase*'나 '문체적 색조 *stylistic figures*'에 비유될 수 있다. 말하자면 걷기의 수사학이 있는 것이다. 말에 '맵시를 내는' 기술은 지나는 길에 맵시를 내는 기술과 같다. 일상 언어[20]와 마찬가지로 이 기술은 문체 및 용법과 연관되어 있으며 양자를 결합한다. 문체는 "상징 수준에서 드러나는 랑그의 구조"를 특수화하는 것으로 "한 개체가 이 세계에서 존재하는 근본적인 방식이다."[21] 용법은 사회 현상을 규정하

---

19) 양식에 관해서는 다음을 보라. H. Parret, *La Pragmatique des modalités*, Urbino: Centro di Semiotica, 1975; A. R. White, *Modal Thinking*, Ithaca, N.Y.: Cornell Univ. Press, 1975.

20) Paul Lemaire 의 분석, *Les Signes sauvages. Une Philosophie du langage ordinaire*, Ottawa: Université d'Ottawa et Université Saint-Paul, 1981. 특히, 서문을 보라.

21) A. J. Greimas, "Linguistique statistique et linguistique structurale," *Le Français moderne*, October 1962, p.245.

는데, 이를 통해 커뮤니케이션 체계가 사실상 드러난다. 그것은 규범을 말한다. 문체와 용법은 둘 다 (말하기, 걷기 등의) '작용 방식'과 관련되어 있는데, 문체가 상징적인 것의 특수한 가공과 연관되어 있다면, 용법은 코드의 요소들을 가리킨다. 양자는 서로 얽혀 용법의 문체, 즉 존재와 작용의 방식을 형성한다.[22]

메담 A. Médam[23]이 시작했고, 오스트로베츠키 S. Ostrowetsky[24]와 오고야드 J. F. Augoyard[25]가 체계화한 풍성한 접근길, 즉 거주의 수사학이란 관념을 도입할 때, 수사학에서 애기하는 '전의 *tropes*'는 장소들의 전용 방식 분석에 모델과 가설을 제공해 준다고 가정할 수 있다. 내가 보기에는 두 가지 가정이 이러한 적용의 타당성 여부를 판가름할 것 같다. (1) 공간의 실천은 구축된 질서의 기초 요소들을 조작하는 행위에 상응한다는 가정이다. (2) 공간의 실천은 수사학의 전의와 마찬가지로, 도시계획적 체계가 규정한 일종의 '문자 그대로의 의미'로부터의 일탈 행위라는 가정이다. 따라서, 말의 비유적 표현과 걷기의 비유적 표현(후자에서 선택하여 특정 스타일을 꾸민 것으로는 이미 춤의 색조가 있다) 사이에는 상동성이 있으리라 생각된다. 양자 모두는 따로 뽑아 낼 수 있는 단위들을 '처리'하고 조작하며,[26] 또한 사진에서 떨리는 상이 그 대상을 혼동케 만들고 여러 겹의 상들로 겹쳐 내듯이 의미를 이중 의미 *equivocalness*

---

22) 인접 분야로서, 말없는 사람들의 몸동작 언어의 수사학과 시학에 대해서는 캘리포니아 대학의 클리마 E. S. Klima 에게 감사한다. 출간되지 않은 "Poetry and Song in a Language without Sound" 참조. 또 Klima, "The Linguistic Symbol with and without Sound," in *The Role of Speech in Language*, J. Kavanagh & J. E. Cuttings (ed.), Cambridges, Mass.: MIT, 1975 참조.

23) *Conscience de la ville*, Paris: Anthropos, 1977.

24) Ostrowetsky, "Logiques du lieu," in *Sémiotique de l'espace*, Paris: Donoël-Gonthier Médiations, 1979, pp.155~73.

25) *Pas à pas. Essai sur le cheminement quotidien en milieu urbain*, Paris: Seuil, 1979.

26) 요리법 분석에서 부르디외는 음식의 요소들이 아니라 음식이 준비되고 이용되는 방식을 결정적인 것으로 간주했다. "Le Sens pratique," *Actes de la recherche en sciences sociales*, February 1976, p.77.

로 전환하고 치환하는 '애매한 배열 작용'을 하기 때문이다.[27] 덧붙여 말하면 도시 계획자와 건축가의 기하학적 공간은 문법학자와 언어학자가 구축한 '고유의 의미'라는 지위를 갖는 것처럼 보인다. 이는 '수식이 많은' 언어의 표류를 공통 분모로 환원하여 비교하기 위해 정상적이고 규범적인 수준을 세우기 위한 목적에서 구축된 것이다. 실제적으로 이 얼굴 없는 '고유의' 의미는 말하기든 걷기든 실제 이용에서는 발견되지 않는다. 고유의 의미란 특정한 이용에 불과한 과학, 즉 구분에 의해 그 스스로를 구분하는 과학의 메타 언어적 이용이 생산한 허구일 뿐이다.[28]

걷기라는 긴 시는, 그것이 아무리 판옵틱하더라도, 공간을 조직화한다. 걷기는 조직화와 결코 다르지 않지만(걷기는 공간의 조직화 속에서만 발생한다), 그렇다고 해서 조직화에 따르는 것도 아니다(걷기가 공간의 조직화로부터 연유하는 것은 아니다). 걷기는 공간적 조직화 안에서 희미한 그림자와 모호함을 창조한다. 걷기는 공간적 조직화에 숱한 참고 문헌과 인용구들(사회적 모델, 문화적 용법, 개인적 계수들)을 삽입해 넣는다. 공간 조직화 속에서 걷기는 그 자체가 연속적인 부딪침과 사건들의 결과로, 이 연속적인 부딪침과 사건들은 걷기를 끊임없이 변화시키고 한 사람의 걷기를 다른 사람이 참조해야 할 상징으로 만든다. 달리 말해 걷기는 그 행로마다 놀래키고 가로지르고 유혹하는 행상인과 같다. 이처럼 다양한 측면들이 수사학의 기초를 제공한다. 아니, 그것을 정의한다고도 할 수 있다.

오고야드는 공간적 실천[29]을 설명하는 가운데 나타나는 이 같은 '일상적 표현의 현대적 방식'을 분석하면서 그 가운데서 특별히 근본적인 문체적 비유법 두 가지를 구분했다. 그것은 제유법 *synecdoche* 과 연사 생략 *asyndeton* 이다.[30] 이 두 비유법의 우세는, 그 상보적인 양극성

---

27) J. Sumpf, *Introduction à la stylistique du français*, Paris: Larousse, 1971, p.87.

28) "고유한 것 *the proper* 의 이론"에 관해서는 J. Derrida, *Marges de la philosophie*, Paris: Minuit, 1972, pp.247~324; *Margins of Philosophy*, A. Bass (trans.), Chicago: Univ. of Chicago Press, 1982 참조.

29) Augoyard, *Pas à pas*.

에 입각해 볼 때, 이러한 실천의 형식 구조를 가리키는 것처럼 보인다. 제유는 '한 단어를 사용하는 데 있어 그 단어가 갖는 다른 의미의 일부 의미로 그 단어를 사용하는 데' 있다.[31] 제유는 본질적으로 전체 대신에 그 일부를 부르는 것이다. '50돛의 선단 *a fleet of fifty sails*'이라는 표현에서 '돛'은 '배'를 표현하기 위해 대신 사용된 것이다. 같은 방식으로 하나의 오두막집이나 언덕도 한 궤적의 서술 속에서 공원 대신에 이용될 수 있다. 연사 생략은 한 문장 속이나 문장 사이에 있는 접속사나 부사 같은 연계어를 억눌러 버리는 것이다. 같은 방식으로, 걷기도 지나가는 공간을 선택하고 조각 낸다. 즉, 걷기는 연결하는 곳이나 전체의 일부를 빼고 넘어 버린다. 이러한 관점에서 보면, 모든 걷기는 한 발로 콩콩 뛰는 어린아이처럼, 언제나 건너뛰고 빼 버리곤 한다. 걷기는 접속하는 장소들의 생략을 실천한다.

실제로 이 두 가지 보행 비유법은 연관되어 있다. 제유는 하나의 공간 요소를 확장하여 '더 큰 것'(전체성)의 역할을 하도록 하거나 전체의 위치를 차지한다(자전거나 상점 창가에 진열된 가구는 전체 길거리나 이웃을 대신한다). 연사 생략은 음절 탈락을 통해 '더 작은 것'을 창출하고, 공간적 연속체에 틈을 벌리며, 공간 연속체에서 선택된 일부(유물이라 할 수 있는)만을 붙든다. 제유는 전체를 조각들로 대체하며(더 큰 것 대신에 더 작은 것을), 연사 생략은 접속하는 것과 연속하는 것을 제거함으로써 각 조각들을 분리시킨다(무엇인가를 대신하는 것은 없다). 제유는 더욱 조밀하게 만든다. 세부를 증폭하거나 전체를 미세화한다. 연사 생략은 잘라 낸다. 연속성을 풀어헤치고 연속성이 실현되는 것을 밑에서부터 잘라 버린다. 이러한 방식으로 취급되고 실천들에 의해 형성되는 공간

---

30) 제유란 부분으로 전체를, 혹은 전체로 부분을 나타내는 것으로 *blade* 로 *sword* 를, *sail, keel, bottom* 으로 *ship* 을, *a creature* 로 *a man* 을 나타내는 따위를 말한다. 연사 생략이란 수사학에서 관계 대명사, 접속사, 부사의 생략을 말하는데, *I came, I saw, I conquered* 나 *Smile, shake hands, part* 를 말한다. — 옮긴이

31) T. Todorov, "Synecdoques," *Communications*, no. 16, 1970, p.30; P. Fontanier, *Les Figures du discours*, Paris: Flammarion, 1968, pp.87~97; J. Dubois et al., *Rhétorique générale*, Paris: Larousse, 1970, pp.102~12.

은 확대된 특이성들로, 그리고 분리된 섬으로 변형된다.[32] 이러한 부풀리기, 오그라트리기, 그리고 조각 내기를 통해, 즉 이 같은 수사학적 작용을 통해 유비적 *analogical* 유형(병렬적 인용으로 구성된)과 생략적 *elliptical* 유형(틈, 착오, 암시로 만들어지는)의 공간적 진술이 창출된다. 보행 수사학의 비유들은 '연결되고' 동시적인 성격의 수미 일관하고 전체화하는 공간의 테크놀로지 체계를 신화적 구조를 갖는 궤적으로 대체한다. 여기서의 '신화'가 구체적 실존의 장소 / 비장소(혹은 기원)와 관련된 담론, 범속한 말에서 뽑은 요소들을 짜깁기하여 만든 이야기, 암시적이고 편린으로 구성된 이야기(그 틈들이 이야기가 상징하는 사회적 실천들과 섞여 드는)를 뜻하는 한 그렇다.

비유는 공간의 문체적 형태 변형 *stylistic metamorphosis* 행위이다. 혹은 릴케의 표현을 빌리면, 움직이는 '몸 동작의 숲들'이다. 이 비유들은 의료 교육 기관의 엄격하고 특정 목적으로 고안된 영토조차도 움직이는데, 예컨대 거기서는 저능아들도 '공간적 이야기들'로 놀며 춤출 장소를 찾아 낸다.[33] 이 '몸 동작의 숲들'은 어느 곳에서나 움직이고 있다. 그 숲이 길거리를 걸어간다. 그 숲은 풍경을 바꾸어 버리지만, 그 이미지 때문에 특정 장소에 고정되지 않는다. 그럼에도 불구하고 이 숲에 대해 어떤 그림을 그릴 수 있다면, 흘러다니는 이미지들, 소리 없이 짖어 대며 도시 지하 통로에 화려한 문양을 그리고 있는 노란빛을 띤 녹색과 금속 광택의 파란 서체들, 글자와 숫자로 꾸며진 '자수품들,' 피스톨로 그려진 폭력의 완벽한 동작들, 글자들로 만들어진 시바 신들, 그 유동하는 허깨비가 지하철의 굉음을 동반하는 춤추는 그림들. 뉴욕의 낙서들이다.

길거리에서 동작들의 숲이 분명히 드러나 있는 게 사실이라면, 그

---

32) 실천이 '섬들'로 조직화되는 공간에 관해서는 P. Bourdieu, *Esquisse d'une théorie de la pratique*, Genève: Droz, 1972, p.215 등등; "Le Sens pratique," pp.51~2 참조.
33) Anne Baldassari & Michel Joubert, *Pratiques relationnelles des enfants, à l'espace et institution*, Paris: CRECELE-CORDES, 1976; "Ce qui se trame," *Parallèles*, no. 1, June 1976.

움직임들은 사진으로도 포착할 수 없고, 그 의미는 하나의 텍스트로 규정해 버릴 수 없다. 그 움직임들의 수사학적 이동은 도시 계획의 분석적이고 수미 일관한 고유 의미를 밀어 내고 대체해 버린다. 이는 대중들에 의해 생산된 '의미의 방황'이다.[34] 이 대중들은 도시의 어떤 부분은 사라지게 하고 다른 부분은 과장함으로써 도시를 왜곡하고, 잘게 부수어 버리며, 그 완고한 질서로부터 도시를 빼돌린다.

3. 신화들: '걸어가게 하는' 것

이러한 움직임의 비유들(제유, 연사 생략 등)은 '무의식의 상징적 질서'와 '담론에서 드러나는 주체성의 전형적 과정들'을 특징짓는다.[35] '담론'[36] 과 꿈[37] 사이의 유사성은 둘 다 같은 '문체적 절차'를 사용한다는 것과 관련되어 있다. 그러므로 여기에는 보행 실천도 포함된다. '고대적 전의 *tropes* 의 목록'은, 프로이트로부터 방브니스트에 이르기까지, 앞의 두 가지(담론과 꿈) 표현의 수사학을 위한 적절한 목록을 제공해 왔는데, 이제 똑같이 세 번째 것(보행 실천)에도 타당하다. 3자 사이의 대응이 가능하다면, 그것은 발화가 이 세 영역에서 지배적이기 때문만이 아니다. 발화의 담론적(말로 표현된, 꿈꾸는, 걷는) 발전은 오히려 발화가 나아가기 시작하는 장소(출발점)와 발화가 생산하는 비장소('지나가는' 길) 사이의 관계로서 조직되기 때문이다.

　　이런 시각에서 볼 때, 보행 과정을 언어적 형성 과정에 비유하고

34) Derrida, *Marges*, p.287, 은유에 대하여.

35) Benveniste, *Problèmes* I, pp.86～7.

36) Benveniste, "discourse is language considered as assumed by the person who is speaking and in the condition of intersubjectivity," 같은 책, p.266.

37) 예컨대 '꿈꾸기' 특유의 '형상화 과정,' 즉 응축과 치환에 대해 쓴 S. Freud, *The Interpretation of Dreams*, J. Strachey (trans.), NY: Basic Books, 1955, Ch. VI, §1～4 참조.

난 우리는 보행 과정을 꿈의 형상화라는 방향으로 되돌릴 수 있으며, 혹은 적어도 다른 측면에서 '무엇이, 공간적 실천에 있어, 꿈꿔 온 장소와 분리할 수 없는가'를 발견할 수 있다. 걷는다는 것은 장소를 잃는다는 것이다. 그것은 없음의 무한한 과정이며, 고유한 것을 찾아가는 무한 과정이다. 도시가 양산하고 집중시킨 돌아다님은 도시 자체를 장소 결핍의 광대한 사회적 경험으로 만든다. 이 경험은 분명 숱하게 작은 귀양살이들(치환과 걷기)로 부수어졌으며, 도시라는 짜깁기를 엉키어 만드는 이 대량 탈출들의 관계와 교차에 의해 보상받고, 의무 규정의 팻말 아래 장소를 잡고 있을 뿐이다. 하지만 궁극적으로 이 장소라는 것도 단지 '도시'라는 이름으로만 존재할 뿐이다. 이 장소가 제공하는 정체성은 더더욱 (이름으로 불린) 상징이다. 그 시민들의 지위와 수입상의 불평등에도 불구하고, 존재하는 것은 단지 지나가는 행위의 우글거림이고, 보행 교통이 임시로 이용하는 주소의 네트웍이며, 고유한 것인 체하는 변명들의 뒤섞임이고, 비장소 혹은 꿈꾸어진 장소들로 뒤덮인 임대차 공간의 우주이기 때문이다.

이름과 상징

공간적 실천이 저 부재와 함께 즐기는 관계는 바로 그 실천이 '고유' 명사를 / 와 함께 조작하는 행위로 제시된다. 걷기의 방향(의미)과 말의 의미 사이의 관계는 두 가지 분명히 상반되는 움직임, 즉 하나는 외향적인(걷는다는 것은 밖으로 나간다는 것), 다른 하나는 내향적인 움직임(기표의 안정성 아래에서의 유동성)을 설정한다. 걷기는 사실상 의미론적 경향성에 의해 결정된다. 걷기는 그 의미가 분명치 않은 이름 붙이기에 의해 유혹되거나 쫓겨나거나 한다. 반면 많은 사람들에게 도시는 '사막'으로 변화된다. 그 속에서 무의미한 것, 진정으로 무서운 것이 더 이상 그림자의 형태를 취하지 않고, 제네 Genet 의 연극에서처럼 명명 백백한 도시 텍스트를 생산하는 무자비한 빛이 되고 있다. 이 도시 텍스트는 테크노크러시 권력에 의해 도처에서 창조되고 있으며 도시 거주자들을 통제하고 있다(무엇의 통제를 받는가? 아무도 모른다). "도시는 현기증을 느끼지 않고는 참을 수 없는 그 눈빛 아래 우리를 가둔다"라고 루엔의 한 거주자는 말한다.[38] 고유 명사는 낯선 이성에 의해 야만적으로 조명된 공간에서 감춰지고 친밀한 의미 저장소를 만들어 낸다. 고유 명사는 '의미 있게 만든다.' 달리 표현하면, 마치 직업이나 임무가 여행에 예상치 못했던 의미(혹은 방향성)를 부여함으로써 그 여정을 바꾸고 돌리듯이, 고유 명사는 움직임의 추동력이 된다. 고유 명사는 장소에 비장소를 만든다. 즉, 장소를 통로로 바꾸는 것이다.

세브르 시에 사는 한 친구는 파리에 가면 방향이 다른 쪽에 사시는 어머니를 뵈러 갈 때도 셍 페르와 세브르 거리 쪽으로 표류해서 가곤 했다. 이 거리의 이름들은 그도 모르는 사이에 그의 걸음걸이가 작문하는 문장을 만들었던 것이다. 숫자가 붙여진 거리들이나 거리의 숫자들(112번가 혹은 셍 샤를르 9 거리)은 마치 꿈에 유령처럼 나타나듯이 궤적의 자기장을 방향짓는다. 다른 친구는 이름 있는 거리들을 무의식 속에서 쫓아 내 버리는데, 이렇게 함으로써 그녀는 호출이나 분류와 똑같은 방식으로 그녀의 질서와 정체성을 '의미화하는' 것이다. 그 대신 그녀는 이름이 없거나 표지가 없는 골목길을 따라간다. 결국 그녀의 걷기는 고유 명사에 대해 부정적으로 통제되고 있다.

그렇다면 고유 명사가 써내려가는 것은 무엇인가? 도시의 표면을 위계화하고 의미론적으로 질서짓는 틀 속에 배열되어 있으면서 연대기적 배열과 역사적 정당화를 수행하는 이런 말들(보레고, 보차리스, 부겐빌[39] 등등)은, 마치 닳고 닳은 동전처럼 표면에 새겨진 가치는 잃지만, 그 의미 작용 능력은 최초의 가치 규정이 사라져도 계속 발휘된다. 셍 페르,[40] 코렝탱 셀튼, 붉은 광장 등의 지명은 지나가는 사람들이 부여하는 다양한 의미들은 얻는다. 이런 이름들은 가리키리라 생각된 장소

---

38) Ph. Dard, F. Desbons et al., *La Ville, symbolique en souffrance*, Paris: CEP, 1975, p.200.

39) 부겐빌은 프랑스의 탐험가 부겐빌(Bougainville. 1729~1811)의 이름을 딴 지명이다. ― 옮긴이

40) Saints-Pères. 성부聖父라는 의미로, 로마 교황의 존칭. ― 옮긴이

로부터 분리되어 여정의 상상적 만남의 장소로 봉사한다. 이 만남 장소는 지나가는 사람들이 인식하든 못하든, 애초의 가치와는 전혀 다른 이유에서 은유로 규정된 것이다. 이 이상한 지명은 실제 장소에서 떨어져 있으면서 '의미'의 안개 같은 지리학처럼 도시 위로 올라가 매달려 있음으로써 저 아래의 물리적 탈이동을 이끈다. 별 광장, 콩코드 광장, 어시장 광장 등등. 이러한 이름의 배열은 교통의 유형을 제공한다. 이는 여정을 이끄는 별들이다. "콩코드 광장은 존재하지 않는다. 그것은 하나의 관념이다"라고 말라파르트 Malaparte,는 말했다. 그것은 하나의 '관념' 이상의 것이다.[41] 고유 명사가 규정하는 마력을 설명하기 위해서는 전체적인 비교 연쇄가 필요할 것이다. 고유 명사는 여행자들이 이끌고 장식하는 문양으로서 그들의 손으로 옮겨지는 듯하다.

이 고유 명사들은 행위와 걸음을 연결하고 의미와 방향을 열면서, 그 일차적 역할을 비우고 닳아 없애는 이름 그 자체로 작용한다. 이들은 장악될 수 있는 해방 공간이 된다. 이 풍성한 불확정성은 그 말들의 의미를 희미하게 함으로써, 문자 그대로의, 금지된, 혹은 허용된 의미의 지리 위에 이차적이고 시적인 지리를 분절해 만드는 기능을 부여한다. 이 고유 명사들은 움직임의 기능주의적이고 역사적인 질서 속에 다른 여로들을 비집어 넣는다. 걷기는 이 단어들을 따른다. "나는 이 거대한 빈 공간을 아름다운 이름으로 채운다."[42] 사람들은 의미의 남겨진 유물들에 의해, 그리고 때로는 그 폐기물, 즉 위대한 야망의 역전된 잔해들에 의해 움직인다.[43] 아무것도 아닌, 혹은 거의 아무것도 아닌 사물들이 보행자들의 걸음을 상징화하고 방향을 이끈다. 바로 '고유한 것'이기를 그친 이름들이.

이 같은 상징화의 핵심 속에서 공간적 실천과 의미화 실천을 관계

---

41) 예를 들어 Patrick Modiano, *Place de l'Étoile*, Paris: Gallimard, 1968 참조.

42) Joachim du Bellay, *Regrets*, p.189.

43) 예컨대 파리 근처에 있는 위대한 도시 계획 야망의 이름인 사르셀 Sarcelles 은 그 마을 거주자들에게는 '프랑스의 눈'이 된다는 상징적 가치를 가장했지만, 전체적으로는 완벽한 실패 사례다. 지나친 신화화는 그 시민들에게 별난 존재라는 정체성의 '특권'을 부여한다.

짓는 세 가지 구분된(그러나 연관된) 기능이 지적된다(그리고 아마도 성립된다). 그것은 믿을 만한 것, 기억할 만한 것, 그리고 원초적인 것이다. 이는 첫째로 공간적 전유화를 '승인하는'(가능케 하거나 보증하는) 것, 둘째로 공간적 전유 과정에서 침묵해 있고 깊숙이 박혀 있는 기억으로부터 반복되는(혹은 회상되는) 것, 셋째로 공간적 전유 안에서 구조화되고 유아 때의 연원으로부터 꾸준히 넘어오는 것 등을 가리킨다. 이런 세 가지 기제는 도시 계획적 체계성을 회피하는 방식으로 도시(전설, 기억, 꿈)의 / 에 관한 담론의 지형을 조직한다. 이 세 가지는 이미 고유 명사의 기능 속에서 확인될 수 있다. 우선 말로 옷을 입혔던 장소를 살 만한 것으로, 혹은 믿을 만한 것으로 만든다(이들은 분류하는 그 자신의 권력을 비움으로써 다른 무엇을 '허용하는' 권력을 획득한다). 다음으로 아직 이곳저곳에 돌아다니지만 몸 동작과 움직이는 몸 속에 가려진 환영(phantoms. 사라졌다고 간주된 죽은 자)을 회상케 하고 제시한다. 그리고 이름 붙임으로써, 즉 타자(이야기)로부터 전해진 명령을 부과함으로써, 그리고 기능주의적 정체성으로부터 거리를 둠에 의해 그 정체성을 바꾸어 버림으로써, 장소 *lieu* 그 자체 속에 타자의 법률 속에 새겨진 침식 작용 *érosion* 과 비장소 *non-lieu* 를 창조한다.

믿을 만한 것과 기억할 만한 것: 거주할 만함

사람들로 하여금 믿게 하는 담론은, 명백한 패러독스에 의해, 사람들에게 믿으라고 소리친 바로 그것을 빼앗아 버리거나 그것이 약속한 바를 결코 전달해 주지 않는다. 이런 담론은 빈 것을 표현하거나 없는 것을 기술한다기보다는 오히려 빈 것이나 없는 것을 창출한다. 그것은 빈 것을 위한 공간을 만든다. 믿게 만드는 담론은 이런 식으로 출구를 연다. 이런 담론은 한정된 장소들의 체계 안에서 유희를 '허용한다.' 또 정체성을 분석하고 분류해 놓는 장기판에서 유희 공간 *Spielraum* 의 생산을 '승인한다.' 이런 담론은 장소들을 거주할 만한 곳으로 만든다. 이런 점에서 나는 그런 담론을 '지방 정부'라고 부른다. 체계는 장소들을 의미 작용으로 침윤해 들어갔고, 장소들을 "그 안에서는 숨쉬는 게 불가능한” 의미 작용으로 축소시켰는데, 그런 담론의 지방 정부는 이 체계의 틈이다. 지방 정부는 체계의 단일 목소리를 훼손하기 때문이다. 체계는 이러한 담론적 지방 정부들을 제거하려 함으로써 기능주의적 전체주의(자신의 게임과 축전의 계획을 포함하여)의 징후적 경향을 띠었다. 전체주의는 그 자신이 ‘미신’이라고 바르게 부른 것을 공격한다. 즉 ‘그 위에 더’ 그리고 ‘과잉으로’ 끼워져 있는 것을,[44] 그리고 기술적 합리성과 재정적 이익의 주창자들이 자신들을 위해 예비해 둔 영토의 일부를 과거의 것 혹은 시적인 것에 넘겨 준 여분의 의미 켜들을 공격하는 것이다.

종국적으로는 고유 명사가 이미 ‘지방 당국’이나 ‘미신’이 되었으므로, 고유 명사는 숫자로 대체된다. 전화에서는 ‘오페라’를 돌리지 않고 073을 돌린다. 여분의 혹은 덧붙여진 거주자들이 사는 도시 공간에서 떠도는 이야기와 전설도 마찬가지다. 이것들은 테크놀로지 구조의 논리에 의해 마녀 사냥의 표적이 된다. 그러나 그런 이야기와 전설이 뿌리 뽑히면(그런 전설이 살아 있는 나무와 숲 그리고 감추어진 장소들이 뿌리 뽑히는 것과 마찬가지로)[45] 도시에서는 ‘상징 질서가 중단된다.’[46] 이래서 거주할 만한 도시는 없어진다. 루엔에서 온 여인이 말했듯이, 여기에는 “나 자신의 집을 빼놓고는 어떤 특별한 장소도 없다. 그게 전부다……다른 어떤 것도 없다.” ‘특별한’ 어떤 것도 없는 것이다. 무엇인가 혹은 누군가 다른 사람들이 새겨 놓은, 기억과 이야기로 표시되고 열린 어떤 것도 없다. 단지 ‘우리 집’이란 밀폐된 동굴만이 믿을 만한 곳으로 남아 있고, 전설에 열려 있으며, 아직 옛 자취로 차 있다. 그것조차 없다면 ‘더 이상 믿을 것이 없는 장소들’만이 있을 것이다.[47]

지방의 전설들이 출구, 즉 나갔다가 다시 돌아오는 길을 허용하면

---

44) *Superstare.* 덧붙여진 것, 남는 것으로서의 ‘초과.’

45) F. Lugassy, *Contribution à une psychosociologie de l'espace urbain. L'Habitat et la forêt*, Paris: Recherche urbaine, 1970.

46) Dard, Desbons et al., *La Ville, symbolique en souffrance.*

47) 같은 책, pp.174, 206.

서 거주할 만한 공간으로 만들고 있는 것은 가정집이 풍성한 고요와 말 없는 이야기를 저장하는 기회가 있기 때문이며, 달리 말하면 가정이 곳 곳에 지하실과 다락방을 창조할 역량이 있기 때문이다. 걸어다니기와 여행은, 일상에서 벗어나 나갔다가 돌아오는 행위, 즉 오늘날의 장소에 는 없지만 과거에는 쉽게 접할 수 있었던 전설 덩어리를 대체하고 있음 에 틀림없다. 물리적으로 움직이는 행위는 옛날이건 오늘날이건 '미신' 의 여행적 기능을 갖는다. 여행은 (걷기처럼) 뭔가 다른 공간을 여는 데 이용되었던 전설의 대용물이다. 일종의 나갔다 돌아옴을 통해, '내 기억 의 황량한 장소에 대한 탐험'을 통해, 먼 장소들을 둘러보고 옴으로써 이국 정서로부터의 귀환을 통해, 그리고 과거의 유적들과 전설들(즉, "프 랑스 산천의 유동하는 전망"이나 "음악과 시의 조각들,"[48] 간단히 말하면 "그 기원 들이 뿌리 뽑히는 것"과 같은 무엇 — 하이데거)을 '발견'함을 통해, 여행이 생산하는 것이 다른 무엇이 있을 수 있겠는가? 이러한 걷기 망명이 생 산하는 것은 바로 오늘날 우리 주변에서는 찾아볼 수 없는 전설 덩어리 이다. 나아가 그것은, 꿈이나 보행 수사학처럼 응축과 치환의 효과라는 이중 성격을 갖는 소설이다.[49] 이상의 논의 결과로 이러한 의미화 실천 이 공간을 창조하는 행위로서 매우 중요하다는 점을 알 수 있다.

이러한 관점에서 볼 때, 이 실천의 내용은 계시적인 것으로 남아 있으며, 더욱 계시적인 것은 그 공간 조직 원리이다. 장소에 관한 이야 기들은 짜깁기로 만든 브리콜라주다. 이것들은 세계의 파편 조각들로 만들어진다. '미신'의 문학적 형태나 행위적 체계가 지난 30년간 그 구 조와 결합이 자주 분석된 안정된 모델에 해당한다 할지라도, 그 재료 들(미신을 표현하는 모든 수사학적 세부 항목들)은 각종 이름, 분류, 영웅적 혹은 희극적 술어들, 즉 흩어진 의미론적 장소의 조각들로 충당된다. 이처럼 이질적이고 심지어는 반대되기까지 한 요소들이 이야기의 동질

---

48) C. Lévi-Strauss, *Tristes tropiques*, Paris: Plon, 1955, pp.434~6; *Tristes tropiques*, J. Russell (trans.), New York: Criterion, 1962.

49) 여행 사진에 대해서도 똑같이 얘기할 수 있다. 즉, 출발지를 대체하거나 그에 대한 신화로 바뀌는 여행 사진.

적인 형태로 채워진다. '여분의' 그리고 '다른' 사물들(다른 곳에서 온 항목들과 잉여분들)이 주어진 틀, 즉 부과된 질서 속으로 슬며시 끼여들어간다. 이로써 공간적 실천과 기성 질서 사이의 관계가 형성되는 것이다. 이 질서의 표면은 의미의 생략, 표류, 유출에 의해 어디서든지 구멍 뚫리기도 하고 찢겨져 열리기도 한다. 그 표면은 입이 가볍다.

잃어버린 이야기들이나 불투명한 행위들과 얽힌 이야기를 꾸미는 말의 유품들은, 그들 사이의 관계는 고려되지도 않은 콜라주 속에 같이 놓여지며, 그런 이유로 상징적인 온전함을 형성한다.[50] 이야기는 공백 때문에 정교해진다. 그래서 이야기는 텍스트의 구조화된 공간 안에서 반텍스트 *anti-text* 를, 즉 지하실과 덤불처럼 숨기고 탈출하는 효과를, 다른 경치로 움직여 들어갈 가능성을 생산한다. "오 다수여, 오 복수여."[51] 이야기가 열어 놓는 확산의 과정 때문에 이야기는 소문과 다르다. 소문은 항상 명령적이고, 공간 수평화의 주도자이자 그 결과이며, 사람들에게 뭔가를 하게 하는 행위에다 믿게 하는 행위를 부가함으로써 질서를 강화하는 통상적 움직임의 창조자이다. 이야기는 가지를 늘리지만, 소문은 전체화한다. 둘 사이에 어떤 진자 운동 같은 것이 아직 있다면, 오늘날에는 오히려 층을 달리하는 구조로 보일 것이다. 이야기는 사적으로 되며 이웃, 가족, 혹은 개인 속으로 가라앉는 반면, 미디어에 의해 선전되는 소문은 모든 것을 포괄하며, '도시'라는 위용 아래 수집되고, 익명의 법으로 행사되는 전능한 언어이며, 모든 고유 명사의 대용물이다. 소문은 도시라는 위용에 아직도 저항하는 죄를 짓는 모든 미신들과 싸우며 이것들을 쓸어 버린다.

이야기가 퍼진다는 것은 기억할 만한 것이 퍼진다는 것을 뜻하기도 한다. 그리고 사실상 이것은 일종의 반박물관 *anti-museum* 적인 것이

---

50) 여기서 '상징적'이란 그 관계들에 대해 사유하지 않은 채 필연적이라고 정식화된 것을 말한다. 인지 메커니즘에서 사유의 '결함'이라 부르는 이러한 상징주의에 대해서는 Dan Sperber, *Le Symbolisme en générale*, Paris: Hermann, 1974; *Rethinking Symbolism*, A.L. Morton (trans.), Cambridge: Cambridge Univ. Press, 1975 참조.

51) F. Ponge, *La Promenade dans nos serres*, Paris: Gallimard, 1967.

다. 기억을 아주 작은 영역에 가두어 둘 수 없다. 기억의 단편들은 전설로부터 나온다. 많은 대상과 말들도 걷고, 먹고, 잠자는 일상적 행동에서 과거가 잠자고 있는 장소를, 그리고 고대의 혁명들이 졸고 있는 장소들을 비워 왔다. 기억은 잠자는 예쁜 여인인 우리의 말없는 이야기들을 깨울 만큼 오랫동안 머물러 있는 멋진 왕자일 따름이다. "여기, 빵집이 있었어." "저게 뒤퓌스 할머니가 살았던 집이야." 여기서 놀라운 것은 사람들이 살고 있는 장소는 다양한 부재들의 현존과 같다는 점이다. 보여지는 것은 거기에 더 이상 없는 것을 가리킨다. "너도 보다시피, 여기에는 전에 …… 있었어"라고 말하지만, 그것은 더 이상 볼 수 없다. 자신을 명백히 드러내는 것들은 '볼 수 있는 것의 보이지 않는 정체성'을 가리킨다. 조각 난 층들 사이에서 발생하는 치환과 효과의 시리즈로 구성되는 것, 그리고 이러한 움직이는 켜들 위에서 유희하는 것, 그것이 바로 한 장소에 대한 정의다.

"기억은 우리를 그 장소에 얽어맨다……. 그것은 사적인 것이어서 다른 사람에게는 흥미롭지 않을 수도 있지만, 한 구역에 영혼을 부여하는 것은 결국 그 기억이다."[52] 조용히 숨겨진 많은 다른 영혼들이 덮고 있지 않은 장소는 없다. 사람들이 영혼들을 '불러 낼' 수 있든 그렇지 못하든. 영혼들이 출몰하는 장소에만 사람들은 살아갈 수 있다. 이 때문에 판옵티콘의 체계는 뒤집힌다. 한때 노틀담을 장식했지만 두 세기 동안 쇼세당텡 거리의 한 빌딩 지하에서 묻혀 온 왕과 왕비의 고딕 동상들처럼,[53] 이러한 영혼들은, 그 자체로는 조각 나 버렸지만, '보는' 것 이상을 '말하진' 않는다. 이것은 아직 잠자코 있는 종류의 지식이다. 알고 있지만 드러나지 않은 것의 암시만이 '너와 나 사이에서 비밀스럽게' 통용될 뿐이다.

장소는 조각 난 것들이며, 내부로 돌아드는 역사이고, 남들은 읽을 수 없는 과거이며, 펼칠 수는 있지만 이야기처럼 보따리 안에 저장된

---

52) 리옹의 크르와 루스 가에 살고 있는 한 여인(피에르 마욜에 의한 인터뷰): *L'Invention du quotidien* II, *Habiter, cuisiner*, Paris: UGE 10 / 18, 1980 을 보라.

53) *Le Monde*, May 4, 1977 참조.

축적된 시간이며(수수께끼 같은 상태로 남아 있는), 육체의 고통과 기쁨 속에 감싸인 상징화이다. "나는 여기서는 기분이 좋다."[54] 가물거리는 불빛처럼 나타나지만 언어 속에서는 거의 표현되지 않는 안락, 그것이 공간적 실천이다.

어린아이와 장소의 은유

> 은유는 한 사물에 다른 어떤 사물에 속하는
> 이름을 부여하는 데 있다.
> (아리스토텔레스, 시학, 1457b)

기억할 만한 것은 한 장소에 대해 꿈꿀 수 있는 무엇이다. 한 양피지에 거듭 쓴 사본과 같은 이 장소에서, 주체성은 개체를 실존으로 구축하고 '거기 있는 것,' 즉 현존재 *Dasein* 로 만든 부재와 이미 연결되어 있다. 그러나 우리가 보았듯이 이러한 거기 있는 존재 *being-there* 는 오직 공간적 실천 안에서만, 즉 무엇인가 다른 것으로 움직이는 방식으로만 행위한다. 그것은 궁극적으로 결정적이고 원초적인 경험, 즉 어린아이가 엄마의 몸으로부터 차별화된 경험이 다양한 은유를 통해 반복되는 것으로 보아야 한다. 공간과 주체의 국소화('모든 것이 아닌 것') 가능성이 시작되는 것도 이 경험을 통해서이다. 우리는 모체 경험에 관한 프로이트의 유명한 분석으로 되돌아갈 필요도 없을 것이다. 그 분석은 18개월 된 손자의 놀이를 추적한 것이다. 아이는 기뻐서 오 오 오 하다가 실타래를 던지면서 '저기 *fort!*'('저 쪽에,' '가 버렸네,' 혹은 '이젠 없다'의 뜻)라고 했고, 실타래에 감긴 줄을 끌어당기면서 반기며 '여기 *da!*'('여기에,' '다시 돌아왔네'의 뜻)[55]라고 소리쳤다. 여기서는 엄마의 몸과 분리되지 않았던 상태로부터 떨어져 나오면서, 실타래가 엄마의 대체

---

54) 주 52 참조.

55) 프로이트의 *The Interpretation of Dreams* 와 *Beyond the Pleasure Principle*, J. Strachey (trans.), NY: Liveright, 1980 두 분석 참조; 그리고 Sami-Ali, *L'Espace imaginaire*, Paris: Gallimard, 1974, pp.42~64 참조.

물이 된 과정(위험하면서도 만족스러운)을 기억하는 것으로 족하다. 여기에 물질적 대상을 '가 버리게' 하고 자기 자신을 사라지게 하는(그 대상과 자신을 동일시하는 한) 유쾌한 조작이 있다. 이로써 타자 없이(타자가 없기 때문에) 저기 있는 것, 그러나 사라진 것과의 필연적 관계 속에서 저기 있는 것이 가능해진다. 이 조작은 '원초적인 공간적 구조'이다.

더 거슬러 올라가 이 차별화 과정은 남성으로 확인된 태아를 엄마로부터 분리시키는 이름 붙이기에 적용할 수 있다(그런데 바로 이 순간부터 공간과 또 다른 관계 속에 들어가는 여자 태아는 어떨까?). 거울 앞에 선 어린아이가 다른 것(아이가 자기 자신과 동일시하는 이미지 그것)[56]이 아닌 자기 자신(전체적으로 본 그녀 혹은 그)을 보게 되는 '즐거운 행위'가 이루어지는 애초의 게임에서, 중요한 것은 존재의 법칙이자 장소의 법칙으로서 타자로의 이행을 각인하는 '공간적 사취'이다. 따라서 공간을 실천하는 것은 어린 시절의 즐겁고 조용한 경험을 되풀이하는 것이다. 그것은 한 장소에서 타자가 되는 것이며 또한 타자로 옮겨 가는 것이다.

이리하여 프로이트가 모국 땅을 발로 밟는 행위로 비유한 걷기가 시작된다.[57] 이처럼 자신과 자신의 관계는 그 장소의 내적 변경(그 켜들 사이의 관계), 혹은 한 장소에 축적된 이야기들을 보행으로 풀어 내는 행위(도시를 돌아다니거나 여행하는 것)를 지배한다. 공간적 실천을 결정하는 유아 시절의 경험은 크면서 그 효과를 펼치고 증식하여 사적, 공적 공간에 흘러넘치며, 그 읽을 수 있을 만한 표면을 풀어제끼면서 계획된 도시 안에 '은유적인' 혹은 움직이는 도시를 창조한다. 마치 칸딘스키가 꿈꾼 것처럼. "건축의 모든 규칙에 따라 세워졌지만, 세워지고 나서는 갑자기 모든 계산에 도전하는 힘에 의해 흔들리는 거대 도시."[58]

(옮긴이: 김용호)

---

56) J. Lacan, "Le Stude du miroir," *Écrits*, Paris: Seuil, 1966, pp.93~100; "The Mirror Stage," in *Écrits: A Selection*, A. Sheridan (trans.), New York: Norton, 1977.

57) S. Freud, *Inhibitions, Symptoms and Anxiety*, New York: Norton, 1977.

58) V. Kandinsky, *Du spirituel dans l'art*, Paris: Denoël, 1969, p.57.

대중 문화: 대중의 문화

대중 문화 연구에서 가장 핵심적인 주제 가운데 하나는 대중이 누구인가 하는 문제이다. 대중에 대한 실체가 파악되지 않는다면, 대중 문화의 본질이나 성격에 대한 모색도 어렵기 때문이다.

대중에 대한 논의는 1960년대 이후 문화의 개념을 새롭게 정의한 레이먼드 윌리엄스 등의 문화주의자들에 의해 문화 연구의 가장 핵심적인 주제로 등장했다. 이들 문화주의자들은 문화가 더 이상 특수한 계층의 특권적인 향유물이 아니라 모든 사람들의 공통 경험이 이해되고 반영되는 일상적인 삶의 방식이라고 정의하였고, 문화의 관념성에 저항하여 인간의 경험과 실천, 의미를 강조했다. 이들은 인간의 가치는 삶의 전 과정에 걸쳐 보편적으로 드러나는 것이기 때문에 특정 소수에 의해 발현되는 지적 성과물이나 예술적 양식만을 문화라고 정의할 수 없으며, 보통 사람들의 일상적 행위와 실천을 통해서도 의미지워지고 표현되는 것이 문화라고 주장했다.

대중의 삶에 기반을 둔 것으로 문화를 새롭게 보고자 한 이들의 시각은 새롭고 획기적인 것이었다. 비로소 문화가 예술이라는 좁은 영역에 가두어진 편협된 해석에서 벗어나 삶의 일상 영역으로 확대되었기 때문이다. 한편 이들 문화주의자들은 인간이 능동적으로 문화를 만들어 간다는 매우 희망적인 생각을 갖고 있었다. 이들의 견해는 그 때까지 문화를 언급할 때 관심 외에 두었던 대중을 문화 생산의 주체로 인정하고 그들의 존재와 경험에 대해 새로운 의미를 부여했디는 점에서 기존의 문화관을 전복하는 계기가 되었다.

　　다음에 제시된 세 편의 논문은 공통적으로 대중을 새로운 방식으로 바라보고 그들의 문화에 대해 새로운 의미를 부여하고자 시도하고 있다. 한 마디로 이 논문들의 공통 주제는 '대중'이라고 할 수 있는데, 이를테면 토니 베넷의 논문이 '대중'에 대한 시각 정립의 필요성을 역설하고 있다면, 클라크 등의 논문은 하위 문화로서의 청소년 문화의 특징에 대해, 그리고 피스크는 능동적 수용자의 가능성에 대해서 서술하고 있다.

　　피스크의 논문은 청소년들이 1980년대에 와서는 어떠한 저항의 방식으로 나타나는지를 살펴본 것이다. 이 논문에서 다루어지고 있는 팬덤 *fandom* 은 팬 의식을 말한다. 원래 팬덤은 사회적 병리 현상으로 취급되었다. 그러나 피스크는 팬덤에 대해 새로운 시각을 제시하고 있다. 그는 팬덤이 대중 문화에 대한 공식적 참여 방식임에 주목한다. 때문에 저항의 방식을 통하든, 아니면 수용과 변용의 방법을 택하든 그것을 대중이 보여 주는 저항의 방식으로 이해하려 한다. 피스크에게 이 팬덤은 문화가 지배를 관철하는 과정에서 대중이 유일하게 힘을 얻을 수 있는 창조 행위이자 욕망의 실현으로 인식된다.

　　그는 팬덤이 문화 자본이 될 수 있는 이유로 첫째, 지배 문화 관행에 변화를 가할 수 있으며 둘째, 문화 생산 자본에 영향을 미쳐 방향을 바꿀 수 있으며 셋째, 기존 지배 문화의 상징적 권력, 즉 세상을 이해하는 방법에 영향을 미칠 수 있다는 점을 들고 있다. 그렇기 때문에 피스크는 팬덤이 지배 문화의 형성 과정에서 저항의 방식이자 조직의 가능성이 있는 새로운 현상이라고 주장한다. 특히, 문화 산업이 주도하고 있는 현대 대중 문화에서 대중의 참여가 나름대로 보장되고 있는 팬 그룹의 형성은 대중 문화의 적극적인 변용이나 저항의 가능성을 제시하고 있다는 것이다.

　　두 번째 논문인 <하위 문화, 문화, 그리고 계급 Subculture, Cultures and Class>에서는 청소년 문화의 저항성에 대한 논의를 다루고 있다. 앞서 언급한 것처럼 문화에 대한 논의는 윌리엄스 이후 보다 활발하게 이루어졌는데, 그 가운데 하나는 문화의 특수 영역에 대한 독특한 생산, 소비 방식에 대한 주목이었다. 예를 들면 노동 계급이나 여타 종속적 사회 집단의 삶의 방식과 문화에 의미를 부여하게 된 것은 이들이 비록 상대적으로 적게 발전된 방식이긴 해도 자발적이고 대항적인 문화의 영역으로 간주되었기 때문이다. 이들에게 진정한 대중 문화는 미디어 산업에 의해 생산되는 대중 문화가 아닌 주어진 역사적 조건과 관계 속에서 나타나는 경험을 통한 의미와 가치였고, 그것이 표현되고 구현되는 방식이자 실천이었다. 따라서, 문화 연구론의 입장은 모든 실천들의 기저에 있는 공통적, 동질적인 형식들을 발견하는 데 초점이 모아졌다.

이 논문은 이러한 맥락에서 이해할 수 있다. 1950년대 이후의 영국 청소년 문화에서 어떻게 그 문화가 지배 문화에 저항했으며 그 저항의 의미는 무엇이었는지, 저항의 방식을 따라 어떻게 나름대로의 문화적 실천과 영역을 확대해 가는지를 추적하고 있다. 특히, 그람시의 헤게모니 이론에 근거하여 하위 계급의 청소년들이 지배 문화에 대해 어떻게 투쟁, 변용, 협상의 과정을 거치는지를 설명한다. 이들은 하위 계급 청소년들이 저항의 양식으로 스타일의 변용을 통해 기존의 기호에 대한 파괴를 시도하고 있다고 설명한다.

토니 베넷의 <대중성과 대중 문화의 정치학 The politics of the popular and popular culture>은 문화 연구의 역사적 관점에서 '대중'에 관한 시각을 제시한다. 그의 주장에 의하면 대중은 고정된 것이 아니라, 그 구성과 조직이 끊임없이 변화하는, 즉 살아 있는 존재라는 것이다. 그는 지금까지 대중이 역사적으로 잘못 취급되어 왔으며, 보수적 평론가들과 비판적 좌파들 모두로부터 올바른 평가를 받지 못했다고 지적하고 있다. 즉, 전통적인 순수 예술의 시각에서 대중과 그들의 문화를 파악했던 아널드나 리비스는 대중을 천박하고 세속적이고 무지한 대상으로 보았고, 또 대중을 혁명의 주체로 내세우려 했던 공산주의자들은 이들을 자본주의 이데올로기 유포의 주범인 미디어에 의해 농락당하는 존재로 배척했다는 것이다.

베넷은 대중이 규정될 수 없듯이 그들이 생산해 내는 대중 문화 또한 규정되어서는 안 된다는 태도를 견지한다. 그는 문화란 대립적인 가치들이 만나고 섞이면서 대중의 의식과 경험을 틀 지우는 문화적 형식과 실천의 영역이라고 주장한다. 즉, 지배 문화에 대항한 대중의 경험과 의식이 저항의 형식을 거치는 과정에서 생성되는 것이 문화라는 것이다. 이러한 과정에서 주체가 되는 대중은 결코 어떤 개념으로도 정의될 수 없다. 그에게 있어 대중은 움직이는, 그리고 살아 있는 주체적 존재로 인식되고 있다. 대중에 대한 그의 집착은 다음과 같은 말에 집약되어 있다.

대중이 누구인가 하는 것은 우리가 바라는 정치적 지향과 함께 가는 문제이다. 이는 추상적으로가 아니라 단지 정치적으로만 대답할 수 있다. 중요한 것은 대중을 정의하는 것이 아니라 만드는 것이다. 파워 블럭에 대항하는 사회 세력들의 광범위한 연대를 구축하고 문화적 영향력을 확보함으로써 그 정치적 중요성을 높이는 것이다.

이제까지 살펴본 바와 같이 이 세 편의 논문은 각기 개별적 특수성을 지니고 있다. 그러나 이들이 공통적으로 전제하고 있는 것은 '대중'에 대한 미련이자 운동성에 대한 욕구이다. 다시 말해, 이들은 대중 문화 시대의 대중의 존재에 대한 의도적이고도 애정 어린 시각을 내포하고 있다. 대중을 어떻게 볼 것인가, 대중을 어떻게 조직할 것인가, 이 대중 문화가 범람하는 세상에서 어떻게 인간적인 해답과 출구를 찾을 수 있을 것인가? 이 같은 질문에 대한 해답을 나름대로 찾으려고 애쓰고 있다.

그런 의미에서 이들 논문이 의도하고 있는 것은 현대 대중 문화의 지배 과정에서 이에 대한 저항 혹은 대항의 방식을 통해 그 영향력을 감소시키고 대중의 입지를 확보하려는 대중 문화 간의 헤게모니적 투쟁 방식이다. 주지하듯이, 헤게모니론은 그람시에 의해 제기된 것으로, 이 입장에서 보는 문화는 권력을 가진 자들과 권력을 갖지 못한 자들 간의 끊임없는 투쟁의 장이다. 여기서 전제하는 대중 문화는 '대중'의 문화도 아니고 그들을 위해 생산되고 관리되는 문화도 아니다. 대중 문화는 서로 다른 가치와 이념들이 만나고 섞이면서 서로의 입지를 대중의 의식 가운데에 틀 지우기 위해 경쟁하는 문화적 형식과 실천의 영역일 뿐이다. 따라서, 대중의 문화가 미리 규정되고 주어진 것이 아니라면 이는 영역 확보를 위한 투쟁의 결과에 따라 얼마든지 그 모양이 달라질 수 있는 의미 있는 싸움터가 될 수 있다는 것이다.

이 투쟁을 위해 이들은 '대중'에 대한 희망을 포기하지 않고 있다. 오히려 '대중'만이 대중 문화의 장에서 벌어지고 있는 싸움의 주인공이자 '마지막 보루'라고 믿고 있는 듯하다. 대중에 대한 고정적이고 수동적인 의미의 거부, 대중에 대한 새로운 의미 부여, 그리고 이들을 조직하는 것, 이것이 이들 논문에서 주장되고 있는 핵심이라고 할 수 있다.

(김연종)

팬덤의 문화 경제학

존 피스크

팬덤은 산업 사회의 대중 문화에 보편적으로 나타나는 특징이다. 팬덤은 자발적으로 모인 사람들이, 대량 생산되어 대량 분배된 오락의 레퍼토리 가운데에서 특정 연기자(연주자)나 서사체 혹은 장르를 선택하여 자신들의 문화 속에 수용하는 현상을 보인다. 선택된 것들은 더 강렬한 즐거움과 의미를 발생시키는 대중 문화로 재가공된다. 그것은 '평범한' 수용자들의 대중 문화와 비슷하면서 아주 다르다. 팬덤은 지배적인 가치 체계에서 멸시받는 문화 형태들, 즉 팝 음악, 로맨스 소설, 만화, 할리우드의 대중 스타들(운동 선수의 경우에는 특히 남성들에게 호응을 얻는다는 점이 예외적이다)에 주로 연결된다. 그래서 팬덤은 종속적인 사람들의 문화 취향과 연관이 있다. 특히 성별로 보나, 나이로 보나, 계급으로 보나, 인종으로 보나, 그 어떤 조합 속에서도 무력한 계층들에게 더 그렇다.

＊ John Fiske, "The Cultural Economy of Fandom," *The Adoring Audience-Fan Culture and Popular Media*, Lisa A. Lewis (ed.), London & N.Y.: Routledge, 1992. 존 피스크는 위스콘신 대학의 커뮤니케이션학과 교수이며 <문화 연구 *Cultural Studies*>의 편집 위원이다. 주요 저서로는 ≪텔레비전 읽기 *Reading Televison*≫, ≪텔레비전 문화 *Television Culture*≫, ≪대중 문화의 이해 *Understand Popular Culture*≫ 등이 있다.
＊＊ 이 글의 초고를 읽고 유익한 논의를 해 준 린 스피겔 Lynn Spiegel 과 헨리 젠킨스 Henry Jenkins 에게 감사의 뜻을 전한다.

대중적 수용자들 *popular audiences* 은 모두 다양한 수준의 기호학적 생산성을 가지고 있다. 즉, 문화 산업의 산물들에서 자신의 사회 상황에 알맞는 의미와 즐거움을 생산해 낸다. 팬들은 가끔 이런 기호학적 생산성을 어떤 텍스트 형태를 생산하는 쪽으로 발휘한다. 그 텍스트는 동료들 사이에 배포됨으로써 그 팬 공동체를 규정짓는 데 도움이 된다. 팬들은 자체의 생산 및 분배 체계를 가진 팬 문화를 창출함으로써, 문화 산업의 영역 밖에서, 하지만 여러 특성을 공유하는 '그림자 문화 경제 *shadow cultural economy*'라고 부를 만한 것을 형성시킨다. 이것이 평범한 대중 문화에서는 나타나지 않는 특성이다.

나는 이 글에서 문화를 경제적인 차원(자본을 투자하고 축적하는 장으로서의 경제)에서 서술한 부르디외의 은유를 활용하고자 한다. 문화 체계는 경제 체계처럼 그 자원을 불평등하게 분배하고 그에 따라 특권층과 빈곤층을 구분짓는 작용을 한다. 즉, 어떤 문화적 취향과 능력을 증진시키고 특권화한다. 주로 교육 체계를 통해서 그런 작용이 이루어지지만 동시에 화랑, 음악당, 박물관, 예술에 대한 국가 보조 — 이 모든 것들이 합쳐져 고급 문화(전통적인 것으로부터 아방가르드에 이르는)를 구성한다 — 등 다른 기구들을 통해서도 이루어진다. 이 문화는 사회적, 제도적으로 정당화되는데(그래서 나는 그것을 공식 문화 *official culture* 라 부르고 싶다), 이 점에서 아무런 사회적 정당화 또는 제도적 지원을 받지 못하는 대중 문화와 구별된다. 공식 문화는 마치 돈처럼 그것을 소유한 사람과 그렇지 못한 사람을 구별한다. 교육에 대한 '투자,' 즉 어떤 문화적 취향과 능력을 얻는 데 '투자'를 하게 되면, 거기에 대해서 사회는 더 나은 직장, 사회적 후광, 더 높은 사회 경제적 지위라는 '보상'을 해 준다. 이렇게 문화 자본은 경제 자본과 손을 맞잡고 사회적 특권과 구별을 생산한다.

부르디외(1984)는 사회적 공간 속에서 문화 취향의 좌표와 경제적 지위의 좌표가 얼마나 정확하게 겹쳐지는가를 분석하고 있다. 그는 우리 사회를 먼저 (경제적이고 문화적인) 자본을 소유한 양에 따라 수직축을 긋고, (경제적 자본이냐, 문화적 자본이냐 하는) 그 자본의 유형에 따라 수평축을 긋는다. 수평축을 따라 왼쪽으로 갈수록 문화적 자본의 비중이 더 높아지고(학자, 예술가 등), 오른쪽으로 갈수록 경제적 자본이 더 우세해진다(사업가, 제조업자 등). 수직축의 위쪽은 두 형태의 자본 모두 풍족한 사람들이 차지한다. 그들은 건축가, 의사, 변호사 등 전문직 종사자들이고, 교육을 받은 사람들이다. 곧 '취향' 자본가들일진저! 좌표의 아래쪽은 두 자본을 모두 갖고 있지 못한 사람들, 곧 부르디외가 '프롤레타리아'라고 부른 사람들이 자리잡는다.

그것이 상속 자본이냐 취득 자본이냐에 따라 자본의 형태는 더 복잡해진다. 구 화폐냐 신 화폐냐의 차이를 따지는 일이 위쪽 지역 구성원들에게는 아주 중요한 구분 사항이지만 가난한 사람들에게는 한낱 우스갯거리인 것과 마찬가지로, 상속된 문화 자본이냐 취득된 문화 자본이냐를 구분하는 일도 사회 공간 속에서 위쪽으로 갈수록 더 중요해진다. 간단히 말해서 취득 문화 자본은 교육 체계에 의해 생산되고, 문학, 예술, 음악 그리고 이제는 영화까지도 포함하는 특정 영역의 텍스트들, 즉 정전 *canon* 에 대한 지식과 비판적 전유로 구성된다. 상속 문화 자본은 텍스트에 대한 선호보다 라이프스타일에서 잘 나타난다. 즉, 패션과 가구와 예절 속에서, 그리고 어떤 레스토랑이나 클럽을 선택하는가, 또 어떤 스포츠를 선호하고 휴가를 어떻게 보내는가 등을 통해서 잘 나타난다.

이 모델은 아주 생산적이지만, 두 가지 큰 약점을 안고 있다. 첫째는 사회 구분의 (유일하다고 하지는 않지만) 주된 차원으로서 경제와 계급을 강조하는 점이다. 우리는 부르디외의 모델에 성과 인종, 나이 등을 구분의 축으로 덧붙일 필요가 있다. 그래서 그가 계급 차이를 강화하는 문화의 작용 방식을 읽어 냈듯이, 우리는 다른 사회적 차이의 축들에서도 그 기능을 읽어 내야 한다. 이 글에서 나는 종속의 축으로서 계급과 성과 나이에 초점을 맞추고자 한다. 당연히 관심을 기울여야 할 인종을 다루지 못하는 것이 아쉽다. 하지만 백인이 아닌 경우의 팬덤에 대한 연구를 나는 아직 찾지 못했다. 지금까지 이루어진 대부분의 연구들이 차별의 핵심축으로서 계급, 성, 나이에 초점을 맞추고 있나.

부르디외의 두 번째 약점은 지배 문화에 대해서 실시한 만큼의 정치한 분석을 종속 집단의 문화에 대해서는 하지 않았다는 점이다(나의 연구의 목적이 여기에 있다). 그는 부르주아 내부에서 사회적으로 구분될 수 있는 집단들의 특성에 따라 지배 문화를 몇 개의 범주로 재분류하였다. 하지만 프롤레타리아와 그 문화는 분류하지 않은 채 동질적인 것으로 남겨 두었다. 그에 따라 그는 종속 집단 내에서의 사회 형성의 차이를 구분시키는 그 대중 문화의 역할과 창조성을 심각할 정도로 평가 절하하고 있다. 그는 공식 문화 자본 바깥에서 생산되고 때로는 그에 저항하는 대중 문화 자본 형태가 있음을 허용하지 않는다.

이 두 가지 약점은 보완될 수 있는 사항이고, 그 약점 때문에 그의 연구의 가치가 사라지는 것은 아니다. 내가 보기에 특히 유용한 그의 개념은 아비투스 *habitus* 이다. 아비투스는 거주지 *habitat*, 거주자 *habitants* 및 이와 밀접한 관계가 있는 습관적인 사고 방식 *habituated way of thinking* 등을 포괄하는 용어이다. 이것은 사회 공간 속에서 우리가 차지하는 위치 및 그와 관련된 삶의 방식, 그리고 부르디외가 '기질'이라고 부른 것(즉, 문화 취향 및 느끼고 사고하는 방식) 등을 꿰는 개념이다. 아비투스는 사회적인 것과 개인적인 것 사이의 전통적인 구별을 거부하고, 지배와 주체성 사이의 관계를 재공식화한다.

부르디외의 모델에 대해 지적할 수 있는 마지막 요점은 좌표 아이디어가 운동 아이디어를 포함한다는 것이다. 사회 공간이란 계급이나 사회 집단, 개인들이 시간을 두고 운동하는 공간을 말한다. 두 종류의 자본을 획득하거나 상실함에 따라 지도 위에서 차지하는 그의 위치가 바뀌고, 그러므로 아비투스가 바뀐다. 이 글에서 나는 논의의 기반을 부르디외의 모델에 두되, 종속의 축으로서 성과 나이까지 고려하여 종속적 사회 구성체에 의해 생산된 '대중 문화 자본'의 형태들을 포함하도록 확대시킬 것이다. 대중 문화 자본은 공식 문화 자본이 지배적 맥락에서 하는 기능과 유사한 기능을 종속적 맥락에서 할 수 있다. 특히, 팬들은 그 문화 자본의 적극적 생산자이자 사용자들이다. 그리고 팬 조직 수준에서 이들은 공식 문화의 형식적 제도에 해당하는 것을 재생산하기 시작한다. 이 글의 결론으로서 내가 보여 주고 싶은 것은 팬 문화가 대중 문화의 한 형태라는 점이다. 비록 대중적인 형태를 띠고, 대중적 통제 아래 있다고 해도 팬 문화는 공식 문화의 여러 제도들에 조응한다. 팬 문화는 정당화된 문화가 남겨 놓은 빈 곳들을 채우는 문화적 노동의 한 형태로서 경제적 장에서보다는 문화적인 장에서의 일종의 '달빛'으로 생각될 수 있다. 팬덤은 문화적 결핍을 채우는 방법을 제공하고 문화 자본에 상응하는 사회적 위광과 자존심을 제공한다. 경제적 자본과 마찬가지로 결핍은 객관적인 수단들만으로 측정될 수 없다. 결핍은 소유한 자본의 양이 욕망하는 양에 미달할 때, 혹은 응당 받아야 한다고 여기는 양에 미달할 때 발생하기 때문이다. 그래서 학업 성취도가 낮은 사람(학교 성적이 나쁜 사람)은 공식적인 문화 자본이 부족할 것이고, 그에 따라 사회적 지위나 자존심도 부족할 수밖에 없다. 어떤 사람은 음악가나 운동 선수의 팬이 됨으로써 팬의 지식과 감상을 통해서 또래 집단 사이에서 자존심의 주요 원천이 되는 비공식적 문화 자본을 획득한다. 팬덤은 사회적, 문화적 빈곤층들에게서 전형적으로 나타나지만, 꼭 그들에게 국한된 것만은 아니다. 나이 어린 팬들 가운데는 학교 공부도 썩 잘하고 착실하게 공식적 문화 자본을 축적하고 있는 경우가 많다. 하지만 그 아이들은, 적어도 나이를 기준으로 할 때, (자기도 여전히 습득하기 위해 공부하고 있는) 문화적, 경제적 자본을 현재 소유하고 있는 사람들의 가치관과 문화 취향(혹은 아비투스)으로부터 자신을 구별하고 싶어한다. 계급이나 성보다 나이에 의해 규정되는 그런 사회적인 구별은 종종 그들의 팬덤에 의해서 표현되고, 또 공식적, 지배적 문화 자본과 대립한다는 점에서 정치적 성격을 갖는 비공식적 문화 자본 혹은 대중 문화 자본의 축적에 의해서 표현된다.

대중 문화 자본은 공식적인 문화 자본과는 달리 경제적 자본으로 전화되지 않는다. 물론 예외가 있기는 한데, 거기에 대해서는 뒤에 설명하겠다. 대중 문화 자본을 습득한다고 해서 그것이 경력이 되지도 않을 뿐더러, 거기에 투자한다고 해서 계급 상승이 이루어지지도 않는다. 그 배당금은 손윗 사람들에게서가 아니라, 취향 공동체 내의 노래들의 존중과 즐거움으로 주어진다. 이런 점에서 팬은 부르디외가 '독학 *autodidacts*'이라고 한 것의 좋은 예가 된다. 그가 말하는 독학이란 학교 성적과 그에 따른 사회 경제적 보상으로 표현되는 현실적인 (혹은 공식적인) 문화 자본과 아이들 스스로가 진정한 디저트로 느끼는 것 사이의 간극을 메우는 데 자기 스스로 습득한 지식과 취향을 사용하는 것을 말한다.

팬덤은 그래서 문화적 결정 요인들이 독특하게 혼합되어 있다. 한편으로 그것은 공식 문화의 영역 밖에서 형성되어 때로는 그에 저항하는 대중 문화가 발양된 것이면서, 다른 한편으로 자기가 그렇게 저항하는 공식 문화에 들어 있는 가치와 특성들을 일부분 수용하고 재가공한다.

나는 팬덤의 주요 특성을 세 가지 주제 아래 논의하고자 한다. 차별 *discrimination* 과 구별 *distinction*, 생산성 *productivity* 과 참여 *participation*, 자본 축적 *capital accumulation* 이 그 주제들이다. 이것들은 특정 팬 혹은 팬 집단의 특징이라기보다는 팬덤 일반의 특징들이다. 어느 한 명의 팬이나 하나의 팬 공동체가 이 모든 특징들을 균등하게 보이지는 않을 것이다. 그들 사이에도 강세를 보이는 특징은 아주 다르게 나타날 것이다.

차별과 구별

팬들은 예민하게 차별성을 보인다. 자기들 팬덤의 안과 바깥 사이의 경계선을 확실하게 긋는다. 이러한 문화 영역에서의 차별이 사회적 구별의 좌표가 된다. 팬 공동체와 그 밖의 세상 사이의 경계선은 더할 나위 없이 분명하게 표시되고 순찰을 돌기도 한다. 그 경계선의 양쪽에서 모두 서로 간의 차이를 강조한다. 가령, 어떤 시청자가 팬덤에 물들어 있는 것처럼 보이기 싫을 경우 "사실 나는 물론 팬은 아니지만……" 하고 말하지 않는가. 그 선의 안쪽에서 팬들은 어떤 특성을 갖춰야 그 경계선을 넘어와 진정한 팬이 될 수 있는가에 관해 논쟁을 벌이기도 한다. 어쨌든 그 선의 존재에 대해서만은 확실한 동의가 이루어져 있다. 텍스트적 차별과 사회적 차별은 동일한 문화적 행동의 한 부분이다.

팬의 차별은 대중 문화의 사회적 차별과 지배 문화의 미학적 차별 모두와 친화력이 있다. 부르디외에 의하면 종속 문화와 지배 문화를 가르는 핵심적인 차이 가운데 하나는 종속 문화가 기능적이라는 것이다. 즉, 그것은 무엇인가를 **위해서** 존재한다. <캐그니와 레이시>의 팬들에 대한 데이시의 연구(D'Acci, 1989)에서 보면 팬들은 자기의 자부심을 고양시키고 그럼으로써 사회 생활을 더 힘차게 하는 방향으로 그 쇼와 거기 출연하는 스타들을 활용하고 있다. 팬들은 그 쇼가 자신에게 다양한 사회 상황들 속에서 더 잘 버텨 낼 수 있도록 자신감을 준다고 진술하였다. 한 여학생의 경우 자신의 팬덤 덕택에 자기가 남학생들 못지않게 일을 해낼 수 있음을 깨닫게 되었다고 말하고 있고, 어느 여성은 위험을 무릅쓰고 자기 사업을 시작하는 결정을 내리는 데 그 쇼를 보면서 생긴 자신감이 직접적인 동기가 되었다고 했다. 다른 글에서 나는 마돈나의 10대 소녀 팬들이 자신의 팬덤을 통해 자기 권능 *self-empowerment* 을 갖게 되고, 그것을 사용하여 자신의 성이 갖는 의미를 스스로 통제하며 또 자신 있게 거리를 활보할 수 있었던 것으로 분석하였다(Fiske, 1989b). 래드웨이(Radway, 1984)는 여성 로맨스 소설 팬들이 그 독서를 통해서 가부장제적 결혼 구조 안에서 자신의 권리를 더 잘 주장할 수 있게 된다고 말한다. 이런 '대중적' 차별은 텍스트나 스타의 선택과 관련이 있다. 그 선택을 통해 팬들은 자기의 사회적 정체성과 사회적 체험들을 의미화할 기회를 제공받는다. 그것들은 (방금 논의했듯이) 때로는 더 힘있는 사회적 행위로 전환되기도 하고, 또 어떤 때는 그와는 반대로 사회적 행동을 저해하는 보상적인 환상의 수준에 머물기도 한다.

팬 차별의 다른 형태는 공식 문화의 미학적 차별에 근접해 있다. 만화 팬에 대한 키스트의 연구에 의하면, 만화 팬들은 여러 화가와 작가들을 날카롭게 차별화할 수 있고, 그들의 순위를 매겨 위계짓는 것을 아주 중요시하고 있다(Kiste, 1989). 그 가운데 특히 어떤 것은 '정전화'하면서 다른 것들은 배척한다. 툴로치와 알바라도는 <닥터 후>의 팬들이 초기의 시리즈를 정전화하는 반면, 대중적으로 더 널리 인기를 끈 후기 시리즈(특히, 톰 베이커가 주인공을 맡은 시점부터)는 배척하고 있음을 상세히 분석하고 있다(Tulloch & Alvarado, 1983). 그들이 채택하는 범주는 기본적으로 진품 여부이다. 그렇다고 해서 널리 공연되어 왔다는 실적은 제쳐두고, 세익스피어가 정말 쓴 것인가를 밝히는 데 더 치중하는 문학자들의 태도와는 다르다. 예술가 개인(작가, 화가, 연주자)의 생산이라는 관점으로 평가될 때 진품은 공식 문화 자본을 축적하는 데 보통 사용되는 차별의 범주이다. 하지만 팬들은 이제 여명기를 맞이한 그들의 문화 경제 안에서 그 범주를 전유할 채비를 하고 있다.

키스트 및 툴로치와 알바라도 등이 연구한 여러 팬들은 자기들의 팬덤 대상이 공식적 문화의 범주에서 평가 절하되고 있음을 알고 있었다. 그리고 이런 잘못된 평가에 맞서 반론을 펴는 데 힘을 기울였다. 그들은 자신들이 선호하는 텍스트들이 정전화한 것들 못지않게 '좋은' 것임을 논증하기 위해 '복합성,' '미묘함'과 같은 공식적 문화의 범주들을 자주 구사하고 또 비교의 기준으로서 소설이나 연극, 예술 영화 같은 정통 문화를 끊임없이 거론했다.

우리가 찾아볼 수 있는 팬에 대한 얼마 되지 않는 연구들을 통해 차별화 양식 내의 사회적 요인들을 추적할 수 있다. 그 연구들은 젊은 팬보다 나이 든 팬이, 또 여자보다 남자가 더 공식적인 혹은 미학적인 범주들을 사용하는, 미미하지만 규칙적인 경향이 있음을 보여 준다. 더 연구를 해 보면 이런 경향이 구조적인 것임을 드러내 줄 텐데(나는 그렇다고 추측한다), 일단은 권력 구조와 맺는 관련성이 그들 간에 서로 다르다는 데에서 설명을 시도할 수 있을 것 같다. (성과 나이, 계급에서) 종속적인 사람들이 프롤레타리아 문화에 전형적으로 나타나는 아비투스(즉, 경제적 자본 혹은 문화적 자본을 갖고 있지 못한 아비투스)를 더 발전시켜 왔을 가능성이 높다. 즉, 어떤 팬이 지배와 종속의 구조로부터 고통을 덜 받을수록 그는 어떤 면에서 공식적 문화에 의해 발달된 것과 유사한 아비투스를 발전시킬 가능성이 더 높다. 그에 따라 그는 비공식적 텍스트에 공식적 범주를 적용시키는 경향을 나타낼 것으로 보인다. 더 나이 든 팬들, 남자 팬들, 그리고 교육 수준이 더 높은 팬들이 공식적 범주를 사용하는 경향이 많은 반면 더 젊고, 여자이고, 교육 수준이 낮을수록 대중적 범주를 지향한다는 것은 그리 놀라운 일이 아니다. 문화 취향과 실천들은 개인적 차이보다 사회적 차이에 의해 생산된다. 그러므로 텍스트적 차별과 사회적 구별은 팬들과 다른 대중적 수용자들 사이에서만큼이나 팬들 사이에서도 마찬가지로 문화적 과정의 한 부분을 이룬다.

생산성과 참여

대중 문화는 문화 산업의 생산물로부터 사람들에 의해 생산되기 때문에 수용이 아니라 생산성의 측면에서 이해되어야 한다. 팬들은 특히 생산적인데, 나는 그들의 생산을 세 영역으로 범주화하고 싶다. 물론 팬의 생산성을 보여 주는 어느 사례도 그 범주들의 특성을 모두 보여 주게 마련이어서, 그 범주들 사이의 깔끔한 구별을 거부한다. 범주란 분석 목적에 따라 분석자가 생산하는 것이라서, 세상이 그렇게 존재하는 것은 아니지만, 분석적 가치를 갖는다. 내가 제안하고자 하는 범주들은 기호학적 생산성, 언술 행위적 생산성, 텍스트적 생산성이다. 이 생산성들은 모두 산업적으로 생산된 문화 상품과 팬의 일상 생활 사이의 접촉 지점에서 발생한다.

   기호학적 생산성 *semiotic productivity* 은 팬 문화에만 나타나는 특수한 것이라기보다 대중 문화에 전반적으로 나타나는 특성이다. 그것은 문화 상품의 기호학적 자원들로부터 사회적 정체성과 사회적 체험의 의미가 만들어지는 것을 뜻한다. 마돈나 팬들이 자신의 성적 의미를 가부장제에 입각하지 않고 스스로 만들어 낸다든지(Fiske, 1989b), 로맨스 소설 팬들이 가부장제적 가치에 반하는 여성으로서의 자신의 가치를 정당화한다든지(Radway, 1984) 하는 것들이 기호학적 생산성과 관련된 예들이다. 최근 이루어진 수용자에 대한 민속지학적 연구들은 이런 유형의 생산성의 사례들을 많이 찾아 놓았다. 여기에서 그것을 다 소개할 필요는 없을 것 같다(가령 Cho & Cho, 1990; Dawson, 1990; Leal, 1990; Lipsitz, 1990 등을 참고하면 좋을 것이다).

기호학적 생산성은 그러므로 근본적으로 내향적 *interior* 이다. 그렇게 형성된 의미가 면대면 상황에서 혹은 구두 문화 안에서 발화되고 공유될 때 그것은 공공적 형태를 취한다. 이를 일컬어 언술 행위적 생산성 *enunciative productivity* 이라고 한다. 언술 행위는 그 화자와 사회적, 시간적 맥락에 따라 독특하게 형성되는 기호 체계(구두 언어가 전형적이다)의 활용을 뜻한다. 팬들의 말은 어떤 지역 공동체 내에서 팬덤의 대상이 갖는 어떤 의미를 발생시키고 유포한다. 숍 오페라의 여성 팬들의 말에 대한 여러 연구들(예를 들어, Brown, 1987; Hobson, 1989, 1990; Seiter et al., 1989)을 통해 볼 때 등장 인물들과 그들의 행위의 의미와 그에 대한 가치 평가가 그 팬들의 일상 생활과 다소간 직접적으로 관계가 있음을 알 수 있다. 정말로 팬덤의 즐거움은 상당 부분 그것이 생산하는 팬의 말에 있다. 많은 팬들은 그들의 팬덤의 대상 선택이 그 대상의 특성에 의해서만큼 역시 그들이 가담하고 싶어하는 대화 공동체 *oral community* 에 의해 결정되고 있다고 진술한다. 가령 직장이나 학교의 동료들이 지속적으로 특정 프로그램이나 악단, 팀, 배우에 관해 이야기를 나눈다면 많은 사람들이 그 특정 사회 집단에 소속하는 수단으로서 팬덤에 빠지게 된다. 이것은 획득된 취향이 진정한 것이 아니라는 주장이라기보다 오히려 텍스트 선호와 사회적 선호 사이에 밀접한 상관 관계가 있음을 지적하는 것이다.

그런데 그렇게 중요하기는 해도 팬들의 대화만이 언술 행위의 유일한 수단은 아니다. 머리 모양이나 화장술, 옷이나 액세서리의 선택 등도 사회적 정체성을 구성하고 더 나아가 특정 팬 공동체의 일원임을 주장하는 방법이 된다. 마돈나 팬들이 MTV를 보고 그녀와 같은 차림새를 하고 거리를 활보할 경우 다른 사람들의 눈길을 더 끌게 되는데, 그것은 평상복 차림일 때보다 더 자신감 넘치는 정체성을 구성하게 해 줄 뿐 아니라, 그런 의미들을 사회적으로 유통시키는 행위가 되기도 한다. 비슷하게 영국의 축구 팬들은 대다수가 사회적, 경제적으로 무력한 남자들이다. 그들은 자기 팀 색깔 옷을 입거나 홈 구장에서 응원단 틈에 끼어 경기를 관전할 때 활력 있는 행동을 보이는데, 그것이 지나쳐서 폭력적인 행위를 하기도 하지만 그런 모습에서 어떤 자기 주장의 단호함이 더 잘 나타난다. 그런 단호함은 종종 사회적인 공격성을 보이는데, 그것은 자기들에게 압박을 가하는 사회의 보편 가치와 제도에 대한 미묘한 도전이 되기도 한다. 이런 점에서 소녀 마돈나 팬들과 소년 축구 팬들은 동일하고, 그 둘 다 어른들의 반대를 유발시킨다. 그런데 그런 반대는 사실 이런 유형의 팬의 즐거움에 통합된 한 부분이다. 그런 반대의 유발이야말로 그 언술 행위가 의도한 것의 일부이다.

언술 행위는 즉각적인 사회 관계 안에서만 발생할 수 있다. 즉, 발화 순간에만 존재한다. 그리고 그것이 발생시키는 대중 문화적 자본은 제한된 영역, 아주 국지적인 경제권에 국한된다. 하지만 그런 국지적인 팬 공동체 내에서는 투자에 대한 보상이 즉각적이고 지속적이다.

팬 생산성의 또 다른 범주가 있는데, 공식 문화에 의해 정당화되는 예술 생산에 훨씬 더 근접한 것으로서 텍스트 생산성 *textual productivity* 이다. 팬들은 그들 사이에서 배포되는 텍스트를 생산하는데, 그것은 종종 공식 문화에서처럼 높은 생산 가치를 가지고 제작된다. 그 둘 사이의 핵심적인 차이는 제작 기술상의 수준이 아니라 경제적인 동기에 있다. 팬들은 돈을 벌기 위해 그들의 텍스트를 쓰거나 생산하지 않는다. 오히려 팬의 생산성은 그들에게 돈을 쓰게 만든다. 물론 경제적 여건 때문에 팬들이 텍스트를 생산할 때 사용할 수 있는 설비의 제약을 받게 되고, 그로 인해 전문적으로 생산된 것과 비교할 때 기술 부족에 따른 조악함이 나타나기도 한다. 배포상의 차이도 존재한다. 팬 텍스트는 이윤을 추구해서 제작되지 않기 때문에 대중 시상을 지향할 필요가 없다. 그래서 공식 문화와 달리 팬 문화는 자기 텍스트를 그들 공동체 바깥으로 유통시키려고 하지 않는다. 그 텍스트들은 방송적이지 않고 '협송 *narrowcast*'적이다.

MTV는 드문 예외에 속한다. 마돈나와 관련해서 보면 그들은 마돈나의 뮤직 비디오 제작에 팬들과 경쟁을 하고, 24시간 내내 같은 곡을 틀기도 한다. 어떤 사람은 같은 노래를 24시간 동안 감상할 수 있으려면 상상할 수 있는 가장 열렬한 팬이 되어야 하는 것이 아니냐고 주장할지 모르지만, 어쨌든 그 배포 수단은 마돈나 팬들만의 것과 비교할 때 훨씬 더 광범한 수용자들에게 전달될 수 있다.

<스타 트렉>의 팬들은 더 전형적인 모습을 보여 준다(이에 대한 연구로는 Jenkins, 1989; Penley, 1990 참조). 그들은 원래 이야기의 통합체적 공백들을 완결된 소설 형태로 채워 넣는다. 그래서 그 소설, 즉 이본異本을 광범한 배포망을 통해 그들끼리 돌려 본다. 또 다른 텔레비전 SF 팬들의 생산성의 예로서 베이컨 스미스의 연구에 의하면, 그들은 자신들이 가장 좋아하는 에피소드의 장면들을 대중 음악의 사운드 트랙에 실어 자신들만의 뮤직 비디오로 만든다(Bacon-Smith, 1988). 이런 팬 예술가들 *fan-artists*은 팬 공동체 안에서 굉장한 명성을 얻는다. 예외가 있기는 해도 그들은 작업의 대가로 돈을 벌지는 않는다. 젠킨스가 지적한 바 있듯이 팬덤에는 이윤 추구에 대한 강한 불신이 존재하고 있고, 그런 일을 통해 이윤을 추구하는 사람들은 팬이 아니라 업자로 분류된다. 팬 아티스트들 가운데 유일한 예외는 그들의 그림이나 스케치들이 어쩌다 팬 경매에서 수백 달러에 팔리는 것이다. 그런 모습은 물론 지배적인 예술 세계의 모습을 물려받은 것이지만, 더 세속적인 대중 문화 자본 — 결코 경제적 자본으로 환산될 수 없는 것 — 과 팬 문화 자본 — 특별한 경우에 전화되기도 하는 것 — 사이의 차이를 강조해서 지적한다.

팬 생산성은 새로운 텍스트의 생산에만 국한되지 않는다. 독창적 텍스트를 구성하는 데 참여하여 그 상업적 서사체 혹은 연행을 대중 문화로 전환시키기도 한다. 팬들은 아주 참여적이다. 스포츠 관중들이 자신이 응원하는 팀의 복장을 입는다거나, 록의 청중들이 밴드의 의상

과 행동을 따라하는 것 등은 경기의, 또 연주의 한 부분이 된다. 이렇게 연주자 혹은 팀과 팬이 하나의 생산 공동체로 녹아들어감으로써 예술가와 수용자 사이의 차이가 극소화되고, 그에 따라 그 텍스트는 예술 대상이 아닌 하나의 이벤트로 바뀐다. 이런 면이 부르디외가 지배적 아비투스에 반대되는 것으로서 얘기한 종속적 아비투스 *subordinate habitus* 의 특성에 부합한다. 종속적 혹은 프롤레타리아적 아비투스는 텍스트와 예술가를 수용자로부터 그리고 그들의 일상 생활과 거리를 두려 하지 않는다. 팬들이 자기의 팬덤의 대상에 대해 느끼는 경의, 심지어 숭배감은 우리도 그 대상을 '소유하고 있다'는 상당히 모순된 것처럼 보이는 감정과 아주 쉽게 공존하는데, 이것이 그들의 대중 문화적 자본이다. 그래서 홉슨의 연구에 의하면 팬들은 연속극 <교차로>가 자신들의 드라마이고, 그 주인공 멕은 제작자에 속한 것이 아니라 자신들에게 소속되어 있다고 느낀다는 것이다(Hobson, 1982).

　팬 잡지들은 종종 이런 소유 의식, 즉 스타들은 팬들에 의해 만들어지고 그의 스타성은 전적으로 팬들에 의해 좌우된다는 생각을 부추기고, 거기에 영합한다. 팬덤에는 부르주아 아비투스에서 특징적으로 나타나는 예술가와 텍스트에 대한 존경심이 없다. 그래서 숍 오페라 팬들은 종종 자신이 작가보다 더 잘 쓸 수 있고 인물들에 대해 더 잘 안다고 생각하며(Fiske, 1987), 운동 경기 팬들은 자주 구단주의 정책에 대해 불만을 내비친다. 산업은 팬들의 편지를 진지하게 받아들인다. 그런 팬들의 참여 의욕은 텍스트의 생산(Tulloch & Moran, 1986)과 유통(D'Acci, 1989)에 영향을 미치기 때문이다.

　이렇듯 산업적 텍스트가 팬과 만나 팬의 참여로 그것이 재가공, 재통합될 때, 팬 문화에 있어서 수용의 계기는 곧 생산의 계기가 된다. 자기 팀을 응원하는 운동 경기 팬들은 단순히 선수들이 더 힘을 내도록 격려하는 데 머물지 않고 경기에 쏟아 붓는 노력과 그에 따른 보상에 참여하고 있는 셈이다. 치어리더들은 팬들의 갈채를 상징화하여 경기장 광경에 연결시킨다. 미국의 관중석에서 흔히 볼 수 있는 '파도 만들기'(유럽에서 나타나는 개인 차원의 스트리킹도 마찬가지인데)는 자기 팀의 경기 모습까지도 그 한 부분으로 포괄시키는 경기장의 전체적인 광경에 참여하고자 하는 팬들의 욕망을 드러내는 증표이다. 팬들을 경기장과 분리시키는 공적 장벽들 — 경찰, 안전 요원, 담장, 벽, 심한 경우 철조망에 이르는 — 이 바로 팬들의 참여하고픈 욕망을 반증하면서 또한 텍스트와 독자 사이의 규제적 거리를 유지시키고자 하는 지배 문화의 욕구를 드러내는 증거도 된다. 그런 기능은 학문 영역에서 비평가들이 텍스트의 의미 및 그 독자와의 관계를 규제하는 작업과 같다. 다만 경기장과의 차이점은 물리적이기보다 지적으로 규제가 행사된다는 점뿐이다.

영화처럼 더 전통적인 텍스트들의 경우에도 역시 팬들에 의한 자치적이고 공개적인 참여가 가능하다. 이것을 통해 광범하지만 아주 사적으로 이루어져 온 관여(예를 들어, 숍 오페라 팬들은 대화와 상상 속에서 줄거리를 다시 씀으로써 좋아하는 주인공과 삶의 '공유'를 체험해 왔을 뿐이다)가 가시적이고 공적인 것이 된다. <브루스 브라더스>나 <로키 호러 픽처 쇼> 등과 같은 컬트 영화들은 정기적인 팬 시사회를 (대개 주말 심야에) 갖는데, 팬들이 참여하는 카니발 성격을 띤다. 이 때 팬들은 원래의 산업적 텍스트에 참여하기도 할 뿐 아니라(등장 인물과 같은 옷을 입거나, 좋아하는 대사에 참여하거나, 결혼식 장면에 함께 쌀을 던지거나, 폭풍우가 치는 장면에서 물총을 쏘는 등) 자신들이 쓴 대사를 삽입시키는 등의 재가공을 통해 원본을 넘어서서 원래의 의미를 바꾸기도 한다. 예를 들어, <로키 호러 픽처 쇼>의 내레이터가 정색을 하고 폭풍을 예고하는 장면에서 구름을 "무겁고, 검고, 불안하게 밀려오는"이라고 설명하다가 잠시 침묵을 지키는 동안 관객들이 "네 물건도 설명해라" 하고 소리친다(Hoberman & Rosenbaum, 1981). 헤퍼넌이 논의하듯이, 그런 다시 쓰기는 어떤 팬 집단에서는, 많은 영화들의 이성애적 관행을 더 전복적인 동성애적 의미로 바꾸어 놓기도 한다(Heffernan, 1989).

그러므로 팬 텍스트는 '생산자적 *producerly*'이어야 한다. 즉, 팬 생산성을 허용하고 불러일으킬 수 있도록 우선 개방적이어야 하고, 또 공백들, 미해결들, 모순들을 포함하고 있어야 한다. 그 텍스트들은 팬들에 의해 가공되고 활성화되기 이전까지는 의미와 즐거움을 전달하는 문화적 기능을 하기에 부적절하고 불충분한 텍스트이다. 팬들은 그런 행동을 통해 그들 자신의 대중 문화 자본을 생산한다.

자본 축적

팬과 공식적 문화 자본 사이에는 유사성과 차이성의 복합적이고 때로는 모순된 관계가 존재한다. 때때로 팬들은 공식 문화와 거리를 멀리 하고 싶어하면서도, 어떤 때는 그것에 동조하고 싶어한다. 팬 문화 자본도 공식 문화 자본처럼 텍스트와 연주자, 이벤트 등에 관한 지식과 감식안으로 이루어진다. 그러나 팬덤의 대상들은 공식 문화 자본으로부터, 그리고 교육과 경력을 통한 경제적 자본으로의 전화 가능성으로부터 분명하게 배제되어 있다. 나는 이런 유사성과 차별성을 더 자세하게 추적하고자 한다.

팬덤에서도 공식 문화에서와 마찬가지로 지식의 축적이 문화 자본의 축적에 가장 기본이 된다. 문화 산업은 물론 이것을 알고 있고, 그래서 팬덤의 대상에 관한 정보를 제공하는 광범한 자료를 생산한다. 신문의 스포츠면을 채우는 각종 통계 자료들로부터 스타들의 사생활과 관련한 가십 기사에 이르기까지 이런 것들은 다양하다. 이렇게 상업적으로 생산, 공급된 정보는 팬들 자신이 생산해서 배포한 정보에 의해 지지되기도 하고 때로는 뒤엎어지기도 한다. 예를 들어, 게이 집단에서는 겉으로는 평범한 스타들이 실제로 게이라는 소식을 서로 전달했는데, 아주 나중에 가서야 가령 록 허드슨이 게이였고, 마릴린 먼로가 양성애자였음이 일반적으로 알려졌다. 그런 팬 지식은 (그것을 소유한) 특정 팬 공동체를 (소유하지 못한) 다른 사람들과 구분하는 데 도움을 준다. 마치 공식 문화에서 작품이 결국 사회적 구별 요소가 되는 것과 마찬가지이다. 그것은 또한 팬 공동체 안에서의 구분 기능도 한다. 최상의 지식을 축적하고 있는 전문가들은 집단 안에서 위세를 얻고, 의견 지도자로 행세한다. 지식은 돈처럼 언제나 권력의 원천이 된다.

그런데 팬 문화적 지식은 원래의 산업적 텍스트에 대한 팬의 지배력과 참여를 앙양시키는 데 사용된다는 점에서 공식 문화적 지식과 다르다. 영화의 대사를 모두 알고 있는 <로키 호러 픽처 쇼>의 팬들은 그 지식을 활용해서 텍스트에 참여하고, 심지어는 그것을 전혀 다른 방식으로 다시 쓰기까지 한다. 이런 점은 셰익스피어광이 텍스트에 대한 자신의 지식을 사용하는 방식과는 아주 다르다. 지배적 아비투스는 그 셰익스피어광으로 하여금 공연에 참여하게 하는 것이 아니라, 다른 공연들과 혹은 자기 마음 속의 '이상적인' 공연과 그 공연을 비판적으로 차별화하게 할 것이다. 텍스트에 관한 지식이 지배적 아비투스에서는 차별에 사용되지만, 대중적 아비투스에서는 참여에 활용된다.

마찬가지로 지배적 아비투스에서는 예술가에 관한 정보가 작품 감상을 고양시키거나 풍요롭게 하는 데 사용되지만, 대중적 아비투스에서 그런 지식은 통상 텍스트에 드러나지 않는 그래서 팬이 아닌 사람들에게는 접근이 불가능한, 생산 과정에 대한 팬들의 '통찰력'을 증진시켜 준다("그는 사업상이라는 명목으로 남미로 보내졌는데, 진짜 이유는 제작진들이 새 이야기를 시작하면서 그를 계속 등장시키고 싶어하지 않았기 때문이다"). 이런 지식을 통해 텍스트와 일상 생활 사이의 거리감이 희미해지거나("나는 그녀가 여기에서 '연기'를 하고 있는 것만은 아니라고 본다. 그녀는 '정말로' 파혼이 그녀에게 몰고 올 상황을 알고 있다"), 스타와 팬 사이의 거리감이 사라진다("만일 그가 침체된 흑인 동네에서 나와 금메달을 따고 한몫 잡게 된다면, 나도 그런 행운을 잡을 수 있을 것이다"). 대중적 아비투스는 그런 지식을 기능적으로 만들고 잠재적으로 팬의 일상 생활에 활력을 부여한다.

대중 문화 자본과 공식 문화 자본의 축적은 모두 대상 — 예술품, 책, 레코드, 중요 기사, 손상되기 쉬운 것들 — 에 대한 수집에서 표시된다. 팬들은 대개 게걸스런 수집가들이다. 그 문화적 수집이 문화 자본과 경제 자본이 만나는 지점이다.

부르디외의 사회 공간에서 (경제적 자본과 문화적 자본의 수준이 모두 높은) '북반부 사람들'은 미학적 가치와 경제적 가치를 종종 융합시키려고 든다. 가령 그림 수집, 초판 서적 수집, 고가구 수집 등에서 진품 감정사와 비평가의 역할 사이에 구분이 사라진다. '북서사분면 사람들'은 경제적 자본보다 문화 자본을 더 많이 소유하고 있어서 원화보다 값이 싼 판화나 인쇄물을 수집하고, 초판이 아닌 '보통' 책들로 서고를 채운다. 그들에게 그런 수집은 경제적 투자가 아니라 문화적 투자이기 때문이다.

수집은 팬 문화에서도 중요하다. 하지만 배제적이지 않고 포괄적이다. 그 강조점은 소수 정예의 (그러므로 값비싼) 대상을 취득하는 데보다는 차라리 가급적 많은 것들을 끌어모으는 데 두어진다. 그래서 그 개개의 물건들은 대체로 공식 문화에서는 전혀 가치가 나가지 않는 싸구려에다가 대량 생산된 것들이다. 그 특이성은 문화물로서 희귀본이거나 진품이라는 데 있는 것이 아니라 수집의 규모에 있다. 물론 예외는 있어서, 고도의 경제적 자본을 소유한 팬들은 공식 문화 자본가 가운데에서도 심미적이지 않은 부류가 그렇듯이 희귀본과 진품들(스타가 '실제' 사용했던 기타, 입었던 옷, 소유했던 물건, 운동 선수가 썼던 도구들 등)을 모으기도 한다.

하지만 대량 생산된 싸구려 물품들을 수집한 일상적인 팬들조차 종종 공식 문화를 흉내내어 그들의 수집품들을 설명할 때 그것들의 문화적 가치뿐만 아니라 경제적 값어치를 내세우려고 든다. 키스트의 연구에 의하면, 만화 팬들은 자기의 수집품들의 경제적인 값어치와 함께 잠재적 투자 가치를 내세운다(Kiste, 1989). 즉, 앞으로 얼마나 값이 오를 것인가를 예측하기도 하고, 자신이 살 때보다 얼마나 값이 올랐는가를 따지기도 한다. 특히 가치 있는 발행물은, 이것이 공식 문화 경제의 또 다른 그림자인데, 그 만화의 첫권 혹은 줄거리의 제1회분이다. 이것은 초판에 대한 대중 문화의 상응물로서 희소성과 연조에 따라 진품, 원본, 희귀본의 기념비가 된다. 그리고 언제든 높은 수준의 경제적 자본으로 전화될 수 있는 고급 문화 자본이 된다. 만화 팬들이 모이는 장소는 '수집품들'을 팔고 사는 시장이기도 하면서 지식을 교류하고 문화 공동체를 구성하는 문화 광장이 되기도 한다.

자본주의 사회는 축적과 투자로 구축된다. 이것은 재정 경제뿐 아니라 문화 경제에도 해당한다. 팬 문화라는 장외 경제는 여러 가지 방식으로 공식 문화의 작용들을 따라한다. 단, 종속자들의 아비투스를 적용시킨다. 아비투스는 문화물이나 사건에 대한 태도, 차별, 취향 등의 문화적 차원뿐 아니라 그런 취향들이 좌표를 잡는 경제학(그리고 교육)의 사회적 차원과도 연관된다. 그래서 아비투스는 사회적 공간에서의 정신적 배치인 동시에 '지리적' 배치이기도 하다. 그러므로 팬 수집과 예술 수집 간에는 사회 경제적인 차이가 존재한다. 팬 수집은 싸고 대량 생산된 대상물들이기 십상이고, 질이나 배타성보다는 양과 포괄성을 강조한다. 경제적 여건이 허락하는 팬들은 진품과 대량 생산물 사이의 차별 및 원본과 복사본 사이의 차별 등 공식 문화 자본가들과 아주 유사한 모습을 보이기도 하고, 그들의 수집품들은 경제적 자본으로 더 쉽게 전환될 수 있다.

비록 팬 문화와 공식 문화가 적어도 축적된 문화 자본의 물질화된 양상 및 경제적 자본으로의 전환 가능성 등에서 비슷하기는 해도, 비물질적 자본의 전환 가능성이라는 측면에서 큰 차이를 보인다. 공식 문화 자본을 구성하는 지식과 안목은 교육 체계로 제도화되고, 그에 따라 경력과 소득으로 전환되기 쉽다. 부르디외의 사회 공간 지도에서 볼 때, 교육은 핵심적인 역할을 한다. 교육은 수직축에서 계급과 연결되고, 수평축에서 문화적 자본 및 경제적 자본과 연결되기 때문이다. 대중 문화 자본 혹은 팬 문화 자본이 공식 문화 자본 및 경제적인 자본으로부터 유리되는 까닭은 그것이 교육 체계로부터 배제되기 때문이다. 물론 이런 점 때문에 팬 문화는 사회 경제적 혹은 지위 획득적 보상에서 부당하게 배제되고 있다고 느끼는 종속적인 사람들에게 적합한 문화가 된다. 그런 보상을 공식적 문화는 제공할 수 있는데, 바로 교육 체계를 통해 사회 질서와 공식 문화가 직접적으로 연결되어 있기 때문이다.

팬과 상업적 (대중) 문화

팬들은 그들의 문화를 문화 산업의 상업적 상품들(텍스트들, 스타들, 공연들)에서 만든다. 그러므로 팬덤은 대중 문화로 불리는 것과 이중적인 관계를 맺는다. 그와 연관하여 나는 몇 가지 이슈들을 결론에 대신하여 제시하도록 하겠다.

첫째, 팬덤과 대중 문화의 관계, 즉 팬과 더 '평범한' 수용자들과의 관계를 말할 수 있다. 다른 글에서 나는 팬덤이 산업 사회에서 대중 문화의 고양된 형태이고, 팬은 그 (종류에 있어서보다는) 정도에 있어서 '보통' 독자들과 다른 '과도한 독자'임을 논의한 적이 있다(Fiske, 1989a). <스타 트렉> 팬들이 원래 텍스트의 빈 자리를 채움으로써 낭만적이고 포르노적인 소설을 써내는 것은 그러므로 보통 시청자들의 내향적인 기호 생산이 좀더 세련되고 공공적인 성격을 띤 것으로 이해할 수 있다. 그 보통 시청자들 가운데서도 많은 사람들이 SS 엔터프라이즈 호에 타고 있는 대원들 사이에 생길 법한 '텍스트 주변적' 관계를 상상할 수 있기 때문이다. 마찬가지로 우리는 마돈나 팬들이 생산한 비디오들을, 비디오 설비가 없거나 자신의 환상을 텍스트로 만들려는 욕망(혹은 재주)이 부족한 다른 사람들의 내면의 환상을 텍스트화한 것이라고 이해할 수 있다. 이런 팬 비디오들에서 보통 되풀이되어 나타나는 특성들이 바로 대중 문화 일반의 성격이랄 수 있는 기호학적(그러므로 보이지 않는) 생산성의 전형적인 모습으로 여겨진다. 이런 비디오들에 대한 텍스트 분석을 해 보면 사람들이 대중 문화의 산물들로부터 대중 문화를 만들어 내는 방식에 대한 민속지학적 연구들의 결과와 잘 부합하는, 그리고 이런 과정에 대한 이론 작업들을 뒷받침해 주는 특성을 발견하게 된다. 그 비디오들은 끊임없이 관여(마돈나의 말투, 음악, 몸짓, 표정 등은 팬들의 일상 생활 속으로 유의미하게 삽입되고 있다), 권능 부여(마돈나는 자신의 소녀 팬들에게 소년들에 대한, 부모에 대한, 선생님에 대한, 그리고 심지어 정치가들에 대한 자신감을 부여하는 것으로 비쳐진다), 참여(팬들은 가수와 수용자 사이의 어떤 거리감도 거부하는 방식으로 스스로 마돈나가 '된다.' 또 그들은 '마돈나가 됨의 의미'를 자신들의 문화 안에서 구성하고 유통하는데 참여한다) 등의 특성을 보여 준다.

팬 문화는 또 문화 산업의 상업적 이익과 관련된다. 산업의 입장에서 팬들은 파생 상품 *spin-off products* 을 (때때로 아주 대량으로) 팔아 주는 부가적인 시장일 뿐만 아니라, 시장 동향과 선호성에 대한 소중한 피드백을 무료로 제공하는 존재이기도 하다. 그러므로 문화 상품들은 양면적인 기능을 수행한다. 한편으로 산업의 경제적 이익에 봉사하고, 다른 한편으로 팬들의 문화적 이익에 봉사한다. 산업과 팬들 사이에는 팬들의 취향마저 통합시키려는 산업측의 시도와 산업의 생산품들을 '배척'하려는 팬들의 시도 사이에서 벌어지는 갈등이 늘 존재한다.

공식 문화는 그 텍스트 혹은 상품을 특별한 개인이나 예술가의 창조로 보고 싶어한다. 예술가와 텍스트에 대한 그런 경배는 그렇기 때문에 독자들을 종속적인 위치에 놓는다. 하지만 대중 문화는 그 상품들이 산업적으로 생산되었다고, 그러므로 특별하게 장인의 솜씨로 제작된 예술품의 지위를 갖고 있지 않다는 것을 잘 의식하고 있다. 그래서 그것들은 완성된 예술품에 허용되지 않는 생산적 재가공과 재집필 그리고 참여에 대해 개방적이다. 그러므로 지배적 아비투스가 공식 문화의 취향에 입각해서 대중 문화의 생산과 수용을 모두 오해하고 폄하하는 것은 놀라운 일이 아니다. 지배적 아비투스는 산업적으로 생산된 많은 텍스트들이, 공식적 예술 작품들은 하지 못하는 방식으로 대중들의 생산성을 자극하는 생산자적 성격을 가지고 있음을 모르고 있다. 또, 그런 대중적 생산성이 수많은 모순과 부적절함과 피상성을 담고 있는 산업적 텍스트들에서 더 잘 작용한다는 것도 깨닫고 있지 못하다. 바로 이런 성질들로 인해 그 텍스트는 완결되기보다 개방되고, 충족시키기보다 차라리 의욕을 자극시킨다. 산업적 텍스트는 보존되어야 하는 예술품이 아니기 때문에 그것이 쉽게 사라져 버릴지도 모른다는 것이 이슈가 되지 않는다. 그것의 처분 가능성과 끊임없이 새롭고, 자극적이고, 사람들에게 받아들여질 수 있는 것을 찾아 헤매는 것이 가장 가치 있는 특성들에 포함된다.

경제적 유인으로 인해 사람들의 문화가 공식 문화의 순수한 동기보다 자본주의적 산업과 더 밀접해졌다는 것은 아이러니컬하면서도 허망한 일이다. 하지만 그렇다고 놀라고만 있을 필요는 없다. 공식적 문화 자본은 경제적 자본과 마찬가지로 사람들을 체계적으로 배제하고 있고, 그 자본을 소유한 사람들과 그렇지 못한 사람들을 구분하는 기능을 하고 있다. 자본주의 사회에서 대중 문화는 필연적으로 자본주의의 산물들로부터 생산된다. 그러니까 사람들이 가지고 작업할 수 있는 것은 그것들뿐이다. 대중 문화와 문화 산업의 관계는 그러므로 복합적이면서 흥미로운 면이 있다. 때로는 갈등하고 때로는 협조적이거나 공모적이지만, 사람들이 결코 산업의 편에 서지는 않는다. 사람들은 그 상품들 가운데 어떤 것들을 대중 문화로 만들기 위해 선택하지만, 그들이 채택하는 것보다 더 많은 것들을 기각한다. 팬들은 여러 방식의 집단들 가운데에서도 가장 차별적이고 선택적이다. 그들이 생산하는 문화 자본은 다른 어떤 것보다 더 고도로 발달해 있고 선명하다.

(옮긴이: 손병우)

참고 문헌

Bacon-Smith, C. (1988). "Acquisition and Transformation of Popular Culture: The International Video Circuit and the Fanzine Community." The International Communication Association Conference New Orleans, 1988 에서 발표한 논문.

Bourdieu, P. (1984). *Distinction; a Social Critique of the Judgement of Taste.* Cambridge: Harvard University Press.

Brown, M. E. (1987). "The Politics of Soaps: Pleasure and Feminine Empowerment," *Australian Journal of Cultural Studeis*, 4(2), pp.1~25.

Cho, M. & C. Cho. (1990). "Women Watching Together: an Ethnographic Study of Korean Soap Opera Fans in the U.S," *Cultural Studies*, 4(1), pp.30~44.

D'Acci. J. (1989). *Women, 'Woman' and Television: The Case of Cagney and Lacey*. Dissertation, University of Wisconsin-Madison.

Dawson, R. (1990). "Culture and Deprivation: Ethnography and Everyday Life." The Inernational Communicaton Association Conference, Dublin 1990 에서 발표한 논문.

Fiske, J. (1987). *Television Culture*. London & New York: Routledge.

———— (1989a). *Understanding Popular Culture*. Boston: Unwin Hyman.

———— (1989b). *Reading the Popular*. Boston: Unwin Hyman.

Heffernan, K. (1989). "Heterotextuality," (미간행 논문) University of Wisconsin-Madison.

Hoberman, J. & J. Rosenbaum (1981). *Midnight Movies*. New York: Harper & Row.

Hobson, D. (1982). *Crossroads: the Drama of a Soap Opera*. London: Methuen.

———— (1989). "Soap Operas at Work," in Ellen Seiter (ed.), *Remote Control: Television. Audiences and Cultural Power* (1989). London: Routledge, pp. 150~67.

———— (1990). "Women Audiences and the Workplace," in Mary Ellen Brown (ed.), *Television and Women's Culture: The Politics of the popular* (1990). London: Sage, pp.61~71.

Jenkins, H. (1989). "*Star Trek*: Rerun, Reread, Rewritten: Fan Writing as Textual Poaching," *Critical Studies in Mass Communication*, 5(2), pp.85~107.

Jones, S. (1990). "Black Music and Young People in Birmingham," in F. Rogilds (ed.), *Every Cloud Has a Silver Lining* (1990). Copenhagen: Akademisk Forlag, pp.126~35.

Kiste, A. (1989). "Comic Books: Practices of Reading and Strategies of Legitimation," (미간행 논문) University of Wisconsin-Madison.

Leal, O. (1990). "Popular Taste and Erudite Repertoire: The Place and Space of Television in Brazil," *Cultural Studies*, 4(1), pp.19~29.

Leal, O. & R. Oliver. (1988). "Class Interpretations of a Soap Opera Narrative: The Case of the Brazilian *Novella* 'Summer Sun'," *Theory Culture and Society*, 5, pp.81~99.

Lipsitz, G. (1990). *Time Passages: Collective Memory and American Popular Culture*. Minneapolis: University of Minnesota Press.

Penley, C. (1990). "Feminism. Psychoanalysis and Popular Culture." 'Cultural Studies Now and in the Future'에 관한 컨퍼런스에서 발표한 논문, University of Illinois, April 1990.

Radway, J. (1984). *Reading the Romance: Feminism and the Representation of Women in Popular Culture*. Chapel Hill: University of North Carolina Press.

Seiter, E. et al. (1989). "'Don't Treat Us Like We're So Stupid and Naive': Toward an Ethnography of Soap Opera Viewers," in Ellen Seiter et al. (eds.), *Remote Control* (1989). London: Routledge.

Tulloch, J. & M. Alvarado (1983). *Dr. Who: The Unfolding Text*. London: Macmillan.

Tulloch, J. & A. Moran (1986). *A Country Practicde: 'Quality Soap.'* Sydney: Currency Press.

하위 문화, 문화, 그리고 계급

존 클라크, 스튜어트 홀, 토니 제퍼슨, 브라이언 로버츠

이 글의 주제는 청년 문화이다. 2차 대전 후에 나타난 하나의 현상으로서 청년 문화를 설명하는 데 목적이 있다. 그 동안 청년 문화에 대해 많은 논의가 있어 왔지만, 이들은 대부분 대중 매체를 중심으로 이루어졌다. 그리고 이러한 논의들 대부분은 청년 문화에 대해서 혼란을 가중시키거나 신화를 부풀리는 데 기여해 온 것으로 보인다. 따라서, 우리는 청년 문화를 가능케 한 배경을 중심으로, 이것을 감싸고 있는 신화의 껍질을 벗겨서 그것의 실체를 규명하는 작업을 수행코자 한다.

1. 몇 가지 개념들

몇 가지 작은 개념부터 시작해 보기로 하자. '청년 문화'라는 것은 젊은이들의 문화적인 측면을 가리키는 말이다. 우리는 '문화'라는 것이

---

* John Clarke, Stuart Hall, Tony Jefferson, Brian Roberts, "Subculture, Cultures and Class," *Resistance through Rituals: youth subculture in post-war Britain*, S. Hall & T. Jefferson (eds.), London: Hutchinson, 1976, pp.9~69. 존 클라크, 스튜어트 홀, 토니 제퍼슨, 브라이언 로버츠는 버밍엄 현대 문화 연구소(CCCS)에서 공동 작업으로 이 글을 발표했다. 특히 스튜어트 홀은 1972~9년까지 현대 문화 연구소 소장을 지내기도 했으며 지금은 개방 대학교 사회학 교수로 있다. 저서로는 ≪대중 예술 *The Popular Art*≫(1964) 등이 있으며, 그 외에도 문화와 관련된 수많은 논문들이 있다.

어떤 특정 사회 집단이 삶의 특정한 양식을 발전시키고 그들의 사회적, 물질적인 삶과 경험에 특정한 표현의 형태를 제공하는 것을 말한다고 알고 있다. 문화는 집단들이 그들의 사회적, 물질적 존재들을 조절하는 방법이자 형태이다. 그것은 집단적인 삶을 의미 있는 모양이나 형태로 실현시키거나 객관화시키는 실천이다. 한 집단이나 계급의 문화는 그 집단이나 계급의 특징적이고도 분명한 삶의 양식이자 의미이고 가치이며 제도, 사회 관계, 믿음 체계, 도덕이나 관습, 물질이나 물질적인 삶을 이용하는 데 있어서 배태되어 있는 사고 방식이다. 문화는 삶이 표현하는 물질적, 사회적 조직에 스며 있는 분명한 모습이다. 문화는 사회 구성원들에게 의미를 제공하는 '의미의 지도'를 포함한다. '의미의 지도'는 머릿속에서만 관념적으로 작동하는 것이 아니라 개인이 사회적 인간으로 되는 과정에서의 사회 조직이나 관계의 형태에 작용한다. 문화는 한 집단의 사회적인 관계가 구조화되고 모양새를 갖추는 양식이다. 그러나 이것은 또 한편으로 이러한 모양새가 경험되고 이해되고 해석되는 방법이기도 하다.

인간은 한 사회의 특정한 제도와 관계 안에서 태어난다. 동시에 그는 특별한 의미의 관계 속에서도 태어난다. 이를 통해 그는 문화라는 것에 접목되고 위치지워진다. 사회의 법과 문화의 법칙(사회적 삶의 상징적 질서)은 하나이고 같은 것이다. 사회적 관계와 의미들의 구조는 집단의 전체적인 실체를 형성한다. 그리고 한편으로 어떻게 집단들이 유지되는지 사회적 존재의 재생산을 제한하거나 변형, 규제한다. 따라서, 사람들은 사회, 문화, 역사를 통해서 그들 스스로를 만들어 간다. 이와 같이 문화는 각 집단이 물려받고, 변용하고, 발전시키는 역사적인 저수지 — 미리 구성된 '가능성의 영역' — 를 형성한다. 각 집단은 나름대로 특정한 조건을 만든다. 그리고 이러한 작업과 실천을 통해 문화는 재생산되고 전수된다. 그러나 이러한 실천은 단지 주어진 가능성과 제한의 영역 안에서만 발생한다(Sartre, 1963 참조). '인간은 스스로의 역사를 만든다. 그러나 그들은 그들이 항상 만족해 하는 모습으로 만들지 않는다. 그들 스스로 선택하지 못했거나, 우연한 경우로, 또는 과거로부터 전수받아 주어진 환경에서 역사를 만들 수밖에 없다(Marx, 1951: 225). 따라서, 문화는 집단적 삶의 궤적이지만 언제나 순수한 물질적 삶만으로 규정되지 않는 역사와 특정한 상황의 지배를 받는다.

동일한 사회 내에 존재하면서 동일한 물질과 역사적인 조건을 공유하는 집단들은 의심할 바 없이 각자의 문화를 일정 정도 공유하고 있다. 그러나 다른 집단들과 계급들이 생산 관계나 부 그리고 권력 등에 있어서 불균등하게 관계지어져 있는 것처럼 문화 또한 서로 다르게 서열지어진다. 즉, 문화적인 힘의 서열에 따라서 서로 반대 위치에 서거나 지배와 종속의 관계에 서는 것이다. 세상에 대한 정의, 즉 사회적 권력을 독점하는 집단들의 삶의 상황을 표현하는 '의미의 지도'는 가장 강력한 무게와 영향을 부여하고 강력한 권위를 담보한다……. 이는 사회 내에 단 하나의 사고 체계나 문화 형태가 존재한다는 것을 말하는 것이 아니다. 사회의 지배 사고 내에는 하나 이상의 사고나 형태가 존재하고 있다는 것이다. 권력의 중심에 서 있지 않은 집단이나 계급은 그들의 종속적인 위치나 경험 등을 그들의 문화 내에서 표현하고 표출할 방법을 찾고 있다. 한 사회에는 하나 이상의 계급이 존재함으로 해서 (자본주의는 본질적으로 자본과 노동이라는 다른 두 계급을 생산의 중심으로 끌어 낸다) 특별한 역사적 순간에 하나 이상의 문화적인 흐름을 형성한다. 그러나 가장 강력한 계급의 위치와 이해를 적절하게 반영하는 구조와 의미 체계는 설사 그 내부가 복잡하다 해도 다른 계급과의 관계에서 가장 지배적인 사회 문화 질서의 지배자로 기능하고 결국 그 사회의 지배적 문화로서 대표성을 지니게 된다. 그리고 그 문화는 모든 다른 문화들을 정의내리고 아우르게 된다……. 다른 문화적인 징후들은 이 지배 문화에 종속될 뿐만 아니라 투쟁의 영역으로 들어가기도 하고 적응을 시도하거나 협상, 변용, 저항, 또는 그것의 헤게모니를 전복하려는 시도를 보여 준다. 여기서 우리는 문화와 이데올로기를 구분해 볼 필요가 있다. 지배와 피지배 계급은 분명히 다른 문화를 갖고 있다. 그러나 하나의 문화가 다른 하나의 문화에 대해 주도권을 확보하면 그리고 반대로 종속 문화가 지배 문화에 의해 규정되는 것을 경험하면 그 지배 문화는 지배 이데올로기의 뿌리를 이루게 되는 것이다.

복잡한 사회에서 지배 문화는 결코 동일한 구조를 갖고 있지 않다. 지배 문화 내에서도 현재적으로 등장하는 요소뿐 아니라 과거로부터의 다른 궤적을 가진 다양한 이해들이 반영된다(예를 들면 세속 문화 가운데서의 종교적인 사고들과 부르주아 외형 같은 것). 종속 문화는 지배 문화와 항상 공개적인 위치에서 경쟁하는 것이 아니다. 오랜 기간 서로 상호 관계를 맺고 공간과 간극을 협상하면서 편입을 시도한다. 그러나 이 투쟁의 본질은 단순히 상호 배치를 의미하는 것이 아니라 문화를 보다 구체적이고도 역사적인 개념으로 대체시키는 매우 중요한 의미를 지닌다. 이러한 재개념화는 문화가 항상 서로 투쟁하는 가운데 지배와 피지배 관계에 있다는 것을 분명히 보여 줄 수 있다. 문화라는 단순한 용어는 일반적이고 추상적인 의미에서 볼 때, 어느 역사적 순간에 한 사회에서 진행되고 있는 보다 큰 문화를 지칭한다. 우리는 이러한 문화적 배열이 위치하고 있는 지배와 피지배의 결정적인 관계 — 그들 사이의 문화적 변증법을 정의하는 협력과 저항의 관계 — 로 관심을 돌려 볼 필요가 있다. 그리고 지배적인 형태로 (지배) 문화를 전파하고 재생산하는 제도를 살펴보아야 한다.

현대 사회에서 가장 기본적인 집단은 사회 계급이다. 그리고 주요한 문화적 흐름은 계급 문화이다. 이러한 문화 / 계급 간의 배열과는 상대적으로 하위 문화는 보다 큰 하나 또는 다른 문화의 관계망 가운데에서 하위 집단의 작고 국지적이며 차별적인 구조를 말한다. 따라서, 우리는 하위 문화를 이해하기 위해서는 먼저 그것이 분명히 구분되고 있는 보다 큰 계급 / 문화와의 관련성을 살펴보아야 한다. 하위 문화와 지배 문화 간의 관계를 규명할 때 우리는 지배 문화를 부모 문화라고 부를 수 있다. 물론 이것은 자녀와 부모와의 관계처럼 혼돈되어서는 안 된다……. 우리가 말하고자 하는 것은 하위 문화는 설사 그것의 주요 관심사가 다르다 할지라도 독특한 형태나 활동은 부모 문화의 일부와 서로 공유하는 부분이 있다는 것이다……. 하위 문화는 그들이 부분을 이루고 있는 부모 문화와 관계를 맺고 있기 때문에 지배 문화와의 관계에서 분석되어야 한다. 즉, 전체 사회 내에서의 문화적 권력의 전반적인 위치에서 파악되어야 한다. 그리하여 우리는 노동자 문화 내에서도 괜찮은 문화와 거칠거나 또는 비행이나 범죄 문화 등을 구분해야 한다. 그러나 동시에 우리는 그들 문화가 다르기는 하지만 그들이 노동자 계급의 부모 문화로부터 비롯되었다는 것을 말할 수 있다. 그럼에도 그들 모두는 지배 중산층 계급이나 부르주아 문화와의 관계에서 볼 때 피지배적인 하위 문화이다.

그러므로 하위 문화는 집단들의 분명한 활동과 주요 관심을 둘러싸고 형성된다. 그들은 헐겁게 또는 꽉 짜인 형태일 수 있다. 어떤 하위 문화들은 부모 문화 안에서 단지 느슨하게 정의된 형태 또는 상태이다. 일부는 그들만의 차별적인 세계를 보여 주지 못하고 있는데 비해, 또 다른 문화들은 분명하고도 상응적인 일체성과 구조를 발전시킨다. 그러나 일반적으로 하위 문화는 상대적으로 꽉 짜인 영역과 특별한 행위를 규정하는 분명한 형태, 핵심적인 과제, 그리고 지역적인 공간을 갖추고 있다. 이렇게 분명하게 정의되는 집단의 문화는 나이와 세대에 의해서도 구별되는데, 이 때 우리는 이것을 하위 청년 문화라고 부른다.

하위 청년 문화는 문화적, 사회적 삶을 기반으로 형성된다. 어떤 청년 문화는 부모 계급 문화의 규칙적이고 지속적인 형태이다. 예를 들면 노동 계급 젊은이들의 악명 높은 범죄 문화 같은 것을 들 수 있다. 그러나 어떤 하위 문화는 특별한 역사적 순간에 등장한다. 그들은 눈에 띄게 되고 그들 스스로나 다른 사람들에 의해 인식되고 이름 붙여진다. 그들은 한동안 공중의 관심을 얻는다. 그리고 사라지거나 자취를 감추고 또는 그들의 특성을 잃어버리고 보편적으로 확산되기도 한다. 우리가 관심을 갖고 있는 것은 후자의 문화 변용에 관한 것이다. 독특한 형태의 테디 보이 *teddy boy* 나 모드 *mod*, 로커 *rocker* 또는 스킨헤드 *skinhead* 의 의상, 스타일, 관심, 환경 등은 일반적인 노동 계급 문화의 전형들과 차별성을 지니고 있고, 보통의 일반적인 젊은이들의 형식들과 구분된다. 그러나 이러한 차이에도 불구하고 하위 문화로서 그들이 발흥했던 계급의 문화와 공존하거나 그것에 포함되는 측면은 강조해야 할 필요가 있다. 하위 문화의 사람들은 그들 부모나 동료 집단의 사람들과 걷거나 말하거나 행위하는 모습과 다르게 보인다. 그러나 그들은 같은 가족 내에 속하고 있으며, 같은 학교를 다니고, 동일한 직종에서 비슷한 노동을 하며, 그들의 동료나 부모 등과 같이 낡은 거리에서 살고 있다. 중요한 것은 그들은 부모 문화와 같이 동등한 위치와 근본적이고 결정적인 삶의 경험을 공유하고 있다는 사실이다. 의상이나 행위, 레저, 라이프스타일 등에 있어서 그들은 그들이 부딪히는 물질적, 사회 계급적 경험 등에서 비롯되는 문제에 대해 다른 문화적 반응이나 해결책을 제시할 수 있다. 그러나 하위 문화의 구성원들은 그들의 계급을 규정하는 경험이나 조건의 결정론적인 요소들로부터 그들을 방어할 수 없다.

다음은 이러한 하위 청년 문화가 왜 첫째는 그들의 부모 문화(즉, 노동자 문화)에 대해, 그리고 둘째는 지배 문화에 대해 이중의 접합을 시도하고 있는지 분석하려고 한다. 이 목적을 위해 하위 문화는 필요한 '상대적인 자율성'과 중간적인 수준의 분석을 대표하고 있다. 하위 문화를 전체적인 사회 문화적 형태로 연결하고자 하는 노력은 이 같이 필요한 차이점들의 복잡한 결합을 파악해야만 하는 것이다.

2. 지배와 피지배 문화

우선 하위 문화에 관한 구체적인 의문을 살펴보기 전에 2차 대전 후 계급 관계의 변화에 대해서 간략히 논의해 볼 필요가 있다.

변화의 초점은 전후 생산이 재조직되고 완화되는 방식과 노동의 분화나 직업 문화, 그리고 노동 계급의 반응, 방어, 저항의 형태에서 찾아볼 수 있다. 전쟁과 전후 상황은 두 대전 사이에서 이미 진행되고 있던 변화들을 가속화시켰다. 하나의 일반적인 결과는 경제에서의 오래 된 것과 새로운 것, 즉 오래 된 산업과 새로운 산업이나 오래 된 지역과 새로운 지역 사이의 간격이 확장된 것이다. 이러한 간격은 현대의 기술과 전자 그리고 소비와 수출에 기반을 둔 '새로운 산업'과 산업 혁명 이후의 '쇠락'하는 산업 사이에서 발생했다. 이러한 부분적이고 계획되지 않은 구조 개편의 영향은 첫째는 기술과 노동의 분화에서 둘째는 지역 경제 분야에서 심대하게 나타났는데, 아주 불균형적으로 나타났다. 어떤 지역은 — 특히, 남동부 — 돌출적으로 나아갔고 다른 지역이나 산업은 어떤 경우 오랜 나락의 늪으로 빠져들었다.

여기서 중요한 것은 사회 변화와 노동 계급에 대한 일반적인 생각이 아니라 특정한 경제적 힘에 의해 재구성되는 노동자 계급 영역의 사회 문화적 복합성이다. 여기서 생산의 경제적 형태상 변화는 무역이나 기술, 훈련이나 직업 문화의 혼합, 또 그들 사이의 구체적인 계급 구분 등 갖가지 복잡성을 의미한다. 보다 거대한 경제적인 힘은 특정한 노동 계급의 복합성을 원활치 못하게 한다. 그들은 독특한 내적 균형과 안정성의 구조를 무너뜨려 버린다. 그들은 생산 구조를 재구성하거나 재조정하고 노동자 계급 문화가 발전시켜 온 주어진 삶의 물질적, 사회적 조건을 재형성한다. 그들은 고유한 방어와 협상의 역사적인 네트웍을 교란시키는 것이다.

이러한 생산 관계는 또한 일상의 삶과 계급 문화의 기반을 형성한다. 주거 형편과 노동 계급 이웃의 생태학적 변화는 비슷한 유형으로, 또는 서로가 반응하거나 반사하는 것으로 나타난다. 전통적인 노동 계급 거주지에 미친 전후 재발전의 영향은 일반적으로 세 가지 형태였다. 첫째, 전후 가옥 구조의 재배치, 즉 새로운 가옥과 새로운 마을의 탄생은 전통적인 거주 환경을 붕괴시켰다. 발전에서 소외된 지역은 도시의 빈민가로 남거나 새로운 슬럼가로 전락하게 되었고, 높은 집세와 투기꾼인 집주인으로 인해 공동 거주 등의 희생자가 되어야 했다. 이민 노동 계급의 떠돌이 유입자들은 이러한 빈민 과정에서 매우 특징적으로 나타나거나 이러한 과정을 복잡하게 했다. 빈민가의 어떤 지역은 계획과 투기의 목적으로 선택적으로 재발전되었다. 중산 계급의 유입은 주위 사람들을 상향 계급화시키기도 했고, 계획된 발전은 기존 지역을 중산층 계급으로 상향시키기도 했다. 다시 말하면 이러한 것들은 단지 지역에만 해당하는 것이 아니다. 실제로 이들은 노동 계급의 물질적이고도 사회적인 조건들을 눈에 띨 만큼 재구성했다.

노동 계급의 이웃을 재구성했던 힘과 지역의 경제는 가정의 구조에도 결정적인 영향을 미쳤다. 직업적인 의미에서 상향되거나 떠난 사람들은 미리 정해진 마을이나 건물로 이동했으며, 가족의 형태 또한 핵가족화한 모습으로 바뀌었다. 예전 지역이나 그 근처에 지어진 건물들은 전쟁 전보다 이상적인 가정의 이미지를 따라 보다 견고하게 구축되었다. 노동 계급 가정은 이런 조건에서 사라져 갔지만 새로운 자본 계급의 이상에 따라 능동적으로 모든 것을 수긍했던 것은 아니다. 그들 가정은 보다 고립화되어 아이들과 부모, 동료, 친척 등의 관계가 변질되었는데, 특히 젊은 가족 구성원들이나 여성들에게 이러한 변화는 컸다. 요약해 말하면 이러한 변화 가운데에서 노동 계급 문화는 점차로 쇠락, 가정의 역할과 위치가 무너졌다는 것이다. 또한 계급 문화를 지탱해 주었던 견고한 관계와 지식, 사물, 경험의 네트워이 붕괴했다.

전후 얼마 동안은 노동 계급의 삶이나 문화의 균형을 이루는 복잡한 메커니즘에 있어서의 변화는 풍요라는 화려한 이데올로기에 의해 가려져 있었다. 그러나 우리가 노동 계급에 미친 실제적인 영향의 한계나 임금이나 소비에 있어서의 불균등한 분배에 대해서 알고 있듯이 질적인 향상은 없었다. 정말로 풍요는 활짝 핀 이데올로기의 역할을 대신했다. 현실적 불균형과 만인 평등의 유토피아를 표방하는 소비, 그 둘 사이의 간격을 메워야 할 필요가 요청되었기 때문이다. 이데올로기적인 각본을 투시한 풍요에 대한 신화는 노동 계급에게 오지 않는 미래를 제시했고, 이들을 헤게모니적 질서로 묶고 단속하는 것으로 이용되었다. 여기서 분명한 것은 풍요의 이데올로기가 전후 영국 사회를 실제 관계에서 상상적인 관계로 재구성하는 기능을 했다는 것이다. 이것이 사회적 신화의 기능이다. 한동안 1950년대의 정치적 헤게모니의 이데올로기적 근간은 이렇게 제공된 신화였다. 본질적으로 풍요는 미디어, 광고, 정치 담론 등을 통해 노동 계급을 직접적인 대상으로 하여 그들에 대한, 그들을 위한 지배 계급의 이데올로기였다. 실질적인 차원에서 이러한 신화를 일치시키지 못하고 있던 노동 계급은 그들 자신의 상황을 거의 포기하지 못했다. 여기서 중요한 것은 이데올로기가 노동 계급을 풍요로운 이미지로 재생하는 소극적인 측면이 아니라 노동 계급이 생산하고 제기하는 반응들을 혼란시키는 데 있었다.

이러한 분석을 통해 볼 때, 우리의 연구 대상인 하위 청년 문화를 위치시키기 위해서 우리는 젊은이들을 먼저 헤게모니적 지배 문화와 그들이 마찰을 빚는 피지배 노동 계급 부모 문화 사이에 변증법적으로 위치시킬 필요가 있다. 헤게모니 / 협동, 지배 / 종속 같은 용어들은 분석에 필수적이다. 하위 문화에 대한 구체적인 소개 전에 이들 용어에 대한 보다 자세한 설명이 필요하다. 그람시 A. Gramsci 는 헤게모니라는 용어를 지배 계급이 피지배 계급의 이해를 일치시키도록 힘을 행사하는 데뿐 아니라 이들에 대한 헤게모니나 전체적인 사회적 권위를 행사하는 순간을 언급하는 데도 사용했다. 이것은 특별한 종류의 권력 행사를 의미하는데, 이를테면 대안을 규격화하고 기회들을 포함하는 권력의 행사뿐 아니라 동의를 만들고 동의를 끌어 내는 권력을 말한다. 이렇게 해서 지배 계급의 권위에 대한 인정은 단지 즉흥적이고 일시적인 것으로 나타나는 것이 아니라 자연적이고 정상적인 것이 되게 하는 것이다. 이기거나 지는 것인 이러한 헤게모니의 영역은 초구조의 영역인데, 다시 말해 시민 사회와 국가 제도, 즉 알튀세르(1971)나 폴란차(1973)가 다소 오도해서 인용한 이데올로기 기구로서의 국가와 시민 사회의 영역이다. 근본적으로는 생산 구조 내에서 그리고 계급들의 구조지어진 위치의 차이에서 이러한 이해들 간의 갈등이 발생한다. 그러나 사회적, 정치적 삶에 있어서 그들은 나름대로의 영향력을 갖고 있다. 넓은 의미에서 정치는 일차원적 수준에서 이차원적 수준으로의 이전을 규격화한다. 시민과 국가 기구 간의 영역은 본질적으로 구분되는 것이지만 역시 계급 투쟁의 장소가 되기도 한다(Althusser, 1971). 부분적으로 이러한 기구들은 이데올로기에 의해 움직인다. 즉, 이러한 기구들 내에서 제도화된 현실에 대한 정의는 종속 계급에게는 생생한 현실을 구성하게 된다. 이것이 최소한 헤게모니가 시도하고 보장하는 것이다. 헤게모니적 문화 질서는 그것이 관장하는 세상의 모든 경쟁하는 정의들을 규정하려고 시도한다. 그것은 갈등이 빚어지는 사고와 행위의 지평을 제공하는데, 이를테면 적절하게 하고(경험시키고) 모호하게 하거나(국가 이익이라는 것으로 모든 갈등 요소들을 통합시키고) 포함시키는(지배 계급의 이익에 귀착시키는) 것이다. 헤게모니적 질서는 사고의 특정한 내용을 규정하는 것이 아니라 사고나 갈등이 움직이고 해결되는 영역을 한계짓는 것이다.

헤게모니는 이데올로기를 통해 작용하지만 잘못된 생각이나 지각, 정의 등으로 구성되는 것은 아니다. 헤게모니는 기본적으로 피지배 계급을 지배 구조의 힘과 사회적 권위를 뒷받침해 주는 핵심적 제도와 구조 속으로 편입시키는 작용을 한다. 피지배 계급이 복종을 수긍하게 되는 것은 바로 이러한 구조와 관계 속에서라고 할 수 있다. 이러한 복종은 지배 구조가 피지배 계급으로부터의 저항 또는 반대 세력을 약화, 파괴, 대체, 혹은 통합시켜 버림으로써 안정성을 획득하게 된다. 그람시의 주장에 의하면, '인간이 이데올로기의 근본적인 갈등을 깨닫게 된다'는 것은 심리적, 혹은 도덕적 차원의 얘기가 아니라 구조적이고 존재론적 차원의 명제이다(Gramsci, 1971: 164).

헤게모니는 단일 계급에 의해 유지될 수 없다. 거의 언제나 지배 계급의 일부, 즉 '역사적 블럭'의 통합을 요구한다. 헤게모니의 내용은 어떤 쪽이 '헤게모니 블럭'을 구성하느냐에 의해, 그리고 누구의 이해가 고려되는가에 따라 결정되게 마련이다. 헤게모니는 단순히 '계급의 규율'이 아니다. 헤게모니는 피지배 계급의 '동의'를 어느 정도 요구하게 되고, 그 결과 국가나 시민 사회뿐 아니라 문화와 이데올로기에서 사회적 권위를 획득하고 보장받게 된다. 헤게모니는 지배 계급이 단지 통치하거나 지배하는 것이 아니라 '선도'해 갈 때 더욱 확장된다. 이 과정에서 국가는 주된 교육 세력이다. 국가는 피지배 계급의 삶을 통제함으로써 교육을 수행한다. 이러한 기구들이 계급 관계와 계급 지배(가족, 학교, 교회, 그리고 법, 경찰과 군대, 법정과 같은 문화 제도)를 재생산한다.

계급 헤게모니에 대한 저항 역시 이러한 제도 내에서, 그리고 밖에서 일어나기 때문에 이들 제도는 계급 투쟁의 '장'이 된다……

따라서, 헤게모니는 당연시될 수 없다. 국가와 지배 계급에 의해서, 혹은 분석자에 의해서 말이다. 현재 헤게모니의 개념을 지배 계급에 의한 끊임없는, 그리고 순조로운 힘의 사용으로 보거나 혹은 그 반대로 피지배 계급의 영구적이고 완결된 통합으로 보는 것은 그람시가 사용한 개념과는 다른 것이다. 그러한 개념은 역사적 특수성을 제한한다. 이 문제를 보다 구체적으로 살펴보자. 1930년대에 지배 계급은 막강한 세력을 갖고 있었지만, 그것을 '헤게모니'라고 볼 수는 없다. 그 당시에는 경제적 위기와 실업이 노동 계급을 복종으로 '이끈' 것이 아니라 훈련시킨 것이었다. 반대로 1950년대는 진정한 '헤게모니적 지배'의 시기였는데, 그 때에는 '풍요'가 하나의 이데올로기로서 노동 계급의 저항을 분해하고 지배 계급의 권위에 대한 '일시적인 동의'를 만들어 낸 것으로 볼 수 있다. 1960년대가 되면서, 그리고 1970년대에는 더욱 공개적으로 이 '지도력'은 다시 축소되었다. 사회는 분화되었으며, 갈등은 여러 분야에서 나타나기 시작했다. 지배 계급은 세력을 획득했지만 그들의 통제 유형은 점차 도전받고 약화되고 또 쇠잔해 갔다. 이 당시의 가장 주목할 만한 특징은 통제의 행사가 동의의 메커니즘으로부터 강압의 메커니즘(가령 법과 법정, 경찰과 군대의 사용과 법률적 저지 및 음모의 고발, 그리고 '국가와 질서'를 위협하는 힘의 사용 등)으로 옮겨 갔다는 점이다. 이것은 지배 계급의 헤게모니를 위기로 몰아갔다.

헤게모니는 보편적인 것도 아니고 특정 계급에 영구적으로 '주어진' 것도 아니다. 그것은 얻어 내야 하는 것이고, 공을 들여 재생산하고 유지시켜야 하는 것이다. 그람시의 말대로 헤게모니는 '움직이는 균형 상태'이며, 여기에는 '이러저러한 경향에 대해 호의적, 비호의적인 힘의 관계'가 내포되어 있다. 문제는 상호 경쟁적인 계급 간의 균형의 속성이다. 헤게모니를 유지하기 위한 협상, 힘의 관계, 해결 방식의 채택 등이 바로 그것이다. 헤게모니의 특징과 내용은 구체적인 상황을 통해서만 형성될 수 있다. '영구적 계급의 헤게모니'라든가 '영구적 통합'이라는 개념은 사라져야 한다.

　지배 계급의 헤게모니와 관련지어 볼 때, 노동 계급은 원칙적으로 복종적인 사회 문화적 계층이다. 마르크스에 의하면 자본주의 생산은 끊임없이 적대적인 형태로 자본과 노동을 재생산한다. 헤게모니의 역할은 계급 간의 사회적 관계에서 각 계급이 지속적으로 기존의 지배, 복종의 형태 내에서 재생산되도록 하는 데 있다. 헤게모니는 결코 노동 계급을 지배적 질서 내에 완전하고 절대적으로 영입할 수 없다. 자본주의적 생산 양식 내에서 사회는 '일차원적'으로 보일지 모르지만, 결코 그럴 수가 없다. 물론 헤게모니가 강하고 결속력 있고, 피지배 계급은 약하고 상처입기 쉬운 것처럼 보일 때가 있다. 그러나 피지배 계급은 결코 말살되지 않는다. 그것은 지배 계급의 전반적인 통제와 지배 속에 때로는 분리된 채 상호 독립적으로, 그러면서도 그 내부에 그대로 살아남아 있다. 피지배 계급은 그들만의 문화와 사회적 관계, 독특한 제도와 가치, 라이프스타일들을 발전시킨다. 계급 투쟁은 결코 사라지지 않는다. 영국 노동 계급의 문화는 특히 강하고 밀집되어 있으며 결속력과 저항력이 강한 구조를 지닌다. 따라서, 계급 투쟁이 이러한 문화 속에 뿌리를 내리고 있으며, 그것을 생산, 유지하는 생산 관계가 사라지기 전까지는 — 풍요의 이데올로기와는 달리 — 절대 사라지지 않는다. 그러나 그것은 어느 정도 개방적이고 형식적이며, 어느 정도 제도화되어 있고 또 자발적이다. 1880년대에서 지금에 이르는 기간에는 통합을 향한 단 하나의 방향이 존재해 온 것이 아니라 뚜렷한 변화의 리듬이 있어 왔다. 계급 투쟁이 가장 제도화되었을 때조차도 그것은 사회의 기본적인 리듬의 하나로 존재해 왔다는 것이다.

　영국과 같이 오랜 산업 자본주의 사회에서도 문화는 사실상 소위 말하는 '제도적 해결'의 체계에 의해 감추어져 왔는데, 바로 이 '제도적 해결'이 지배 문화와 피지배 문화가 어떻게 동일한 사회 형태 속에서 공존하고 투쟁하는가를 구조짓는다. 이와 같은 많은 제도들이 피지배 계급의 통합적 문화를 보호함과 동시에 지배 문화와의 관계를 협상한다. 이것들이 피지배 계급 문화의 '협상'적 측면이다…….

노동 계급 문화는 끊임없이 지배 문화 내에서 공간을 확보한다. 많은 노동 계급 제도들은 오랫동안 이러한 치열한 '협상'을 통한 여러 결과들을 대표해 왔다. 이러한 제도들은 때로는 순응적이고 또 때로는 전투적이다. 그들의 계급 의식과 입장은 결코 '안정'될 수 없다. 그것들 간의 힘의 균형은 늘 변화할 수 있다. 그러한 제도들은 파르킨 Parkin 이 명명한 대로 '협상된' 지배 체제의 근간을 이룬다……. 지배적 가치는 환경이나 제한된 기회로 인해 피지배 계급에 의해 수정되는 것이지 거부되거나 반대되는 것은 아니다(Parkin, 1971: 92). 그러한 '협상적 해결'이 널리 보급되는 것은 노동 계급이 수동적이거나 지배 계급을 존경하기 때문이 아니라 그들의 시각 자체가 즉각적이고 실제적인 관심, 또는 구체적인 상황에 의해 제한받고 한계지어져 있기 때문이다. (이것이 노동 계급의 '경제성'의 물질적 근간이자 '이성적 핵심'이다.) 바로 여기에서 즉각적인 계급의 경계선 너머 보다 넓고 포괄적인 차원에서 발생하는 문제들에 대한 상황적 해결이 등장하게 된다. '순수하게 추상적인 평가가 요구되는 상황에서 지배 가치 체제는 도덕적인 준거틀을 제시할 것이다. 그러나 선택과 행위를 요구하는 구체적인 사회 상황에서는 협상된 형태의 피지배 가치 체계에 의해 도덕적 준거틀이 제시될 것이다'(Parkin, 1971: 93). 사회의 주된 제도적 질서 안에 내재된 권위(가령 법률과 같은)는 추상적인 차원에서는 받아들여질 수 있으나 일상적인 차원(가령 경찰에 대한 태도)에서는 훨씬 더 모호하게 취급될 수 있다. 영국의 노동 계급 문화는 '우리'와 '그들'이라는 태도를 중심으로 형성되어 있는데, 이렇게 구조화된 차이점이 노동 계급에 의한 반헤게모니적 전략으로 연결되지 않을 경우에도 마찬가지다…….

1880년대 이후 '전통적인' 형태를 취했던 노동 계급의 주변 환경은 계급 간 협상 결과를 분명히 나타내 준다. 다양한 층의 노동 계급이 그들만의 삶의 양식을 얻어 냈던 것이다. 이러한 협조적 문화의 가치는 여기저기서 눈에 띈다. 즉 물질적, 사회적 형태로, 물건의 모양과 사용으로, 레크레이션과 레저의 유형으로, 사람과 공공 장소 간의 관계

등으로 나타났다. 이러한 장소는 물리적이면서(거리와 집, 가게, 술집, 공원 같은 것 간의 연결망) 또 사회적이다(친족과 우정, 일과 이웃 관계 간의 연결망). 그러한 장소를 통해 계급은 '비공식적인 사회 통제'를 실현하게 되는데, 이것이 그 장소 내에 살고 있는 여러 집단들을 재정의, 혹은 재확인하게 된다. 즉, 실제 구조 내에서 '결속감과…… 충성심, 전통'들을 의미하는 권리와 의무, 친밀감과 거리감의 망을 형성하는 것이다 (Cohen, 1972). 이것은 소유권이나 세력으로서의 '권리'가 아니라 지역이나 문화적 소유로서, 또 '실제 거주자'들의 관습적인 직업으로서의 '권리'를 의미한다. 물론 제도라는 것은 외부의 세력에 의해 영향을 받게 된다. 노동과 노동 공간의 구조는 멀든 가깝든 지역 노동력을 보다 광범위한 경제력으로 연결시킨다. 시끄러운 시장 거리와 연쇄점, 슈퍼마켓이 서로 가까이 존재함으로써 거래와 소비를 통해 가정을 보다 포괄적인 경제와 연결시키는 것이다. 이러한 구조를 통해 지역은 사회적, 경제적으로 한정지어진다. 수평적인 차원에서는 공간과 제도를 지역성이나 인접 지역, 지역 문화와 전통 등을 이어 주는 많은 연결점들이 존재하고, 수직적 차원에서는 그것들을 지배 제도와 문화와 연결시키는 구조들이 있다.

지역 학교는 이러한 '이중적 제한 *double-binding*'의 전형적인 예이다 (Hall, 1974: 49~55). 집과 거리, 가게들 바로 옆에 위치해 있는 학교는 노동 계급의 자녀들이 교육을 받는 곳이며, 또 우정이라든가, 동료 집단, 결혼 등의 연결점들이 만들어지고 사라지는 곳이기도 하다. 그러나 수직적 관계의 차원에서 보면, 학교는 교육의 종류, 훈련의 유형과 권위 등을 대표하는 곳으로 지역 문화에 따라 상당히 다양한 경험을 제공하는 곳이다. 학교가 갖는 선택적인 메커니즘, 지식의 범위, 언어 사용의 한계, 그리고 정식 교육의 울타리를 벗어난 외부적 경험 등이 도시 노동 계급의 지역성을 연속적인 방식, 또는 분리된 방식으로 보다 광범위한 교육과 직업의 세계와 연결시켜 준다. 그리하여 학교는 전통적이고 협상적이며 매개적인 계급 제도로 남게 된다. 이러한 상황에서 우리는 학교와 관련된 다양한 전략과 선택 범위, 그리고 '해결 방식'들을 다시 한 번 살펴보고 새롭게 평가할 수 있다. 장학생, '중간짜리' 학생, '문제아,' 무단 결석생, 지진아, 운동권 학생 등……

협상, 저항, 투쟁: 이 범위에 해당되는 피지배 문화와 지배 문화 간의 관계는 구조적인 의미에서 언제나 지극히 적극적이고 적대적이다 (비록 이러한 적대감이 은밀하게, 또 굴드너 Gouldner 가 '일상화된 억압'이라고 명명한 것처럼, 지극히 당연한 것으로 받아들여진다 하더라도 말이다). 이로 인한 결과는 주어진 것이 아니라 만들어진 것이다. 피지배 계급은 이러한 '투쟁의 극장 theatre of struggle'에 극복하고 저항하기 위한 전략과 대응의 레퍼터리를 부여한다. 각 레퍼터리에 포함된 전략은 구체적인 물질적, 사회적 요인들을 활성화한다. 즉, 각 계급의 상이한 생활 방식과 억압에 대한 저항 방식들을 지지하는 역할을 하게 된다.

3. 하위 문화의 반응

이제 하위 문화의 문제로 돌아가 보자. 노동 계급 하위 문화는 종속 계급의 사회 문화적 계급 관계의 수준에서 형성되는 문화이다. 그들은 단순히 이데올로기적으로 형성된 것이 아니다. 그들 역시 젊은이를 위한 영역을 확보하고 있다. 즉, 이웃과 제도에서의 문화적인 공간이나 휴식을 위한 시간이나 거리의 실제 공간에서의 영역을 확보하고 있는 것이다. 그들은 이러한 지역에서의 그들 영역을 특징화하거나 정당화한다. 그들의 사회 관계에서 나타나는 특징들을 살펴보면 주말, 디스코, 은행 쉬는 날 은행 여행, 한밤 중앙로 진출, 주중 저녁의 어슬렁거리기, 토요일의 대결 등이다. 그들은 특정한 장소에 모여든다. 구성원 간의 구조적인 관계나 교환의 특정 리듬(방법)을 개발하기도 하는데, 이를테면 젊은이가 늙은이에게, 경험자가 초보자에게, 멋쟁이가 멋없는 자에게 등이다. 그들은 그룹 내의 삶에 핵심적인 주요 관심사도 개발한다. 즉, 해야 할 일과 하지 않아야 할 일, 그리고 그들이 단지 개인들의 집합이 아니라 집단으로서의 동료 의식을 확보하고 보강하기 위해 일종의 사회적 의식 등을 개발하는 것이다. 그들은 상품이나 소유물 등 물질적 대상을 활용하거나 재구성해서 그들 집단의 동질성을 확보할 수 있는 독특한 스타일을 만들어 낸다. 이들의 관심, 행위, 관계, 물질 등은 이들의 관계와 움직임의 의식에 포함된다. 때로는 그들과 바깥 세상을 구분하기 위해 이름이나 속어 등을 사용한다. 이는 그들만이 의미를 지니는 언어로서 이러한 언어 사용은 그들의 영역을 확보하는 기능을 한다.

이데올로기라고 할 수는 없지만 하위 문화는 어느 정도 이데올로기적인 차원을 갖고 있다. 전후의 문제 상황에서 이러한 이데올로기적인 요소는 보다 명확하게 드러났다. 그들이 파생되어 나온 특별한 계층의 계급 문제를 언급함에 있어서 다른 하위 문화들은 노동 계급 젊은이에게 그들의 집단적 존재를 협상하는 하나의 전략을 제공했다. 매우 의식화되어 있고 형식화되어 있는 그들 하위 문화들 역시 문제아에 대한 해답을 제공하기 위한 시도였다. 그러나 이들이 제시한 해답은 매우 상징적이어서 실패할 수밖에 없었다. 종속 계급의 경험에서의 문제는 협상하고 저항함으로써 실천될 수 있지만, 그러한 수단이나 그 단계에서 해답을 구할 수는 없다. 노동 계급에 대한 하위 문화 경력이라는 것은 없으며 계급의 핵심적, 구조적 경험에 의해 노출된 문제들에 대해 하위 문화 상황에서의 해답도 없다.

노동 계급 젊은이의 실업에 대해서, 그리고 교육적인 불이익에 대해서, 또 강요되는 오도된 교육, 치명적인 직업, 노동의 상습화와 특별화, 낮은 임금, 기능의 상실 등에 대해서 하위 문화적인 해답은 없는 것이다. 하위 문화적인 전략은 계급 전반에 걸쳐서 오늘날 발생하고 있는 구조적인 문제들에 대해 부응하거나 해답을 제공할 수 없다. 따라서, 전후 하위 문화들이 그들 계급의 경험을 바탕으로 문제를 언급할 때 그들은 종종 실제 협상과 상징적으로 잘못 놓여진 해답 간의 간격을 재생산하는 방법을 반복하게 된다. 그들은 해결한다. 그러나 상상적인 방법으로일 뿐 구체적이고 물질적인 수준에서 문제는 해결되지 않은 채 여전히 남아 있다. 그리하여 상부 계층의 의상 스타일인 테디 보이를 차용함으로써 주로 수동의 비숙련 룸펜 같은 실제적 삶과 토요일 저녁의 옷 잘입고 갈 데 없는 경험, 그리고 일생의 기회 등의 간격을 메워 주게 된다. 그리하여 소비의 차용과 물신화와 스타일 그 자체에 있어서, 모드족은 결코 끝나지 않는 주말과 월요일의 지루하고 재미 없는 계속되는 노동 사이의 간격을 덮어 준다. 그리하여 노동 계급 의상의 본래적이고 상징적인 형태가 부활하고 축구 경기에 몰두하고 그것으로 끝을 보는 데서 스킨헤드족은 상상적으로 계급의 가치나 스타일의 본질, 더 이상 관심을 두지 않는 노동 계급의 어른들에 대한 일종의 팬 의식 등을 다시 주장한다. 그들은 계획자와 투기꾼들이 급속히 사라지고 있는 지역과 영토 의식을 대표하고 있다. 그들은 생생하게 건재한 가운데 상업적이고 전문화되고 거대해진 게임을 선언한다. 그러나 이데올로기에 있어서 인간은 그들의 존재와 존재를 둘러싼 조건과의 실제 관계를 표현하지는 않고 그들이 그 둘의 관계 사이에서 살아가는 방식을 표현한다. 이것은 실제적이면서도 상상적인, 그리고 살아 있는 관계를 모두 전제하는 것이다.

노동자 하위 문화는 젊은이들이 부모 계급 문화의 다른 구성원들과 공유하고 있는 문제에 대한 반응이다. 그러나 계급은 젊은이들의 문제에 대해 아주 분명하게 경험을 구조화한다. 첫째, 계급은 젊은이들을 매우 특별한 물질적, 문화적 환경에, 그리고 분명한 관계와 경험으로 그들을 발전의 전형적인 단계에 위치시킨다. 이들은 젊은이들에 의해 이해되는 문제를 통해 본질적인 문화적 구도를 제공한다. 이렇게 젊은이를 계급의 동질성과 지위에 위치시키는 사회화는 두 개의 비형식적인 제도인 가정과 이웃을 통해 특별히 작동한다. 가정과 이웃은 젊은이들을 일찍 계급에 편입시키도록 정형화하고 규정하는 특별한 구조이다. 예를 들어, 계급의 특징인 성적인 역할과 책임은 가정에서의 언어와 대화를 통해 재생산될 뿐 아니라 하루하루의 관계와 마주보기를 통해 재생산되는 것이다. 이웃에서는 노인과 젊은이의 관계 구조를 통해서 부분적으로 이전된다. 이러한 긴밀한 상황들은 젊은이들에게 보다 넓은 세상을 예시한다. 그리하여 친구들과의 관계를 통해 노동의 세계나 상대하는 권위(임대인, 의회 관료, 보건원, 경찰)는 멀지만 점차 가까워지는 쪽으로 조율된다. 이렇게 구조적인 네트워을 통해서 젊은이들은 넓은 세상과 사회적인 형태에 대한 관계, 거리, 상호 교환, 사전 지식 등의 윤곽을 그리게 되고 재생산된다.

계급 역시 넓은 의미에서 젊은이의 개인적인 삶의 기회를 구조화시킨다. 그것은 통계학적으로 보면 성공과 실패의 가능성을 결정한다. 그것은 교육과 노동의 경력에 미치는 결정적인 기반을 제공한다. 그것은 노동 계급 아이들의 미래에 대해 매우 현실적인 전망을 갖게 한다. 권위와 연결하는 방법과 그것에 협상하는 방법을 가르치는 것이다.

이러한 것들은 젊은이들이 계급의 문제를 재생산하게 되는 것에 기여하는데, 그들 계급의 문화로 편입되는 단지 몇 가지 예에 불과하다. 그러나 이러한 계급 상황에서 젊은이 나름대로의 세대적 경험 영역의 독자성 또한 남아 있다. 근본적으로, 이들 젊은이들이 그들 부모와는 다른 제도와 경험 가운데서 계급 문화 문제를 맞닥뜨리고 있기 때문이다. 젊은이들도 부모처럼 같은 구조에 부딪히지만 그들은 나름의 다른 방식으로 만난다.

우리는 이러한 세대적인 특성을 앞서 언급한 세 가지의 주요 영역, 즉 교육, 노동, 여가와 관련지어 규정해 볼 수 있다. 5세부터 16세까지는 교육이 젊은이들의 삶에 전폭적인 영향을 미치는 제도적인 영역이다. 이는 피할 수 없이 경험으로 강제되는 광범위한 현실이다. 이에 비해, 나이 든 사람들은 다양하면서도 간접적이고 비제도적인 방법으로 교육을 접하게 된다. 경험을 회상하거나 '부모의 밤' 등 특별한 사유의 기회, 또는 자녀들이 들려 주는 학교 경험을 해석하는 것으로 교육을 받는 것이다.

노동의 영역에서는 젊은이들이나 나이 든 사람이나 비슷한 제도적 기구나 배치, 직업 상황 등에 부딪히고 있기 때문에 특별한 차이점들이 덜 분명한 듯하다. 그러나 이러한 가운데서도 결정적인 차이들은 남아 있다. 젊은이들은 직업을 구하는 데 선택의 문제에 부딪히고, 학교와는 전혀 다른 노동 문화의 형식적, 비형식적인 것들을 배우게 된다. 우리는 이미 특정 지역과 산업 분야에서 변화하는 직업 구조가 어떻게 전통적으로 세습되어 온 가족의 노동 구조를 잘못 위치시키고, 그리하여 세습을 보다 어렵게 만드는지를 목격했다. 계급의 오랜 구성원들에게 노동은 상대적으로 삶의 일상적인 일이 되었다. 그들은 직업적인 동질성과 노동 가운데서 부딪히는 문제를 대처하는 전략, 즉 슬기롭게 피해 가는 법을 포함하는 노동 문화를 배웠다.

보다 넓은 의미에서, 젊은이들은 다른 나이 든 노동자들과는 다르게 증가하는 실업 전선에 대해 보다 무관심하다. 1960년대 후반 실업에 관한 통계는 기술 없는 퇴학자들이 나이 든 기술 없는 노동자들에 비해 두 배 가까이 더 실업자로 남아 있음을 보여 준다. 뿐만 아니라, 실업은 직업 경력의 각기 다른 곳에서 달리 경험될 가능성이 크다고 보여진다.

마지막으로 여가도 계급적 삶의 중요한 분야로 취급되어야 한다. 노동 계급의 여가에서는 앞서 언급한 대로 노동 계급에 의한 사회의 '밀집 거주'의 결과를 볼 수 있다. 레저와 레크레이션은 꽉 짜여지고 통제된 작업 환경보다는 협상의 여지가 더 많은 분야이다. 노동 계급은 자신들을 여러 가지 대중 레저와 레크레이션에 고정시켜 왔다. 이것은 통합적 문화의 중요한 부분을 형성하며 전체 계급의 경험과 문화적 정체감에 핵심적인 역할을 담당한다. 그럼에도 불구하고 노동 계급의 어른들과 젊은이들 간에는 레저를 경험하는 방식에 있어서 중대한 차이가 존재한다. 이러한 차이는 1950년대와 1960년대에 더욱 첨예화되었는데, 그것은 이 당시 '틴에이저 소비'가 성장하기 시작했고 소비와 레저가 젊은 고객들을 위한 상품과 서비스에 치중하는 형태로 재구성(상품과 비상품 모두)되었기 때문이다. 이처럼 '청년 문화'의 광범위한 가용성과 높은 가시성으로 인해 레저 분야는 젊은이들을 상대로 완전히 달라지게 되었다. 젊음과 소비를 동일시하는 경향은 오랜 전통의 부모 문화적 경향을 재구성하고 극단화시켰다. 예를 들어, '자유 시간'에 특별하고 우선적인 의미를 부여하는 것, '젊음'이란 '놀 수 있을 때

실컷 노는 것,' 즉 '마지막 비행'이라고 보는 등의 경향이 그것이다. 이처럼 계급 내부로부터의 태도 변화는 젊은이들의 레저 형태를 재구성하고 재분배하려는 외부로부터의 압력과 함께 젊은이들을 위한 레저의 의미를 강조 — 사실은 물신 숭배 — 하는 데 기여한다. 따라서, 젊은이들은 부모들과는 다른 특징을 가진 제도 내에서 레저를 받아들이게 된다(디스코장, 젊은층을 위한 술집, 나이트 클럽 등). 이러한 제도들은 젊은이들에게 그들이 젊다는 바로 그 이유 때문에 과거와는 달라야 한다는 것을 강하게 전달한다.

여기서 우리는 한 계급 내에서도 세대 간의 서로 다른 경험을 통해 특정 연령에 한정된 모양새 — 일종의 의식 — 의 기반을 이루는 힘의 움직임을 목격하게 된다. 말하자면 세대적 의식 *generational consciousness* 이다. 또한, 이러한 '의식'이 비록 계급 상황과 그 내부의 세력에 의해 만들어졌지만, 우리는 왜 이것이 계급의 내용, 맥락과 확실히 분리된 형태의 의식을 만들어 내는가를 정확하게 알 수 있다. 왜, 그리고 어떻게 이러한 특수한 유형의 '세대적 의식'이 생겨나는가를 알 수 있다 해도 문제는 그것이 단순히 외부에서 아는 것만으로 해결되지는 않는다. 즉, 젊은이들에게 명확하고 단순한 계급적 정체감과 의식을 부여한다고 해결되지는 않는다는 것이다. 이것은 오히려 '세대적 의식'에 대한 과잉 반응적 거부감을 불러일으킬 수 있다. 우리가 제시한 대로, 숙성된 '세대적 의식'은 계급의 경계선을 억누르고 모호하게 만들지는 몰라도 그것은 노동 계급 젊은이들의 구체적인 경험 내에 하나의 '이성적인 핵심'을 지니고 있다. 즉, 전후 변화가 목격된 제도의 특수성, 그리고 무엇보다도 이 분야가 레저 산업의 변화에 의해 재편되는 방식에 있어서 그러하다…….

'세대적 의식'은 이처럼 노동 계급 젊은이 전체의 생생한 경험 속에 뿌리를 내리고 있다. 그러나 이것은 연령과 세대라는 변수에 의해 첨예하게 한계지어진 전후 하위 문화에서 특별히 강력한 형태를 띠게 되었다. 젊은이들은 자신이 '다르다'고 느꼈으며, 이러한 차이는 특히 '나이'가 만들어 낸 행위와 관심 속에 깊이 새겨지게 되었다. 그렇다고

'계급 의식' 자체가 모호해졌다는 것은 아니다. 예컨대 스킨헤드족들은 분명히 '세대적인' 또 '계급적인' 의식을 모두 지니고 있다. 코헨 Cohen 이 말했듯이, '하위 문화는…… 두 가지 모순된 욕구, 즉 부모들로부터의 독립과 차별화를 경험하고 표현하기 원하는 욕구와…… 자신들을 뒷받침해 주는 부모들로부터의 정체감을 유지하고자 하는 욕구 간의 타협적인 해결책'이라고 할 수 있다(Cohen, 1972: 26). 우리가 다음에 살펴보려는 것은 이처럼 세대적으로 서로 다른 노동 계급 하위 문화의 형성에 관한 것이다.

4. 스타일의 근원

스타일의 문제, 즉 젊은이 스타일은 전후 하위 청년 문화의 핵심이다. 우리의 관심을 끄는 문제는 첫째 어떻게 계급과 세대적인 요소가 독특한 집단 스타일을 창안하는 데 서로 관계를 맺고 있는가 하는 점이다. 둘째는, 어떻게 집단 구성원들이 활용할 수 있었던 물질들이 외형적으로 조직된 문화적 반응으로 구성되고 적절히 활용되었는가 하는 점이다.

　노동 계급의 젊은이들은 그들의 부모처럼 지역, 대상물, 관계, 제도, 사회적 실천 등으로 한계지어진 뚜렷한 구조적, 문화적 환경을 갖고 있다. 친족 관계나 친구 관계, 이웃 간의 비형식적 문화, 그리고 그들을 둘러싼 실천들의 입장에서 보면 그들은 이미 부모 문화 안에 또는 그 안에 위치지어진다. 그들 역시 지배 문화에 노출되고 멀거나 강력하게 또는 추상적인 형태로가 아니라, 위치지어진 형태로 지배 문화를 종속 문화에 중개하고 그리하여 관통해 버리는 지정된 형식과 제도 안에서 마주친다. 젊은이들에게 학교나 노동, 여가는 주요 제도이다. 무엇보다 젊은이들에게 거의 같은 정도의 중요성을 지니는 것은 공적 사회 통제 기구와 제도이다. 학교는 젊은이들과 사회 봉사자들에게 이러한 기능을 수행하지만 부수적으로 경찰 같은 핵심적인 기구와 더불어 보다 온화한 모습의 다양한 영역을 구축하고 있다.

청년 하위 문화는 이미 위치를 확보하고 있는 부모 문화와 지배 문화의 중재 기구 사이의 교차점에 자리를 잡는다. 지배 문화와의 조우를 통해서 부모 문화에 의해 이미 변용, 협상, 저항을 거쳐 온 많은 형태들이 제공과 통제의 매개 기구와의 조우에서 젊은이들에 의해 차용되고 수용된다. 이러한 경험들에 대한 그들의 대응을 조직함에 있어서 노동 계급의 하위 청년 문화는 부모 문화로부터 주요한 몇 가지를 가져온다. 그러나 그들은 그들 자신의 특징적인 집단적 삶이나 세대적인 특성에 맞추어 그것들을 적용하거나 변형한다.

그러나 젊은이들과 그들의 상황과 활동에 있어서 보다 즉각적이며 국면적이고 특별한 주요 관심사들이 있다. 대개 전후 청년 문화에 대한 문헌들은 첫번째 측면(부모 문화와 공유하는 부분)을 소홀히 하거나 매우 분명한 것(젊은이 집단의 주요 관심)을 과장해 왔다. 그러나 이 두 번째 요소는 — 즉, 다시 말하면 일반적으로 매우 독특한 — 어떤 설명을 하는 경우에도 심각하게 고려되어야만 한다. 그것은 젊은이 집단에게 그들만의 하위 문화의 동질성(의상, 음악, 언어)을 구축할 수 있도록 한 물질적 요소들과 그들의 주변 환경이나 상황(행위, 이용, 장소, 카페, 댄스 홀, 일일 여행, 저녁의 외출, 축구 등)을 모두 포함하고 있기 때문이다.

다양한 종류의 청년 문화는 그들의 소유물과 목적에 의해 관습적으로 특징지어진다. 구두끈식 넥타이, 벨벳 칼라 장식을 한 테드보이들의 재킷, 바짝 친 머리, 모자가 달린 재킷, 모드족들의 모터사이클, 색 바랜 블루 진, 갈고리형이나 문장을 한 모터사이클, 스킨헤드족의 발길질용 구두와 까까머리, 보위족 *Bowieties* 들의 시카고식 정장이나 반짝거리는 의상 등이다. 그러나 그들의 눈에 띄는 특징에도 불구하고, 그들이 적용하고 사용한 물질들이 단지 스타일을 만든 것은 아니다. 스타일을 만든 것은 스타일을 추구하는 행위였다. 즉, 세상 가운데서의 존재를 행위와 외양의 뚜렷한 방법으로서 동질적인 형상으로 만듦으로써 그들 집단의 동질성을 조직하고자 한 적극적인 행위에 있었다.

노동 계급 청년 문화는 경제적인 뒷받침 없이는 불가능했을지 모른다. 즉, '풍요'의 기간에 임금의 상승 말이다. 그러나 중요한 것은 노동 계급의 어른들보다 10대들의 수입이 훨씬 빨리 증가했다는 사실이다. 그리고 이러한 수입은 소비(여가와 무책임한 소비)를 위한 수입이었다. 그러나 수입 역시 그것만으로 스타일을 만들었던 것은 아니다. 하위 문화는 또한 젊은이들을 상대로 한 소비 시장의 확대가 없었더라면 불가능했을지 모른다. 새로운 젊은이 대상 산업은 물질과 상품을 공급했다. 그러나 그들은 엄격한 의미에서 많고 다양하고 독특하며 지속적인 스타일을 제공하지 못했다. 그들이 제공한 물질들을 독특한 스타일로 만들어 낸 것은 젊은 집단에서였다. 그러나 이것은 단지 그것들을 이용했다는 것이 아니라, 물건과 상품들을 선택하여 적극적으로 스타일을 구성했다는 것을 말한다.

그리고 이러한 물건들은 본래의 의미와 사용에서 벗어나 다른 의미와 사용으로 변환되거나 뒤바뀌기도 한다. 모든 상품은 사회적인 사용과 그에 따른 문화적 의미를 지닌다. 그것들은…… 문화적 기호들이다. 그들은 지배 문화에 의해 이미 의미와 연관성, 사회적 함의를 부여받았다. 이러한 의미의 대부분은 고정되고 '자연스러운' 것처럼 보인다. 그러나 이것은 단지 지배 문화가 그 사용을 정당화했기 때문에 그 상품에 부여된 의미가 유일한 의미처럼 보이기 때문이다. 사실상 문화 체제에 있어 '자연스런' 의미란 것은 없다. 물건과 상품 자체는 아무것도 의미하지 않는다. 그것들은 사회적 사용에 의해 문화적 의미 부호를 부여받았기 때문에 '의미'를 지니는 것뿐이다……. 그것들이 '자연스럽게' 함유하고 있는 사회적 의미를 승인하거나 또는 파괴할 수 있다. 또는 그것들을 다른 것과 통합해서 의미를 바꾸거나 오염시킬 수도 있다. 상품이 표현하는 의미가 사회적으로 주어진 것이기 때문에 — 마르크스는 상품을 '사회적 상형 문자'라고 불렀다 — 그 의미는 또한 사회적으로 변화되거나 재구성될 수 있다…….

노동 계급 젊은이들은 표현적인 상품과 물건, 행위에 사용할 돈을 필요로 했다. 전후 소비 시장은 분명한 경제적 하부 구조를 갖고 있었다. 그러나 돈도, 시장도 어떤 집단에게 자신을 표현하고 상징화하기 위해 이러한 물건을 사용하라고 지시할 수는 없었다. 이러한 재의미화는 많은 다른 방식에 의해 수행되었다. 한 가지 방법은 하나의 의미 체계로부터 빌려 온 물건을 하위 문화 자체가 만들어 낸 다른 부호와 통합시킴으로써 '주어진' 의미를 변질시키는 것이다. 또 다른 방법은 상이한 사회 집단에 의해 만들어지고 사용된 물건을 변화시키는 것이다(에드워드 옷차림의 테디보이식 변환)…… 또는 주어진 의미를 강화, 과장, 또는 고립시킴으로써 변화시키는 방법이 있다(모드족의 소비와 외모의 '물신화'…… 또는 이탈리아식 뾰족 구두의 연장)…… 또 다른 방식은 '은밀한' 언어와 부호에 의한 형태와 집단의 멤버만이 알 수 있는 내용을 결합시키는 것이다(가령, 많은 하위 문화 집단 또는 일탈 집단들의 은어인 흑인 '루디스'들의 '라스타' 언어). 이것들은 하위 문화 계층이 자신들을 위한 의미 있는 스타일과 외형을 구성하기 위해 '젊은 소비 시장'의 상품들을 사용하는 수많은 방법 가운데 단지 몇 가지에 불과하다.

훨씬 더 중요한 것은 이러한 물건과 상품들이 반영하고 표현하는 집단 생활의 여러 측면들이다. 하위 문화 내에 존재하는 스타일의 창조라는 원칙은 바로 이러한 순환, 즉 집단의 사용하는 물건과 그 사용을 구조짓고 결정하는 외양과 행위 간의 순환적인 효과에 의해 만들어진다. 특정 물건의 전용에는 집단 구성원들의 역할도 포함된다. 이들 물건들은 구성원들의 주된 관심사와 활동, 집단 구조 그리고 집단 공동의 이미지에 따라 '동질성'을 띠게 되는데, 말하자면 집단 구성원들은 물건을 통해 그들이 중요하게 여기는 가치들이 보존되고 반영되는 것을 보게 된다는 것이다. 스킨헤드족에게 부츠나 짧은 청재킷, 그리고 면도한 머리 등이 하위 문화적 관점에서 의미를 지니는 것은 이러한 외적인 모양새들이 스킨헤드족식의 남성다움, '강함,' 그리고 '밑바닥 인생'의 개념을 잘 표현해 준다는 믿음 때문이다. 이는 곧 지배 문화가 이들 물건에게 부여한 많은 부정적 의미를 긍정적인 방법으로 극복하거나 협상, 전환시키는 것이다. 즉, 삭발한 머리가 갖는 '죄수'의 이미지, 노동자 이미지, 소위 '유행에 뒤떨어진 의상'의 이미지 등이 그 예이다. 여기저기서 빌려 왔거나 다시 만들어진 '조각'들이 서로 합해

져서 새롭고 독특한 종합적인 스타일이 생겨나면서 새로운 의미 또한 부여되기 시작한다. 뿐만 아니라 상징적인 물건들이 — 의상, 외모, 언어, 의식儀式, 대화의 방식, 음악 — 집단의 관계와 상황, 경험들과 통합을 이루게 된다. 말하자면 표현 형태의 결정화가 생겨나는데, 이것은 다시 집단의 공적인 정체감을 결정하게 된다…….

이처럼 집단 정체감과 상황, 방향 등이 가시적인 형태로 확립되면서 느슨하던 집단의 결속감은 팽팽하게 강화되고 다른 유사한 집단, 또는 상이한 집단들 내에서 그 집단의 독특성이 살아나게 된다. 실제로 다른 모든 문화적 구성과 마찬가지로 내적인 결속감을 강화하고 표현하는 물건의 상징적 사용은 그 집단의 정체감과 대립되는 다른 집단과의 적대 관계(물론 이것은 능동적이고 의식적인 대립이 아니다)를 내포한다. 이러한 과정은 스타일을 따라 '하위 문화적 해결법'으로 한계를 극복하려는 집단들의 독특성을 부각시킨다. 또한, 이러한 집단들은 사회의 지도자, 도덕적 수호자, 공적인 결정자, 그리고 전반적인 사회 통제 문화에 의해 제한, 편견, 비난받는 등의 부정적인 결과를 감내해야 했다.

5. 대항 문화의 등장

이제까지 우리는 노동 계급 젊은이들의 문화만을 살펴보았다. 그러나 동일한 이론적 틀로 중산 계급의 하위 문화를 바라볼 수 있는지를 결정하는 데는 약간의 문제가 있다. 실제로 우리는 전후 중산 계급 젊은이들 가운데 전쟁 전의 학교나 학생 문화와는 다른 형태의 아주 독특한 종류의 표현 양식들이 등장하는 것을 목격해 왔을 뿐 아니라, 1970년대에 가까이 가면서 이러한 움직임들은 노동 계급의 대항 문화보다도 더 많은 사람들에게 관심과 반응을 일으키고 있음을 목격하고 있다. 물론 우리는 단지 상업화되는 대중 문화로서의 청년 문화와 여가와 관련된 청년 문화를 포함시키려고 하는 것은 아니다. 오히려 아주 뚜렷한 하위 문화의 등장을 지적하려는 것이다. 예를 들어 히피 운동, 다양한 일탈적 약물, 밀려난 동성애 집단 문화, 학생 운동의 문화적인 저항 요소 등이다. 가장 중요한 것은 중산층 젊은이들의 광범위한 영역에 걸쳐 퍼지고 있는 문화적 해체, 즉 대항 문화 현상이다. 이것은 중산층 젊은이들의 일반적인 급진 성향화와 정치화(또한 탈정치화)와 밀접히 연관되어 있다.

우리는 계급이 다른 젊은이들의 반응에 있어서 몇 가지 분명한 구조적인 차이들을 지적할 필요가 있다. 노동 계급 하위 문화는 분명히 세련되고 집단적인 구조를 갖는, 주로 유사 갱 또는 반갱이다. 중산층 대항 문화는 다양하고 덜 집단화되어 있고 보다 개인 중심적이다. 후자는 전형적으로 견고한 하위 문화를 촉진시키기보다 오히려 대항 문화 환경을 분산시키는 경향이 있다. 노동 계급 하위 문화는 그들을 지배하거나 보호하는 제도인 가정, 학교, 노동의 제약 아래 있는 집단적인 삶과, 노동 외의 시간에 갖는 여가나 동료와의 연대에 초점을 두는 삶 사이의 분명한 구분점이 있다. 중산층 대항 문화 환경은 '꼭 필요한 것'과 '자유 시간과 자유 활동' 사이의 구분을 흐리게 하거나 합치시켜 버린다. 정말 후자는 지배 문화의 중심 제도에 대한 새로운 제도를 개척하는 시도에서 분명히 차별된다. 예를 들면 가정이나 생활의 새로운 방식, 새로운 노동 방식, 심지어 무노동의 방법 등을 통해서 그렇다. 중산층 젊은이들은 노동 계급의 동료보다 더 가변적인 상태로 오래 남는다. 전형적으로 노동 계급 젊은이들은 기존의 환경 — 즉, 거리, 이웃, 축구장, 해변 마을, 댄스 홀, 영화관, 피폭 지점, 술집, 디스코 등 — 을 조절하여 그들의 주어진 노동 환경에 따라 독특한 여가 활동을 만들어 낸다. 중산층 젊은이들은 지배 계급의 빈틈 사이에 틈을 구축하는 경향이 있다. 전자가 슬럼가의 활용을 대표한다면, 후자는 슬럼가로 탈출을 시도하는 것이다. 1960년대 대항 문화의 정점에서 중산층 대항 문화는 지하의 제도적인 기반으로 대항 문화를 제공하려고 하나의 미숙한 형태의 커다란 '대안적 사회'를 구성했다. 여기서 우리는 각 계급의 젊은이들이 그들이 속한 부모의 계급 위치를 재생산하고 있음을 볼 수 있다. 중산층 계급 문화는 순환의 사이클에서 탈출할 수 있는 시간과 기회를 제공받을 수 있다. 그러나 노동 계급 젊은이들은 토요일 밤과 월요일 아침 사이에만 허락되는 저항의 리듬에 의해 끊임없이 지속적으로 구조화된다.

노동 계급 하위 문화의 객관적 저항의 내용은 사회적으로 표현된다. 그리하여 그것은 통제 문화에 의해 전통적인 노동 계급의 비행인 '폭도'나 절도와 동일하게 취급되기도 한다. 대항 문화는 보다 광범위한 의미에서 이데올로기적, 정치적 형태를 취한다. 그들은 자신들이 지니고 있는 지배적 가치나 제도에 대한 저항을 보다 정교하게 다듬는다. 물론 이것은 꼭 정치적인 저항만을 말하는 것은 아니다. 그러나 노동 계급 하위 문화가 계급 의식의 적극적인 표출이라고 하더라도 이러한 움직임은 통제 문화에 의해 전형적인 비행으로 간주되어 억압되는 경향이 있다. 중산층 대항 문화가 분명히 반정치적인 경우에도 객관적인 경향은 이들을 잠재적인 정치 행위로 취급해 버리는 것이다.

중산 계급 대항 문화는 1950년대보다는 1960년대 이후에 특징적으로 나타났다. 소수의 지식층 젊은이들만이 '비트 운동 *Beat Movement*'에 대항하는 움직임에 동참했다. 후기 비트, 즉 '도로 *on-the-road*' 스타일은 1950년대 말 CND와 평화 운동 — 포크의 부활과 밥 딜런의 노래와 연관된 비트와 평화 *beatnik / peacenik* 시대 — 을 중심으로 성행했다. 1960년대 말의 히피들은 중산층 대항 문화의 가장 독특한 형태였다. 이들이 또래 젊은이들에게 미친 문화적 영향력은 실로 엄청났으며, 아직도 수많은 대항 문화가 그 뿌리를 히피에서 찾고 있다. 히피는 유사 보헤미안적 하위 문화를 현실화시켰으며, 스타일과 의상, 태도, 음악 등을 형성시켰다. 언더그라운드의 대안 제도들이 이러한 역학 관계 내에서 생성되었다. 그러나 히피 문화는 오래지 않아 선두, 기형, 부랑자 등 상이한 계층으로 분산되었다. 그것은 '낙오자'들과 약물 하위 문화 또한 영입했다. 그것은 또 학생 문화 속으로 침투했으며, 그 다음에는 중산층 젊은이들 사이에서 학생 저항 운동이나 급진적 사회 운동, 공동체 집단, 좌익의 성장 등 보다 정치적인 요인들로부터 영향을 받기 시작했다. 이러한 모든 경향들은 1967년과 1970년 사이에 — 대항 문화의 정점이라 할 수 있는 — 부분적으로 통합되었다. 이것은 다시 여러 방향으로 분산되었다. 그 가운데서도 가장 뚜렷한 두 경향이 있었는데, 하나는 약물과 신비주의, '삶의 혁명'을 통해 유토피아적 대안 문화를 지향하는 움직임이었고 또 하나는 공동체 운동과 저항 운동, 자유주의를 통해 보다 적극적인 정치를 지향하는 경향이었다. 간단히 말해 이 것은 협소하게 한계지어진 중산층 하위 문화(약물과 성적 하위 문화를 제외하고)의 흐름이라기보다 대항 문화라는 포괄적인 흐름 속에서 다양한 움직임과 연결, 그리고 상이함이 나타난 현상을 말한다.

노동 계급 하위 문화와 중산층 대항 문화는 둘 다 도덕 수호자들이나 통제 문화에 의해 '권위에 대한 위기'로 간주된다. 노동 계급의 범죄나 중산 계급의 일탈성은 노동 계층을 열심히 일하고 법을 준수하는 노동 계급 시민들로 '성장'시키고, 중산층은 건전하고 직업 정신이 투철하며 '개인적인' 부르주아 시민으로 '성장'시키는 사회적 유대감이라든가 공식적인 제도들을 약화시키는 요인이 된다. 이것은 문화 계급적 관계와 정체감의 재생산을 방해 — 파괴는 아니더라도 — 할 뿐 아니라 '훌륭한 사람과 연장자'에 대한 존경심의 상실을 이야기한다. 차이가 있다면 노동 계급에서는 피지배 계급의 젊은이들에 대한 통제력이 상실되었다는 것으로, 중산층에서는 지배 계층 젊은이들 간의 위기가 발생했다는 것으로 이해될 뿐이다.

중산층 대항 문화는 그들 자신의 지배적 부모 문화에 대한 저항의 선두에 선다. 그들의 일탈 행위는 주로 이데올로기적이거나 문화적이다. 그들은 지배 문화적 이데올로기 관계인 가족, 교육, 미디어, 결혼, 노동의 성적 구분 등을 재생산하는 제도들을 주요 공격 대상으로 삼는다. 이들의 행위는 동의를 유도하거나 공감을 불러일으키고자 하는 바로 그 장치들이다. 여자, 히피, 청년 집단, 학생, 아이들 모두가 그들을 형성한 제도들에 관심을 갖게 되고 그들을 전면에 부각시킨다. 분명히 몇몇 이러한 집단들은 전체적인 부르주아 가치 체계의 조직적인 전복이나 상징적인 혼란을 기도한다. 문화 가운데서 극단적인 반대의 경향을 추구함으로써 또 한편으로는 내부적으로 협상을 시도함으로써 그들은 그들 부르주아를 전복하려 한다.

　다시 한 번 중산층 젊은이들의 이러한 움직임은 우선적으로 부모 문화에 대한 저항성과 역동성 내에 존재한다. 중산층은 현대 자본주의 생산의 노동 분화에 의해 영향을 받아 왔다. 우리는 중간적 화이트 칼라와 하층 관리 계층의 성장과 새로운 직업의 부상, 관리 및 '복지'와 같은 비상업적 중산층, 그리고 커뮤니케이션, 경영, 판매의 혁신과 관련된 새로운 계층의 등장을 목격해 왔다. 이것들은 그람시가 명명한 현대 자본주의의 '유기적 인텔리겐차'이다. 이 집단의 특징은 '기획력과 기술적 능력,' 생산과 대중, 투자가들의 '자신감,' 그리고 상품 소비자 등의 전체 생산 영역에서 조직자로서의 역할이다(Gramsci, 1971: 5).

　학교와 대학은 다양한 계층의 지식인들을 배출해 내는 기구로써, 교육을 받는 분야가 많을수록, '수직적' 차원의 교육이 다양해질수록, 그리고 문화 사회가 더 복잡해질수록 조직자의 역할을 담당한다(같은 글). 교육의 확대는 중산층의 구성과 특징, 그리고 문제점의 변화에 핵심적이다. 따라서, 중산층 젊은이들의 위기는 교육과 이데올로기 기구의 위기와 함께 점점 더 드러나게 된다.

　지식인 계층과 생산의 세계 간의 관계는 전체 사회 구성과 상부 구조의 복합성에 의해 "중재된다"(같은 글). '부르주아'의 문화는 감정적인 억제와 억제와 분출의 절제된 템포, 일과 직업에 대한 청교도적 '윤리 의식,' 경쟁적 성취, 개인적 소유, 사생활의 이데올로기, 그리고 이상적인 가정 생활 등을 통해 생산 양식의 주위에 두툼하고 복합적인 외피를 형성한다. 그러나 전후에 자본주의가 보다 기술적이고 통합적인 소비자 단계로 옮겨 가면서 이 문화적 외피는 쇠퇴했다. 상부 구조 내에 치명적인 균열이 생겨나기 시작했기 때문이다. 전후 사회의 기술적, 생산적 라이프스타일이 재편되고 보다 '진보된' 차원에서 생산 양식을 안정시키려는 시도가 실패하면서 중산층 문화도 불안하고 '불공평한' 영향을 받게 되었다.

　중산 계급 내의 사고와 감정의 습관들과 이미 안정된 수많은 관계들이 이 '미완의 혁명'을 동반한 문화적 반란에 의해 흔들리기 시작했다. 이것은 단지 중산 계급 — '국가의 척추' — 이 갑자기 '풍요의 이데올로기'라는 절제된 향락주의에 갑작스럽게 노출되었기 때문만은 아니다. 보다 근본적으로는 생산 양식의 변화가 현대 의식계의 혁명이라 할 수 있는 '정신적 생산'력의 질적인 팽창을 요구하고 야기시켰기 때문이다. 새로운 사회적, 기계적 기술과 새로운 정치 구조뿐 아니라 소비의 순환, 그리고 의식이 소비 리듬과 새로운 생산, 분배력에 길들여지면서 자본의 생산력에 대한 통제가 필요하게 되었다……. 더 많은 부의 축적이 의식 자체를 형성하기에 이르렀다. 즉, 한때 마르크스가 '재생산과 부의 성장을 통제할 것'으로 예측했던 사회적 지식의 생산뿐 아니라 '상품의 물신화'의 정점에 있는 허위 의식의 출현을 의미한다.

이것은 모두 '청교도적' 윤리에 의해 형성된 전통적인 중산 계층에게는 색다른 — 혼란스럽고 모순적인 — 세계였다. 자본주의는 이제 절약이 아닌 소비를, 절제가 아닌 멋을, 미래의 보상이 아닌 즉각적인 만족을, 영구 제품이 아닌 소비성 제품을 요구하기에 이르렀다. 건전한 라이프스타일이 아닌 '흔들리는' 라이프스타일을 요구하게 된 것이다. 노동의 가치는 더 이상 소비와 쾌락, 놀이를 중심으로 하는 생활에는 맞지 않았다. 중산 계층을 지탱하고 있던 성적인 절제와 가정 생활의 소중함은 '허용'의 범위가 넓어짐에 따라 살아남기가 힘들어졌다. 자연히 중산 계층은 자신들의 생활 전체가 쇠락해 가는 것을 보고 두려움을 느끼게 되었다. 그리고 두려움을 갖게 된 이들은 그 원흉을 만들어 내기에 이르렀다. 그들은 전통적인 중산 계층의 삶이 진보적인 지식인과 온건한 자유주의자들, 도색업자들, 그리고 대항 문화 간의 공모에 의해 파괴되어 간다고 믿었다. 사실 이러한 전통적인 문화는 중산 계층 외부가 아닌 내부, 그리고 생산 체제 자체로부터 발생하는 변화에 의해 혼란을 경험하게 되었다. <오즈 *OZ*>가 성적 억제에 반대하는 캠페인을 시작하기 훨씬 전부터 그러한 도덕은 공격적인 성을 강조하는 대중 광고의 언어에 의해 이미 쇠퇴하고 있었던 것이다. <현대 여성>이 <여성 자신 *Woman's Own*>에서부터 <노바 *Nova*>, 그리고 <코스모폴리탄>에 이르기까지의 '긴 여정'을 겪어 오는 동안 여성들은 존경받는 주부로부터 보석으로 치장한 놀기 좋은 상대, 광고의 자유 여성으로 변화되어 갔다. 전통적인 윤리가 자유의 이름으로서가 아니라 상품에 의해 만족되는 욕구라는 이름으로 도전받게 된 것은 당연한 일이었다⋯⋯.

점차로 전통적인 부르주아 — 보다 정확히 말하면 '프티 부르주아' — 계층과 보다 '진보적인' 현대적 중산 계급 간의 갈등이 생겨나기 시작했다. 그러나 초기 풍요의 시기에 중산 계급적 이상의 수호자들이 가장 먼저 부딪힌 것은 '젊은이'라는 집단이었다. 처음에는 노동 계급의 젊은이들, 그 다음에는 중산 계급의 젊은이들이었다. 그들은 사회의 향락주의와 관조주의, 허용주의, 즉각적 만족의 추구, 반권위주의, 도덕적 다원주의, 물질주의 등에 저항했다. 이것들은 모두 야심 만만한 노동 계급 젊은이들과 잘못 배운 중산 계급의 젊은이들로부터 생겨난 것으로 사회의 가치에 대한 '위협'으로 받아들여졌다. 그들은 지배 문화 내부의 위기를 지배 문화에 반대하는 음모로 잘못 파악하였다. 그들은 (수많은 대항 문화 지지자들이 그러했듯이) 문화적 '장애물'이 고통스럽고 불안한 방식으로 궁극적으로는 체제의 생산 양식에로 적응해 가는 것을 알지 못했다.

[⋯⋯] 대항 문화는 이처럼 지배 문화 내부, 즉 지배 윤리의 구요소와 신요소 간의 장애물에 의해 생겨났다. 그러나 한동안 젊은이 집단이 표면적으로는 가장 공격적이고 가장 가시적인 대상으로 보이게 된 것은 사실이다. 반응은 두 가지로 나타났다. 전통주의자들은 '권위의 위기'와 오랜 계급 문화의 안정성이 사라진 것을 통탄했다. 그러나 진보주의자들은 그것을 더 부추기고 구체화시켰으며 상업적으로 무자비하게 이용했다. 이처럼 청년 문화는 처음에는 문화 위기의 '현상적 모습'이었다. 이와 같은 적응 구조에는 중산 계층 젊은이들의 반란은 포함되지 않았지만 추후의 궤도는 두 가지 '도덕 세계' 간의 모호한 입장, 즉 자본주의의 불평등하고 불완전한 이행 내의 모순적인 입장에 영향을 입은 바가 크다.

만일 우리가 '중산 계급의 반란'을 순수하게 대항 문화적 관점에서 생각해 본다면, 물론 많은 부분이 신성하고 전통적인 중산 계급의 가치에 반대되는 것이긴 했지만, 이들이 가졌던 목표들은 객관적으로 이행 시점에 있던 체제에 상당히 순응적이었다…… '청교도적 윤리'에 역기능적이었던 대안 가치들은 구사회 구조와 후기 프로테스탄트 자본주의의 절제된 비승화 간에 필요한 모순적인 교량을 형성했을 수도 있다…….

이러한 문화적 반란의 측면들은 분명히 순응적이고 통합적이었다. 대항 문화들은 궁극적으로 보다 큰 유연성을 가져다 줄 새로운 사회 형태를 창조하고 실험함으로써 체제를 위해 중대한 역할을 감당한 셈이다. 여러 측면에서 '라이프스타일'의 혁명은 순수하고 단순하며 놀라운 상업적 성공을 불러왔다. 의상과 유행에 있어 대항 문화는 소규모의 '장인' 체제와 실험적인 자본주의 생산과 분배를 통해 취향의 변화를 가져왔는데, 이러한 변화는 복잡하고 과잉 자본화되어 있는 대량 소비 연쇄점에서는 실험하기에 적당치 않은 것이었다. 변화가 정착되자 대규모의 상업 군단이 들이닥쳐 휩쓸어 버렸다. 음악과 레저 산업도 대안적인 분배망을 위한 노력이 있기는 했지만 사정은 마찬가지였다. '계획된 허용주의'와 조직화된 불법 행위는 여러 대안 언론들이 살아남는 근거가 되었으며 많은 도덕적 수호자들이 이에 대해 분노했지만 체제 자체를 무너뜨리지는 못했다. 오히려 출판과 영화가 무분별하게 확대 허용되었다. <오즈>가 감히 시도하지 못했던 분야에 <플레이걸 *Playgirl*>이 들어왔다. 신비로운 유토피아 사상과 유사 종교 부흥이 더욱 기승을 부렸다. 그러나 전자는 무분별하고 지나치게 이념적인 방식으로 비과학적 대항 문화를 추구하는 경향을 보였는데, 예를 들어 '혁명은 마음 속에 있다'거나 '젊음은 특권이다,' 우드스탁은 '국가'이다, 제리 루빈 Jerry Rubin 의 영원 불멸의 말씀인 '사람들은 뭐든지 원하는 대로 해야 한다'는 식의 생각들이 여기에 속한다(Silber, 1970: 58)…… 극단적으로 표현해서 '네 자신만의 일을 하라'는 새로운 형태의 이기주의는 가장 제멋대로의 프티 부르주아식 이기주의와 다를 바 없었다.

그렇다고 해서 부정적인 측면만 있는 것은 아니다. 가장 간단한 차원으로는 이 새로운 경향이 지배 문화가 '가장 근사하고 가장 훌륭한' 부분을 독점하는 것을 막았다는 점이다. '경직된 사회'의 목표와 구조, 제도들로부터의 단절은 상당히 광범위하였다. 말하자면 대항 문화는 최소한 사회적, 문화적으로 숨쉴 공간, 즉 문화 관계 재생산의 휴식기를 제공했고, 이를 통해 지배 문화와의 더욱 깊은 단절이 가능하게 되었다. 지배 문화의 틀을 깨뜨린 것이다. '억압적인 비승화'는 위험한 양측 현상이다. 전통 문화의 부호들이 파괴되고 새로운 사회적 충동이 자유로워지면 본래의 자리가 채워지기란 거의 불가능하다. '허용주의'의 문이 열리고 보다 심각한 형태의 성적 자유가 뒤따르게 된다. '자유'라는 구호가 부상하고 사람들은 여기에 무한한 혁명적 의미를 부여하게 된다. 의식 확대를 위한 기술적 수단에 대한 투자가 이루어지고 의식은 예측의 한계를 넘어서서 확대된다. 커뮤니케이션 수단이 발달하고 사람들은 예전에는 생각지도 못했던 출판과 독자에 대한 접근권을 소유하게 된다. 이러한 변화의 속성은 여전히 이데올로기적이고 문화적 — 속성상 '초구조적 *superstructural*' — 이긴 하지만 전통적인 윤리의 체계적인 붕괴로 인해 대항 문화는 객관적인 반격을 가할 수 있게 되었고, 이것은 완전히 융해될 수도 없고 또 융해되지도 않는 것이다. 사회의 이데올로기 구조에 대한 지속적인 반격은 고도의 혼란을 가져왔다. 특히, 사회적 동의와 생산 과정의 사회적 통제를 위해 의식화의 기구에 의존하고 있던 사회에서는 더욱 그랬다. 이것은 사회의 '신경 조직'의 파괴를 의미한다(Nairn & Quattrocchi, 1968: 32). 이러한 파괴는 감춰져 있던 소외를 '거리의 문제'로 드러내는 '모순의 노출'을 가져왔을 뿐 아니라 '늘 뒤편에 후원자로 존재하던 강압적인 폭력'을 야기시켰다. 또한 억압은 — 혹은 '조용한 동의와 야만적인 강압 간의 관계' — 허용되는 것과 허용되지 않는 것 간의 경계선을 분명히 했으며, 결속력을 만들어 냈고, 대항 문화를 반영구적인 자유 영역으로 형성시켰으며, 또 정치화를 향한 초기의 움직임을 활성화시켰다. 1968년과 1972년 사이에 대항 문화의 수많은 분야들이 '대안적인' 경로와 유토피아적 해결법에 빠져들었다. 그러나 또 다른 분야에서는 보다 분명하고 확실하며, 더욱 치밀하고 지속적인 저항과 행동, 공동체 활동, 자유 수호 투쟁의 정치, 궁극적으로는 노동 계급 정치학으로 수렴되는 활동을 추구하는 방향으로 나아갔다…….

어느 수준에서 보면, 중산층 대항 문화는 노동 계급의 하위 문화처럼 역시 그들 계급 상황 내의 문제나 상호 대립을 해결하려고 — 그러나 상상적인 수준에서 — 시도한다. 그러나 그들이 이미 지배 문화를 본질적으로 내면화하고 있기 때문에 그들은 전략적인 차원에서 — 노동 계급의 경우와는 달리 — 그들 내부의 문제를 사회 문제로 일반화하려는 시도를 보여 준다. 대항 문화는 그들 계급의 실질적 관계의 변화에서 비롯된다. 그들은 지배 문화의 틈이 벌어지고 있고 그리하여 시민 사회의 궁극적으로는 국가 자체의 헤게모니가 위기를 맞고 있음을 대변하고 있다. 이러한 의미에서 중산층 대항 문화는 지배 문화에서 파생되었다 할지라도 전체 사회의 즉각적인 틈새를 보여 주는 것으로 나타난다. 그들의 공격은 처음부터 도전받지는 않는다. 오히려 지배 문화 내의 유리한 위치에서 지배 문화에 대한 실제적인 비판을 확대하고 발전시킴으로써 그들은 그 조직 자체의 많은 대립을 끌어내고 표현한다. 자연적으로 사회는 이 때쯤에는 상상적으로만 재구성될 수 없다. 그러나 그것이 대항 문화의 즉각적인 잠재력을 소진시키지는 않는다. 대항 문화 역시 — 부분적이고 도식적이며 이상적인 형태지만 — 긴급한 사회적 형태를 계산하고 기대하고 예측하고 있기 때문이다. 이러한 새로운 형식들은 대항 문화의 수준에서 등장한 것이라 할지라도 조직의 생산 기반에 뿌리를 두고 있다. 그러나 우리는 사회의 핵심에서 그들의 성숙함이 아직 불완전하다는 것을 올바르게 평가해야 한다. 그들은 다른 모든 것 가운데에서 점차로 현대적 생산에서의 사회적 속성이 증가하고 있으며 사회, 문화, 정치 이데올로기적 형태는 이미 낡고 매우 제한적이라는 것을 예측하고 있다. 대항 문화는 기껏해야 이러한 기본적인 대립을 드러내는 데 어느 정도 기능하고 있을 뿐이다.

(옮긴이: 김연종)

참고 문헌

Althusser, L. (1971). "Ideology and Ideological State Apparatuses," *Lenin and Philosophy, and Other Essays*. New Left Books.

Cohen, P. (1972). "Sub-cultural Conflict and Working Class Community," *Working Papers in Cultural Studies*, no. 2, Spring.

Gramsci, A. (1971). *Selections fron the Prison Notebooks*. Lawrence & Wishart.

Hall, S. (1974) "Education and the Crisis of the Urban School," *Issues in Urban Education*, Raynor, J. (ed.). Open University Press.

Marx, K. H. (1951). "The Eighteenth Brumaire of Louis Bonaparte," *Marx-Engels, Selected Works*. Lawrence and Wishart.

Mitchell, J. (1971). *Woman's Estate*. Penguin.

Nairn, T. & Quattrocchi, A. (1968). *The Beginning of the End*. Panther.

Parkin, F. (1971). *Class Inequality and Political Order*. McGibbon and Kee.

Poulantzas, N. (1973). *Political Power and Social Classes*. New Left Books.

Sartre, J. P. (1963). *The Question of Method*. Methuen.

Silber, L. (1970). *The Cultural Revolution: A Marxist analysis*. Tines-Change Press.

Thompson, E. P. (1965). "The Peculiarities of the English," *The Socialist Register*.

대중성과 대중 문화의 정치학

토니 베넷

> 좌파가 생산하는 예술은 똥이다. 그것은
> 자기 숭배적인 쓰레기이다. 대런던 의회의
> 토니 은행이, 풀함의 노동 계급을 위해
> 폴란드식 마임 배우들을 배출하는
> 엘리트주의 집단인 리버사이드 스튜디오에
> 돈을 줄 수 있다는 것은 터무니없는 일이다.
> 그것은 말도 안 되는 일이고 어리석은
> 일이다……. 관 내에서 파업에 관한 연극을
> 계속 공연하는 게임이 아직도 계속되고
> 있다. 그렇지 않은가? 이는 어떤 식으로든
> 좌파 조직에 가입하게 되어 있는 일부
> 부유하는 층의 사람들만을 끌어모을 수 있을
> 뿐이다. 이는 이미 정해져 있는 관객
> 이상으로 나아가지 못한다.
>
> (알렉세이 세일)[1]

* T. Bennett, "The Politics of 'the popular' and Popular Culture," *Popular Culture and Social Relations*, T. Bennett, C. Mercer, & J. Woollacott (eds.), Milton Keynes: Open University Press, 1986. 토니 베넷은 영국 개방 대학교 교수를 지냈으며, 지금 은 퀸즈랜드 그리피스 대학 인문대 교수로 있다. 마르크스주의와 대중 문화에 관해 지속적인 연구 활동을 하고 있으며, 저서로는 ≪포르말린과 마르크시즘 *Formalin and Marxism*≫, ≪문화, 이데올로기 그리고 사회 발전 *Culture, Ideology and Social Process*≫ 등이 있다.

이러한 평가는, 의심할 바 없이, 지나치게 단정적이고 표현이 너무 거칠며 냉정하다. 그러나 이 글이 제기하고 있는 문제만큼은 틀림없는 사실이다. 좌파는 최근 들어 정치적 투쟁에서 패배했을 뿐 아니라 문화 투쟁, 즉 '대중'의 '정서와 의식'을 얻기 위한 싸움에서도 패배했다. 전후 대부분의 기간을 통틀어, 특히 1960년대 이후, 사회주의자들의 문화적 창의성 — 흔히 당대의 전위주의와 과거의 노동자주의 사이에서 어색하게 양다리를 걸치고 있던 — 은 '대중'의 삶에서 그저 주변적인 것으로만 남았다.

더욱 한심스러운 것은 좌파의 많은 분파들이, 아직도 영국 노동 운동에 잔존해 있는 경제주의가 너무도 깊게 뿌리 박힌 나머지, 문화 투쟁이 전개되고 있다는 사실조차 — 이기는 것은 고사하고 — 모르고 있다는 사실이다. 노동당에 의해 일관성 있고 명료한 문화 정책이 수립되어 정책의 우선 순위에 올라가게 되리라는 전망도 별로 없다. 현재 그와 같은 전략으로 거론되는 것은 거의 미디어의 민주화에 대한 요구 정도로 한정되고 있다. 미디어의 민주화는 물론 중요한 것이며 사회주의 문화 전략에서 필수 불가결한 요소이기도 하다. 현재의 미디어 소유와 통제 형식에서 비롯되는 문화 권력의 불평등은 사회주의적 문화와 가치를 아젠다로부터 체계적으로 배제함으로써 이를 주변화, '게토화' 시키는 중요한 요인이 되고 있다.[2] 그러나 여전히 미디어 민주화에 대한 요구란 — 단지 노동당 정부가 들어서면 해결될 막연하고 추상적인 요구의 형태를 취하는 한 — 그것만으로는 엄청나게 부족한 것이다. 더욱이 그런 요구는 그다지 폭넓은 지지를 얻는 것으로 보이지 않는다. 미디어 민주화를 지지하는 유일한 주장이 미디어의 반노동당적 편향을 바로잡기 위한 주장으로 제기되었던 경우에서처럼, 그런 주장이 단지 편협한 분파적 이익에 지나치게 연관되어 표현되는 한 말이다.

---

1) 알렉세이 세일과의 인터뷰, *Marxism Today*, vol. 27, no. 6, June 1983, p.35.
2) 영국에서의 미디어 소유와 통제에 관해서는 G. Murdoch & P. Golding, "Capitalism, Communication and Class Relation," in J. Curran, M. Gurevitch, & J. Wollacott (eds.), *Mass Communication and Society*, London: Edward Arnold, 1977 참조.

그러한 연관성이 불러일으킬 의혹은 전적으로 감춰질 수 없다. 과거 노동당의 보고서에서 언급되었듯 미디어 민주화에 대한 요구가 문화 생산에 대한 국가적 통제 형식의 강화 — 문화 생산자들에게나 소비자들에게나 현재의 질서와 별로 다를 바 없는 것으로 판명날 — 로 번역될 위험성만 있는 것이 아니다. 보다 직접적으로는 그런 요구가 현재 상태에서 아무것도 하지 않을 것을 처방하는 것에 머물 위험성도 있다. 미디어가 뿌리부터 가지까지 변형될 필요가 있다는 인식은 브레히트 B. Brecht 가 날카롭게 지적했듯이 미디어들이 이행의 순간을 끊임없이 늦추고 있다는 사실을 치명적으로 받아들이는 것을 수반한다.

그러나 또 다른 문화 투쟁의 경험은 미디어 바깥에서 문화 활동의 공간을 여는 것만이 아니라 다양한 미디어 사이에 분명히 존재하는 다양한 갈등들을 이용할 수 있는 전략이 개발 가능한 것임을 보여 주고 있다. 의미 심장하게도, 최근 수 년간의 급진적 문화 기획 가운데 가장 성공적 — 주목할 만한 대중적 파급을 이루어 냈다는 점에서 — 이었던 부분은 단일 이슈 투쟁의 맥락(예를 들면, 1970년대의 인종 차별 반대 록 콘서트), 혹은 노동 투쟁이나 사회주의 투쟁의 전통적인 초점의 한 측면을 구성하거나 때로는 전통적인 초점에 대립되는 투쟁들에 참여해 온 집단들에 의해 발전되어 왔다. 페미니즘은 이런 점에서 두드러진 예이다. 문화 투쟁의 중요성을 인식하면서 페미니스트들은 문화 실천의 폭넓은 영역 — 여성 신문, 여성 연극 집단, 여성 록의 개발 등 — 을 통해 창의성의 전열을 가다듬었다. 이러한 실천들은 의심할 바 없이 평범한 여성과 남성의 관심사와 연관된다. 그 결과 비록 처음에는 승산이라곤 없는 싸움처럼 보였지만 현재 페미니즘은 누구도 그 활력을 멈출 수 없는 — 페미니즘을 정면 공격하는 대처리즘조차도 멈출 수 없었던 — 주요한 대중적 문화 세력이 되었다.

스스로 주변화된 것은 차치하고라도 사회주의 문화는 이러한 맥락에서 발전된 새로운 문화 투쟁[미디어 내의 갈등을 이용하는 투쟁]의 초점들을 효과적으로 조합하는 — 함께 모으고 연결시키는 — 데에서도 명백히 실패했다. 이러한 투쟁들 속에서 창출된 새로운 고객에 보조를 맞추거나 이해하는 데 실패함으로써 사회주의 문화는 우리 시대의 좀 더 새롭게 부상하는 문화적 경향들로부터 단절되어 왔다. 그렇게 된 이유는 물론 복잡하다. 여기서 나의 관심사는, '대중성'과 대중 문화에 대한 사회주의 이론 진영의 사고 방식들이, 폭넓은 대충적 관심의 영역을 조합함으로써 확장된 사회주의 문화로 봉합해 낼 수 있는 문화 전략의 개발에 장애가 되어 온 것을 밝히고, 이러한 개념들을 다시 한 번 생각함으로써 사회주의적 문화 개입의 좀더 적절한 형식을 개발하는 데 기여하고자 함이다.

대중 문화를 다시 생각한다

이 작업에서 나는 대중 문화나 '대중성,' '대중'의 개념을 정의하기보다 그것들의 정의에 연관된 몇 가지 정치적 이슈들을 검토해 보고자 한다. 실제로 나는 이러한 용어들의 개념이나 그들의 관계에 대한 우리의 이해가 단순히 이들에 대한 명제적 정의로는 해결될 수 없다고 생각한다. 우리가 할 수 있는 최대치는 의미의 범위, 즉 대중 문화, 대중성, 대중의 관계를 구성하는 다양한 영역을 지정하는 것인데, 이들 간의 관계가 어떻게 구성되는가에 따라 대중 문화가 문화적 개입의 영역으로 이해되고 구축되는 방식이 달라지게 된다.

그러나 관련 개념들에 대해 특별한 정의를 하지는 않더라도 나는 이 문제들에 접근하는 특정한 방식을 내세우고자 한다. 이들 용어를 정의하는 가장 일반적인 접근법은 이들을 특정한 내용들로 채우는 방식이다. 이를테면 대중 문화를 특정한 형태의 '대중적인' 문화 행위들로 이루어지는 것이라고 말하는 식이다. 이 때 '대중적'이라는 말은 '대중'과 특정한 관계를 보여 주고 있다는 의미에서이며, 대중이란 특정한 사회 집단(대개 노동 계급)을 의미한다. 여기서 이러한 문화 행위들은 '대중'이 직접 참여하거나 생산한 것인가 아니면 그들의 직접적이거나 적극적인 참여 없이 단지 그들을 위해 만들어진 것인가는 문제가 되지 않는다. 반면 내가 취하고자 하는 접근 방식은 이들 용어들을 개념적으로 비워 두는 — 완전히는 아니더라도 적어도 상대적으로는 — 대신, 변화하는 환경이 요구하는 다양한 방식으로 이들을 '정치적으로' 채워 가는 것이다. 그런 관점으로 보면, 대중 문화는 '대중'과 '대중성'의 정치적 생산을 위한 투쟁의 핵심 영역 *key terrain* 이 되므로, 단지 추상적으로만 하나의 영역 *site* — 구성하고 조직하기에 따라 늘 변화하는 — 으로 정의될 뿐, 이런 개념들을 통해 명확히 특정될 수는 없다. 무슨 말인가 하면, '대중'과 '대중성'을 어떻게 규정하는 것이 서로 다른 사회 세력을 적극적인 정치적 연대로 조직하는 데 유익할 것인가를 결정하는 투쟁에 휩쓸려 이 용어들의 의미가 사용되는 한, 개념적으로 단일하게 고정될 수 없다는 것이다. 스튜어트 홀도 이렇게 말하고 있다.

> 그러나 '대중성'이라는 용어, 게다가 그것이 지칭하는 집단적 주체 — '대중' — 는 대단히 문제적이다. 대처 여사가 "우리는 노동 조합의 힘을 제한해야 한다. 대중이 그것을 원하므로"라는 식의 말을 할 수 있다는 것이 이 용어들을 문제적으로 만든다. 이는 내게 '대중 문화'의 범주를 고정된 내용으로 정의할 수 없듯이 '대중'이라는 주체 역시 고정될 수 없다는 생각을 갖게 한다.[3]

그러나 이런 관점에 대해 좀더 설명하기 전에, 나는 먼저 이 주제에 관한 마르크스주의의 글들에서 영향력을 행사해 온 '대중'과 '대중성'에 관한 여러 견해들을, 그들이 일정하게 형성해 왔거나 창출해 온 문화 정책의 형태들에 비판적 질문을 제기해 볼 의도를 가지고 검토해 보고자 한다.

브레히트는 "어제 대중적이었던 것이 오늘은 아니다. 오늘의 대중은 어제의 대중이 아니기 때문이다"[4]라고 말한다. 나아가 브레히트는

---

3) S. Hall, "Notes on deconstructing 'the popular'," in R. Samuel (ed.), *People's History and Social Theory*, London: R.K.P., 1981, pp.238~9.

4) B. Brecht, "Against George Lukács," *New Left Review*, no. 84, March / April 1974, p.51.

사회주의자들이 "너무나 강력히 대중성 *popular* 의 개념을 필요로 하기 때문에 이 개념을 조심스럽게 사용해야 한다"라고 경고한다. "대중이라는 개념의 사용을 둘러싼 수많은 기만의 역사(계급 투쟁의 역사)가 길고도 복잡했기 때문이다."[5] 이 개념을 생산적으로 사용하기 위해서는 "불변하는 성격, 신성화된 전통, 예술 형식들, 관습과 규범들, 종교성, 세습되는 적들, 이겨 낼 수 없는 힘 등등을 대중에게 부과하는 이른바 시적 형식들에서 특히 자주 전제되곤 하는 탈역사적, 고정적, 비발전적 성격에 맞설 필요가 있다"[6]라고 브레히트는 계속 주장한다. 이러한 언급들이 우파의 낭만화된 '대중' 개념에 어긋남은 물론 좌파의 대중관과도 어긋나는 것임은 주목할 만하다. 실제로 브레히트의 입장은 루카치의 저작과 기본적으로 대립되고 있는 데서 보듯 좌파와의 대립이 더 심하다고까지 할 수 있다. 나름대로의 충분한 이유로 마르크스주의의 '대중'과 '대중성' 개념은 대립되면서 상호 보완적인 경향으로 구성되어 왔는데, 이들은 브레히트가 요구한 '대중성'에 대한 살아 있고 적용 가능하며 실제적인 지향과는 대립되어 왔다.

'대중'과 '대중성'에 대한 마르크스주의적 구성은 한편으로, 맥루언의 표현을 빌리자면, 놀랄 정도의 '후시경주의 *rearview mirrorism*' 경향을 드러낸다. 즉, 역사적으로 사라진 형식들 속에서 '대중'을 재발견함으로써 미래로 뒷걸음치고 현재 행위에 대한 가이드를 제공하는 경향이다. 이런 경향은 '이상적 미래주의 *ideal futurism*'의 경향에 의해 균형을 맞추게 된다. 이상적 미래주의에서 '대중'은 아직 형성되고 있는 것, 즉 사회주의 미래 속에서 이상적으로 통합된 대중이다. 가끔 문화 발전의 역사주의적 개념 속에서 이 두 경향은, 미래의 이상적 대중은 과거의 이상적 대중으로의 지양(*Aufhebung*. 부정과 초월)의 관계를 갖는다는 의미에서, 연결되기도 한다. 즉, 역사 발전의 더 높은 단계에서 과거 대중의 한계를 배제하면서 동시에 긍정적 성격을 유지한다는 것이다. 그러나 어떤 경향이 이미 지배적이든, 그런 조합의 패턴이 어떤 것

---

5) Brecht, 같은 글, p.49.

6) Brecht, 같은 글, pp.49~50.

이든 그 효과는 상당히 유사하다. '대중'은 어떤 형식으로든, 부족하고 과거의 대중에서 타락한 존재로 간주된다. 그런 이론적 개념에서 나온 문화 전략이 '대중'의 변화하는 구성을 반영하지도 못하고 그 변화에 기여하지도 못한 것은 놀라운 일이 아니다. 그런 개념들은 이상적 과거 혹은 미래의 자신에 대한 장미빛 상을 통해서가 아니면 대중과 결합할 어떤 수단도 가지고 있지 못했기 때문이다.

미래로 뒷걸음치기, 과거로 나아가기[7)]

1960년 <뉴 레프트 리뷰 *New Left Review*> 첫호의 머리말은 다음과 같이 천명하고 있다.

> <뉴 레프트 리뷰>에서 영화나 10대 문화를 다루는 것은 유행을 좇아 시류에 발맞춤하는 것을 보여 주고자 함이 아니다. 이런 문화들은 자본주의 사회에서 사는 대중의 상상적 저항에 직접 관련된다. 증대하는 사회적 불만의 정도, 심층적으로 느끼는 욕구의 투사 등등…… 오늘날 사회주의의 임무는 대중의 현재 모습, 그들이 느끼고 속 썩고 동요하고 좌절하고 불쾌해 하는 바를 이해하는 것이다. 그래서 불만을 발전시키고 동시에 사회주의 운동이 우리가 사는 시대에 대한 직접적 이해를 갖도록 하는 것이다.[8)]

이는 매우 옳은 말이다. 그러나 대중 문화에 대한 이런 관심의 첫번째 결실은 점점 커지는 로큰롤의 인기에 놀란 그룸브리지 B. Groombridge 와 훼널 P. Whannel 의 글이었다. 리비스식의 문화 비평을 좌파적으로 굴절시켜 적용하면서 그들은 로큰롤이 점차 상승하는 문화라는 사실을 부

---

7) 이 장의 일부 논점은 T. Bennett, "Marxist Cultural Theory: in search of 'the popular'," *Australian Journal of Cultural Studies*, vol. 1, no. 2, 1983 에 보다 길게 논의된 바 있다.

8) *New Left Review*, no. 1, 1960, p.1.

정하고 있다. "우리가 똑같은 것만 먹지 않는다면, 이런 종류의 오락 자체가 나쁜 것은 아니다. 또한, 우리가 큰 불평을 하지만 않는다면 로큰롤은 매우 훌륭한 출구이다. 그러나 그것은 우리가 '가치 있다고 믿을 만한' 것은 결코 아니다."[9] 더욱이 그들은 BBC가 라이드 경이 주장한 바 있는 방송의 문화적 계도의 역할을 포기했다는 사실에 실망했다. 디스크 자키들이 음악을 내보내면서 톱 20 인기 차트를 이용하고 있다는 사실을 들어 그들은 "BBC가 문화적 분별력을 강화하는 데 가장 유용한 바로 그 부문에서 전통적인 역할을 포기하게 된 것은 순전히 소심함 때문이다"[10]라고 비난하고 있다. 편집자의 머리말과 책에 실린 글 사이에 이런 모순이 있음은 그 시대의 한 표징이다. 편집자의 머리말은 사회주의가 동시대의 대중적 취향, 특히 젊은층의 취향이 보여 주는 중요한 변화에 대해 언급하거나 설명하지 않을 수 없음을 명확히 인식하고 있음을 보여 준다. 그러나 거기에 실린 두 사람의 글은, 그런 언급에 사용되는 개념이란 결국 '좋았던 과거'와 '좋지 않은 현재'를 대비시키고 있는 담론으로부터 제공되고 있음을 보여 준다. 시작부터 단추가 잘못 끼워져 희망이 없는 것이다.

이런 점에서 요즘 대중 문화를 논의하는 데 사용되는 개념과 역사적 분석이 발전되어 온 형식은 서로 묘하게도 맞아떨어진다. 이 주제에 관한 무게 있는 에세이에서 빌 슈바르츠 Bill Schwarz 는 1950년대 영국 공산주의 역사가들의 글에서 특징적으로 나타나는 '대중'과 '대중성'에 관한 이론화의 강점과 약점을 유용하게 규정하고 있다. 슈바르츠는 과거 속에서 진정 급진적인 대중 전통 — 자유롭게 태어난 영국인 — 을 발견함으로써 과거를 다시 껴안고자 하는 시도에 대해서는 박수를 보낸다. 이런 전통은 현재의 민족적 대중 정치의 구성을 역사적으로 뒷받침해 준다. 또한, 슈바르츠는 이런 식의 접근이 가지는 한계를 지적한다.

---

9) B. Groombridge & P. Whannel, "Something Rotten in Denmark St," *New Left Review*, no. 1, 1960, pp.53~4.

10) Groombridge & Whannel, 같은 글, p.53.

그것[공산주의 역사가들의 글]은 현재의 대중 문화로부터 가차없이 관심을 돌려 버렸다. 20세기 대중 문화의 구조 ― 미국화(할리우드와 싸구려 소설)의 혐의로 압축되는 ― 는 이러한 되돌아감에 장애가 되는 것으로 보였기 때문이다. 과거의 영웅적 문화는 현재의 노동 계급 문화 형식에 상반되는 것으로 보였다. 즉, 현재에 어긋나는 과거라는 것이다.[11]

'과거의 대중 대 현재의 대중.' 자유 영국인의 당당하고 영웅적인 전통이 1950년대 노동 계급의 꾀죄죄한 물질적 투쟁과 잘 맞지 않음이 발견됨에 따라 최근의 정치와 분석은 여기에 연결점을 만드는 일을 역사적 목적으로 삼게 되었다. 그 결과 톰슨과 힐에 의해 급진적 대중 전통이 '재발견'되었다. 이를테면 [과거의 대중 전통이] 확실하게 현재를 표상하거나 현재와 연결될 수 있는 것으로서가 아니라 현재를 비판할 수 있는 기준으로서 기능하게 되었던 것이다. 결과적으로, '대중' ― 역사가들이 과거 속에서 발굴해 내 살아 있게 만든 ― 은 과거 그들이 가졌던 수준을 유지하면서 살아남지 못한 데 대한 실망의 근거 이외에 아무것도 아닌 것이다. 그러나 슈바르츠가 언급한 바대로 '과거는 현재를 재는 잣대가 될 수 없다.'[12] 또 현재를 단죄하는 막대기가 될 수도 없다. 만일 그렇게 된다면 과거 투쟁의 성공 혹은 실패가 현재 투쟁과 생산적으로 연결될 방법이 없게 된다. 과거와 현재의 '연속성'의 재발견이라는 것이, 만일 현재 '대중'의 편에서 볼 때 도덕적인 '불연속'으로 인식되거나 타락, 실패, 결핍의 형식으로 표상되는 '불연속'으로 귀결된다면 이는 가치 없는 일이다.

공산주의 역사가들이 현대 대중 문화를 이처럼 무시함으로써 이 영역에서의 논쟁에서 대중 문화 비판 ― 아널드에서 리비스를 거쳐 이 부문의 가장 영향력 있는 좌파적 관점을 응축한 리처드 호가트의 ≪읽고 쓰는 능력의 이용 *The Uses of Literacy*≫에 이르는 영국적 형태의 대중

---

11) B. Schwarz, "The Communist Party Historians 'Group 1945~56'," in Centre for Contemporary Cultural Studies *Making Histories: Studies in history-writing and politics*, London: Hutchinson, 1982, p.74.

12) Schwarz, 같은 글, p.81.

문화 비판 — 에 대해 사실상 백기를 들게 된다. 이런 전통 속에서 대중 문화와 '대중'(어떤 현대적 형식으로든)은 단지 비난의 대상으로서, 도덕적으로나 미학적으로, 그리고 — 좀더 근본적인 것이지만 — 정치적 측면에서 부족한 존재로 나타나게 된다. (호가트는 보수 비평의 오랜 전통을 추종하면서, 대중의 문화가 대중으로 하여금 민주주의 시민으로서의 책임 있는 역할을 해내는 데 있어 잘못된 자질을 주입하고 있다고 비난한다.)

미국화 — 이후의 평론가들은 미국화의 경향이 영국의 전통적인 지배 계급 헤게모니 형식과의 관계에서 일정한 마찰력을 행사함으로써 생산적인 자극이 되었다고 긍정적으로 평가하게 되는데[13] — 는 특히 악역으로 선택되어 대중의 문화가 가진 좀더 초창기의 건강한, 호가트의 표현을 빌리면 약간 헛배 부른 형식들 속에 뿌리 내리고 이를 부식시키는 외부 첩자의 역할을 하는 것으로 간주되었다. 보수적인 비평가들로부터 '진정한 문화'의 기준을 희생시키면서 극히 조악한 하위 기준의 상품을 만들어 낸다고 비난받았던 '대중'은 이제 좌파의 담론에서도 똑같이 실망스런 대접 — 마치 일시적인 쾌락을 위해 기본권을 팔아 먹기라도 했다는 듯한 — 을 받게 된 것이다.

이 기간에 사회주의의 문화 담론이 점차 주변화되었다고 보는 것은 약간 의문의 여지가 있다. 사회주의 문화 담론은 스스로를 주변화시켰다. 실제로 [사회주의 문화 담론에서] '대중'은 스스로의 타락에 책임이 없다. 미디어, 자본주의 이데올로기 등 그런 것들이 주된 범인으로 지목되었다. 그러나 그런 미묘한 이분법은, '대중'을 단지 순진 무구하고 그래서 자본주의적 음모에 무분별하게 마취당하는 존재로밖에 보지 못하는 그런 식의 담론에 숨겨진 반대중적 독침을 감출 수 없는 것이었다. 그런 식의 모욕적인 담론에 대하여 대중이 더 이상 관심갖기를 거부한 것은 전혀 놀라운 일이 아니다. 대중이 이미 외부의 체계에 의해 완전히 타락해서 — 이상적 구성물로서가 아니라 불가피하게 자본주의 문화에서 구축된 현실 속의 존재로서 — 과거의 '진정한' 대중의

---

13) D. Hebdige, "Towards a Cartography of Taste, 1935~62," in B. Waites, T. Bennett, G. Martin (eds.), *Popular Culture: Past and Present*, London: Croom Helm, 1982.

이미지로 개조되어야 할 대상 이외의 무엇이 될 수 있는 담론적 여지도 만들어질 수 없다고 인식된다면, 사실상 '대중'의 마음을 사로잡기란 불가능하다. 만일 그렇지 않다면, 대중적 충동이 사회주의적 담론에 의해 구축된 영역의 한편에서 스스로를 표현하는 일이 일어난다 해도 전혀 놀랄 일이 아니다. 1960년대 젊은이들, 특히 당시만 해도 '대중'의 사회주의적 구성에서 전혀 가망 없는 존재로 치부되었던 여성들이, 새롭게 구성된 다양한 문화적, 담론적 공간(하위 문화 운동, 여성 해방 운동, 심지어 '흔들리는 영국'이라는 미디어 구성에서도)으로 나아갔던 것이 바로 그런 경우였다. 이런 담론 공간 속에서 자아 인식과 평가의 적극적인 형식들이 창출될 수 있었다.

공산당 역사가 그룹의 전후 저작들 역시 비슷한 경향을 보여 주었다. 그들은 셰익스피어 등등의 작품들과 같은 과거의 '기념비적인' 문화적, 문학적 성취들을 당대 '대중'의 진정한 목소리를 담고 있는 것으로 보았다. 그런데 이 '대중'의 진정한 유산들을 부르주아에게 빼앗겼으니 이를 대중에게 되돌려주는 것이 중요하다는 것이다. 사실 이러한 시각은 단지 역사가들만이 아니라 1930년대부터 1950년대에 이르기까지 영국의 마르크스주의 평론가들에게도 널리 퍼져 있었다. 랄프 폭스 Ralph Fox, 앨릭 웨스트 Alick West, 크리스토퍼 코드웰 Christopher Caudwell 과 고전주의자인 조지 톰슨 George Thomson 의 글들, 좀더 최근에 와서는 아널드 케틀 Arnold Kettle 의 글에서 현재 고전이라 일컬어지는 작품들이 원래 당대에는 진정 대중적인 작품이었으며 예술가와 대중의 친근하고 창조적인 결합의 산물이라는 시각이 지배적이었다.

'대중'과 대중의 창조적인 문화적 역할에 대한 이런 식의 관점은 영국에만 한정된 것이 아니었다. 사실 이런 관점은 루카치의 글에서 가장 완벽하게 표현되었다. 문화적 발전에 대한 루카치의 모든 이론은 특정한 '대중' 개념에 의존하고 있다. 루카치에 있어서 세계 문학의 이론의 여지가 없는 걸작들(셰익스피어, 괴테, 세르반테스 등등)은 모두 그들이 살았던 시대의 '대중'의 문화와 밀접하게 관련되어 있고 또 대중의 문화에 의존하고 있기 때문에 걸작인 것이다. 어느 정도 발달된 자본주의의 현실에서 과거 '대중'과 문학 사이에 존재하던 유기적 연결은 약화되었지만, 작가는 여전히 대중의 진보적 힘에 대한 의식적 혹은 무의식적인 동일시를 통해 '그의 시대'에 적절한 리얼리즘의 높은 수준을 달성할 수 있다는 것이다. (여기서 나는 일부러 '그의 시대 *his age*'라는 표현을 썼다. 루카치가 언급한 세계 문학사의 신전에서 여성 작가는 전혀 자리를 차지하지 못한다.) 그 연결이 끊어지면서 문학은 무정형, 주관주의 등등으로 빠져들게 된다.

그러나 문화적 발전에 대한 설명에서 '대중'에 관해 큰 비중을 두고 있음에도 루카치의 저작에서 '대중'의 문화는 아무런 권리도 갖지 못하고 있다. 또한 '대중'의 문화는 '대중' 자체의 중요성이라는 맥락에서 평가된 적도 없다. 루카치의 글에서, '대중'은 단지 대리자로서만 창조적이며, '위대한 예술'이 탄생할 수 있기 위해 필요한 밑받침의 역할을 할 수 있는 정도에 따라서만 가치를 부여받는다. 그들의 창조성은 그들 자신의 문화 활동 영역으로부터 고급 문화의 영역으로 끌어올려진다. 더욱이 '대중'이 프롤레타리아가 되고 나면, 이들의 창조성은 전적으로 사라진다. 루카치에 따르면 '대중'과의 창조적 결합은 단지 전자본주의 시대나 자본주의로의 이행기의 문화적 형식에서만 가능했다고 한다. 이후의 시대에 대중 문화는 그런 역할을 수행하기에는 너무나 자본주의 이데올로기에 물들어 버렸다는 것이다. 이런 시대에 작가에게 가능한 것은, 살아 있는 대중의 문화가 아니라 프롤레타리아의 세계관을 구현하는 것이라는 것이다. 루카치가 보기에 자본주의 사회에서 '대중'은 문화를 가지고 있지 않다. 그들이 가지고 있는 것은 단지 철학이며, 그것도 그들 모두가 필수적으로 갖고 있는 것은 아니다. ≪역사와 계급 의식≫에서 루카치는 프롤레타리아가 경험적으로 갖게 되는 계급 의식과 프롤레타리아가 자신의 상황을 정확히 이해할 때 얻게 되는 부여된 *imputed* 계급 의식을 구분하고 있다.

루카치의 프롤레타리아는 철학적 총체성이라는 짐까지 덧붙여 걸머지고 있다는 점도 중요하다. '총체적 계급'은 '민족적‐대중적'이라고 한정된 어떤 것을 대표하지도 않고 그것을 지도할 수도 없다. 그것은 민족

적 수준이 아니라 세계사적 수준에서 작동하며 '전체로서의 대중'을 대
표한다. 즉, 모든 사람, 인간성, 국제적으로 통합되고 모든 것을 껴안는
전역사 *prehistory* 적인 인간 주체를 대표한다.[14] 베네딕트 앤더슨 Benedict
Anderson 의 행복한 구절을 빌리면, 루카치식 사회주의의 '상상 속의 공동
체'는 궁극적으로 세계적이고 초역사적이며 과거, 현재, 미래의 모든 주
체를 감싸는 것이며 모든 주체를 아직 달성되지 않은 주체 — 스스로와
의 직접적이고 매개되지 않은 통합의 관계 속에서 생산되는 — 의 총체
적 지배에 종속시키는 것이다.[15]

　　따라서, 루카치에 있어 자본주의 사회 대중의 문화는 세 가지 타
락 — 과거의 건강한 (그러나 한정된) 대중 문화로부터의 타락, 부르주아
예술의 높은 수준(이 역시 대중과의 직접적 결합이 가능했던 과거의 좀더 건강
한 예술로부터의 타락이라고 간주된다)으로부터의 타락, 대중적 예술과 위대
한 예술이 다시 한 번 섞이고 '대중'이 총체적으로 되면서 과거 예술
을 자신의 창조물로 이해하게 되는 사회주의 미래의 문화로부터의 타
락 — 으로 간주된다. 이러한 완벽한 역사주의는 루카치 이론에 활력
을 주고 있다. 역사주의는 문화적 발전에 대한 그의 설명이 대중적으
로 인기 있는 칼날이 되게 해 준 유일한 수단이었다. 역사의 중간 시
대에는 아무것도 창조하지 않는 — 혹은 적어도 언급의 대상이 될 수
있는 것은 아무것도 창조하지 못한 — '대중'이 역사의 마지막에 가서
는 모든 것을 창조해 내는 존재로 판가름 난다. 물론 이런 트릭은, 루
카치가 말하는 초기 시대의 '대중'이 결코 '살아 있는 대중'이 아니었
고 전적으로 탈역사적이고 이상적인 대중에 대한 희망 사항이자 대역
배우에 지나지 않았던 데서 나온다. 그 결과 현실적으로 존재하는 '대
중'과 연관지을 수 있는 문화 전략을 개발해야 할 필요성이 쉽게 간과
되고 말았다. '되어 감 *becomingness*'이 지배하는 시대의 역사 철학에서 현

---

14) 프롤레타리아를 역사의 이상적 주체로 보는 루카치적 관점의 불가피한 결과에
대해서는 J. Révai, "A Review of History and class consciousness," *Theoretical prac-
tice*, vol. 1, January 1971 에서 논의되고 있다.

15) B. Anderson, *Imagined Communities: Reflections on the Origin and Spread of
Nationalism*, London: Verso Editions and New Left Books, 1983.

재 '대중'의 살아 있는 핵심은 단지 궁극적으로 형성되어 갈 이상적인 대중의 형식으로만 주어진다. 문화 전략은 단지 아직 이상에 못 미치는 덜 발전된 대중에만 관련되어 그것의 성장을 촉진할 수 있을 뿐이다.

프랑크푸르트 학파의 비관적인 전망은 '대중' 개념을 그런 식으로 구성하는 방식의 부정적인 결과를 가장 확실히 보여 주고 있다. 프랑크푸르트 학파의 경우는 루카치가 지워 놓은 철학적, 문화적 무게를 감당할 능력이 프롤레타리아에게는 없다는 것이 경험적으로 확인되었기 때문에, 어느 정도는 부정적 관점을 가질 수밖에 없었다. 예를 들어 마르쿠제는 그의 후기 저작 가운데 하나에서 프롤레타리아가 총체성이라는 철학적 요구를 감당하는 것은 고사하고 '대중'의 이익을 대표할 수 있다는 생각마저 강하게 부정한다. 나아가 마르쿠제는 말한다. "프롤레타리아는 기존 사회를 부정하는 것이 아니라 상당 부분 거기에 통합되며," 그래서 "작가가 집어 올리기를 기다리는 '대중 속의 자리'란 없다." 이는 올바른 관점이긴 하지만 이런 관점은 마르쿠제로 하여금 혁명적 예술이 '대중의 적' — 대중을 위한 것이 되기 위해서, 그러나 순수하게 이상적인 의미의 대중을 위한 것이 되기 위해서 현재 존재하는 바의 대중에 오히려 적대적인 — 이 될 수도 있는 가능성을 즐기는 극단으로 치닫게 만들었다.[16]

그러나 여기서 이런 식의 견해들을 길게 다룰 생각은 없다. 또한 나는 지나치게 일방적인 그림만을 그리고 싶지도 않다. 지금까지 내가 대충 요약한 입장과 다른 경향도 있다. 그람시는 별도로 치더라도, 비판적이고 사려 깊은 지성의 장으로서 '대중성'의 새로운 의미를 창출하고자 했을 뿐 아니라 서사극 구조 속에서 실제 그런 공간을 창조하고자 했던 브레히트가 있다. 좀더 최근에 오면 미하일 바흐친 Mikhail Bakhtin 의 저작이 또한 영향력을 발휘하고 있는데, 그는 카니발의 대중적 전통과 최근의 대중 문화, '고급' 문화의 형식들에 남아 있는 잠재적으로 전복적인 효과들을 재구성할 수 있게 해 준다. 그러나 테리 이

---

16) H. Marcuse, *The Aesthetic Dimension: Towards a Critique of Marxist Aesthetics*, London: Macmillan, 1979, pp.30, 34, 35.

글턴 Terry Eagleton 은 카니발 전통의 한계 ─ 그것이 아무리 상징적으로 기존 사회 질서를 파열시킨다 해도 결국은 기존 사회 질서에 순응하게 만드는 일종의 허가받은 해소 ─ 를 적절히 강조한 바 있다.[17] 어느 경우든, 카니발에서 현재에까지 유용하게 들 수 있는 부분을 찾기 위해 과거를 뒤지는 일은 분명한 한계를 가진다.[18]

이러한 예외들이 있기는 하지만 그들의 압도적인 한계는 ─ 이탈리아 공산당에 미친 영향을 그람시 저작을 제외하고는 ─ 이들이 공산당이든 노동당이든 주요 사회주의 정당의 문화 정책 형성과 거의 부딪친 바가 없었다는 점이다. 여기서 내가 앞에서 대략 이야기한 두 가지 경향이 지배적으로 나타났다. 과거의 대중 전통이 가진 급진적이고 진보적인 부분을 구성함으로써 '대중'이 선조들의 투쟁을 배우고 감동받게 하는 것, 혹은 '대중'을 '위대한 문화'의 지지자로 구성함으로써 궁극적으로 그 문화를 자신의 것으로 전유할 수 있게 하는 것, 이 두 가지에 관심이 집중되었던 것이다. 두 가지 모두에서 비슷한 방향이 만들어졌다. '대중성'을 얻기 위한 투쟁이, 현존하는 '대중' 문화의 형식들을 사라지게 하여 새로운 것으로 대체하고자 하는 투쟁으로 인식되었던 것이 그것이다. 즉, '대중'의 문화를 새로운 내용으로 채우는 투쟁이라는 것이다. 첫번째 경향의 경우, 이러한 방향은 과거 '대중'을 형성했던 가치들의 힘을 되살림으로써 현재 대중을 왜곡시킨 힘에 저항하고 압도할 수 있게 하는 방식으로 나타났다. 두 번째 경향의 경우는, '대중'을 진보적으로 이끌어 그들의 주어진 문화를 부르주아 전통의 '살아 있는 문화'로 대체하도록 함으로써 사회주의 사회에서 보다 높은 역사 의식 수준을 달성하도록 하는 것으로 나타났다.

물론 어떠한 사회주의 전략도 '대중'의 문화적 재형성에 중심적인 관심을 기울여야 하는 것은 틀림없지만 주어진 문화 전체를 놓고 문제

---

17) T. Eagleton, *Walter Benjamin, or Towards a Revolutionary Criticism*, London: Verso Editions and New Left Books, 1981, pp.148~9.

18) T. Bennett, "Hegemony, Ideology, Pleasure: Blackpool"이라는 글을 통해 상세히 논의할 것이다.

삼으려는 것은 적절한 것이 아니다. 그런 전략은 변화시키고자 하는 대상과 생산적으로 상호 작용할 수 있는 수단을 가질 수 없다. '대중의 적'으로서의 혁명적 예술은 이미 개념상으로 그것이 담고 있는 진실을 실천할 수 있는 사회 세력과의 의사 소통이 불가능하기 때문에, 이치에 맞지 않는 것이다. 그것은 어떤 것을 실질적으로 변화시키는 데는 무력한 대신 모든 것을 변화시키는 추상적 가능성만 간직한다. 브레히트가 언급한 바 있듯이 '진실'에 관해 쓰는 것은 소용이 없으며, '그것을 가지고 무엇인가를 할 수 있는 누군가에게, 누군가를 위해 쓰는 것'[19]만이 의미 있는 일이다.

그런데 그것이 누구인가? 내가 앞에서 말한 두 경향에서는 '대중'을 노동 계급 — 그 중에서도 남자 노동 계급 — 과 동일시한다. 그러니까 자연히 대중 문화 영역에서 작용하고 표현되는 갈등과 긴장이 단 하나의 갈등(즉, 노동 계급 문화와 부르주아 이데올로기의 갈등)으로 환원된다고 하는 가정에 기대는 경향이 있다. 이는 문화 투쟁의 계급 연관적 측면을 관통하면서 대중 문화의 표면에 깊게 자리잡고 있는 또 다른 갈등과 투쟁을 설명하는 데 실패하고 만다. 예컨대 남성 지배에 대한 여성의 투쟁, 인종 차별에 대한 투쟁, 웨일스계와 아일랜드계, 스코틀랜드계의 민족주의 같은 것들을 설명하지 못하는 것이다. 앞의 두 경향이 가진 대중 문화 개념의 가장 근본적인 약점은 대중 문화를 구성하고 있는 복잡하고 다차원적인 상호 투쟁을 이론화할 수 없다는 점에 있다.

'대중성'을 위한 투쟁

앞에서 나는 대중 문화 연구에서 주요 용어들 — '대중성,' '대중,' 그리고 '대중 문화' 그 자체 — 을 어떤 특정한 내용도 가지지 않은 열

---

19) P. Slater, *Origin and Significance of the Frankfurt School*, London: R.K.P., 1971, p.141 에서 재인용.

린 개념으로서 접근하는 방식을 취한다고 말한 바 있다. 즉, 고정된 주체(예컨대, 노동 계급)인 '대중'과 하나의 일관된 방식으로 연관되어 있는 문화적 형식들과 실천들을 대중 문화로 고정시켜 보는 관점을 취하지 않는다는 것이다. 이런 식으로 용어들을 채워 넣는 방식은 궁극적으로 하나의 정치적 고정화 *closure*, 또는 좀더 정확히 표현하면 그 내용을 고정시키는 수단에 맞추어 변화하는 일정한 범위의 정치적 고정화를 낳기 때문이다. [대중 문화개] 문화적 형식과 실천의 일정한 영역으로 주어지고 구체화된 것으로 보이지만, 사실 무엇이 대중 문화가 아닌지가 먼저(혹은 동시에) 명확히 되지 않으면 대중 문화가 무엇인지, 혹은 대중 문화 속에 무엇을 포함시킬 것인지를 명확히 하는 것은 불가능하다. 스튜어트 홀은 이렇게 말하고 있다.

> 누구든 '대중 문화'를 이야기할 때, '비대중적 문화, 엘리트 문화, 민속 문화, 전통 문화, 귀족 문화, 혹은 무엇이든 이런 것들과 대립되는 문화'라고 말할 필요는 없다. 그런 말들은 다른 부분 *that other bit* 을 비워 놓게 되어 실제보다 이 용어가 더 꽉 차 있는 것처럼 보이게 한다. 그러나 대중 문화와 대립되는 것이 무엇인지를 알지 못하면 우리는 개념상으로 대중 문화를 포괄하는 전체 영역에 대한 그림을 가질 수 없다…… 그래서 우리는 무엇이 행해지는지 알기 전에 무엇과 함께 작용하는지 알아야 한다.[20]

더군다나 대중 문화가 어떻게 정의되는지, 대중 문화가 어떻게 채워지는지 하는 것은 바로 그 '다른 부분,' 즉 대중 문화를 내포상으로 대비시키는 비어 있는 개념에 의해 결정되는 것이 보통이다. 또 대중 문화를 특정한 내용으로 채움으로써 거기에 정치적 전제들의 보따리를 가져다 놓게 되는 것도 그 '다른 부분'에 의해서이다. 이는 대중 문화에 대한 두 가지의 대비되는 정의에 의해 명확히 보여질 수 있다. 이 두 가지 정의는 앞에서 말한 두 경향과 연관되는데, 좀더 최근에는 마르크스주의 이론의 다양한 영역에서 중심적인 무대가 되고 있기도 하

---

20) S. Hall, "Popular Culture, Politics and History," *Popular Culture Bulletin*, no. 3, p.2.

다. 첫번째는 특히 마르크스주의 문학 비평이나 문화 비평에서 눈에 띄는 것인데, 대중 문화를 상업적 기제에 의해 생산, 분배되는 부과된 대중 문화 *mass culture* 로 보는 견해이다. 여기서 '대중'은 원자화되어 있고 획일화된 소비자이며 상업적 기제에 대해 아무런 통제력도 가지지 못하고 어떤 생산적이고 창조적인 관여도 할 수 없는 존재로 간주된다. 그런 접근 방식은 암묵적으로 — 때로는 명시적으로 — 대중 문화를 두 가지의 동시적인 대조, 즉 두 가지의 결핍 내지 타락으로 규정한다. 즉, '대중'이 좀더 직접적으로 참여하여 만들어 내고 그를 통해 스스로를 문화적으로 재창조할 수 있었던 초기의 문화 생산 단계로부터의 타락이면서, 이른바 대중 문화의 표준화되고 미리 포장된 총체성은 또한 전통 부르주아 고급 문화가 가진 보다 비판적이고 개인적인 성격의 결핍이라는 것이다.

이런 패러다임을 잘 보여 주는 경우가 프랑크푸르트 학파이다.[21] 아도르노와 호르크하이머에게 '문화 산업'의 역할은 '계몽'의 탈을 쓴 '대중 기만'이다.[22] 고도 자본주의에서 문화 생산의 조직화는 전체적 통합성 — '현대의 문화는 모든 것에 똑같은 표를 찍는다. 영화, 라디오, 잡지들은 전체적으로 그리고 모든 부분에서 통일된 체계를 만들고 있다'[23] — 으로 귀결되고 이는 모든 것을 지배하려고 한다. '모든 세계는 문화 산업의 필터를 통과하게 된다.'[24] 그런 문화는 '대중'을 특유의 이미지로 만들어 낸다. 즉, 전체적으로 동일한 개인의 덩어리, 의사 개인성조차도 유사하며, 그리고 어떤 타자, 어떤 사회적으로 위치된 세계관 — 문화 산업의 요구에 맞게 재단된 것이 아닌 — 에도 뿌리를

---

21) 여기서 설명하고 있는 주제에 관한 좀더 자세한 논의는 T. Bennett, "Theories of the media, theories of society," in M. Gurevitch, T. Bennett, J. Curran, & J. Woollacott (eds.), *Culture, Society and the Media*, London: Methuen, 1982.

22) T. W. Adorno & M. Horkheimer, "The Culture Industry: Enlightment as mass deception," in Curran et al. (eds.), *Mass Communication and Society*, London: Edward Arnold, 1977.

23) Adorno & Horkheimer, 같은 글, p.349.

24) Adorno & Horkheimer, 같은 글, p.353.

두지 못한 개인의 덩어리라는 것이다. 스튜어트 홀이 말하듯 그런 관점에 따르면 '대중'은 단지 자신에게 제공되는 것이 대중의 아편이라는 것을 깨닫지 못하는 '문화적 중독자 *cultural dopes*'일 뿐이다.[25] 문화적 재형성의 가능성이 급격히 사라지면서 대중은 예술 — '비판적 전망의 마지막 보루'라고 이상화되어 있는 — 을 초월의 위치에 밀어넣었다. 이 예술은 '대중'에 대립하는 위치에 서지 않을 수 없었고, 문화 산업의 회유에 넘어가지 않기 위해서 '대중'이 이해할 수 없는 형식을 가지지 않을 수 없다.

두 번째 관점은 좀처럼 받아들이기 어려운 것이다. 이는 노동 계급이나 다른 종속적 하위 집단의 삶의 양식과 하위 문화적 실천을 연구한 역사가들과 사회학자들의 저작에서 가장 뚜렷이 발전되었는데, 여기에 따르면 '대중'은 자발적으로 대항적인 영역을 구성한다. 단지 제한되고 상대적으로 미발전된 방식의 대항이라서 그 급진적 내용을 보다 명확히 들리게 하려면 좀더 복잡하고 많은 설명을 해야만 되는 것이긴 하지만 말이다. 여기서 '진정한 대중 문화'는 영화나 텔레비전, 음반 산업에 의해 생산되는 인공적인 대중 문화와 다른 것으로 정의된다. 앞의 정의에서 대중 문화가 매스 컬처와 같은 것으로 동일시되었던 반면, 여기서는 양자가 구별되며 전통 민속 문화와 연관되어 그것의 현대적 변형으로 간주된다. 대중 문화는 '대중'이 직접적으로 자신을 표현하는 장이며, 여기서 그들의 사고와 감정은 문화 산업의 왜곡을 거치지 않고 스스로에게 되돌아온다는 것이다.

물론 그것은 하나의 만화이다. 저급한 수준의 좌파 문화적 포퓰리즘은 다행히도 더 이상 번성하지 않고 있다. 그러나 질적 수준의 문제 때문에 번성하지는 못해도 이 경향은 여전히 강력한 것으로 남아 있다. 그것은 대중 문화의 역사를 빼앗김의 연속으로 해석하는 일련의 설명 — 자세히 설명하기에는 너무나 복잡한 — 에서 살아남았다. 즉, '대중'이 자신의 문화 — 그들에 의해, 그들을 위해 만들어진, 그리고

---

25) Hall, 앞의 책, 1981, p.232.

그들의 가치관을 표현한다는 의미에서 그들의 것인 — 를 소유하고 있었는데 이를 빼앗겼고 '위로부터의' 개입에 종속되면서 중화되고 완화된 형태로 그들에게 되돌려지게 되었다는 설명이다. 축구에 관한 크리처 C. Critcher 의 설명이 정확한 예다. 한때 대중의 경기였던 축구가 일련의 단계를 거치면서 대중의 손에서 강탈되었고, 오늘날에는 미디어를 통해 사회적으로 무차별한 수용자에게 제공되는 포장된 오락물이 되어 버렸다는 것이다.[26]

그런 설명에는 두 가지 중요한 문제가 있다. 첫째는 '대중'의 문화가 직접적, 자발적으로 그들의 것이었던 기원이 되는 시점을 지정할 수 없다는 것이다. 과거든 현재든 대중 문화적 행위나 표현이 지배 문화적 요소를 깊게 통과하지 않고 또 지배 문화에 저항하거나 그 내부에 있거나 하는 식으로 지배 문화와의 관계 속에 위치지어지지 않은 적이 없다. 지배 문화란 그런 것이다. 그것은 지배적이고, 문화 영역의 자극을 구성한다. 그래서 다른 문화는 이에 저항하거나 그로부터 풀려나오고자 할 수 있지만, 그로부터 완전히 벗어나 존재할 수는 없다. 팀 메이슨 Tim Mason 이 보여 준 것처럼 현대 축구의 전사前史에서 그것이 직접적으로 '대중'의 것이었다고 말할 수 있는 시점이란 없다. 즉, 축구가 어떤 방식으로든 고용자나 종교 조직의 후원, 또는 전 산업 사회에서 지역 귀족들의 후원 같은 사회 문화적 관계의 망 — 그 망은 늘 축구를 '대중'의 게임 이상의 것으로 만들었다[27] — 을 벗어난 적이 없다는 것이다. 그러나 또한 마찬가지로 그런 후원과 통제의 형식들이 저항받거나 기피되거나 의도와는 정반대로 사용되거나 하지 않은 적도 없다. 조금만 더 나아가 보자. 한편으로 그런 접근 방식의 두 번째 한계는, 그들이 내세우는 문화 전략의 수준에서 정치적으로 담고 있는

---

26) C. Critcher, "Football since the War," in J. Clarke, C. Critcher, & R. Johnson (eds.), *Working Class Culture: Studies in History and Theory*, London: Hutchinson, 1979 참조.

27) T. Mason, *Association Football and English Society, 1863~1915*, Brighton: Harvester Press, 1981.

내용이 무엇인가 하는 데에 있다. 보통 그것은 '대중'이 잃어버린 것을 재전유하고 통제권을 다시 찾고자 투쟁해야 한다는 것이다. 그러한 기획은 '그들의 문화'(혹은 그들의 문화였던 것)가 변형되는 과정에서 '대중' 역시 변화되었고 그래서 한때 그들이 점령했던 — 그것이 원래 그들의 것이든 아니든 — 문화적 위치로 되돌아가려고 하지 않는다는 사실을 간과하는 경향이 있다. 어제 대중적이었던 것이 오늘 대중적일 수 없다. 오늘의 대중은 어제의 대중으로 되돌아가길 원하지 않는다.

요컨대 대중 문화를 특정한 내용으로 채우고자 하는 두 시도는 긍정적으로 평가되건, 적극적으로 평가되건 '대중'을 특정하게 구성하는 것에서 멈추게 된다. 즉, '대중'은 창조적 주체이든 수동적 수용자이든 그 문화에 대해 일정하게 주어진 관계만을 갖게 된다는 것이다. 또 다른 접근은 그람시를 따르는 논자들에 의해 제시된다. 그들은 앞의 두 경향에서 강조하는 것처럼 대중 문화가 의심할 바 없이 실제적인, 그러나 사실은 잘못 오인되고 일방적인 어떤 것들로 정의될 수 없다고 주장한다. 그런 접근에 따르면 대중 문화는 '대중의' 문화 — 그들 스스로를 위해 스스로에 의해 만들어지는 — 로 정의될 수도 없고 그들을 위해 관리되는 문화로 정의될 수도 없다. 그보다는 시대에 따라 내용이 변화하는 문화적 형식과 실천들로 구성된다. 그리고 이는 지배적, 종속적, 대립적 문화 가치와 이데올로기들이 서로 만나고 섞이면서 다양한 혼합물과 조합을 만들어 내는 영역이 되며, 이들은 대중적 경험과 의식의 틀을 만드는 데 좀더 영향력을 발휘할 수 있는 공간을 확보하기 위해 경쟁한다. 이는 두 가지 분리된 부분 — 순수하고 자발적으로 대립적인 '대중의' 문화와 전적으로 관리된 '대중을 위한' 문화 — 으로 되어 있는 것이 아니고 이들 대립적인 경향들 — 갈등적인 정향을 가지고 서로 만나고 관통하면서 문화적 형식들을 조직하는 — 의 합류점에 위치하는 것이다.

지배 문화는 이 영역에서 하나의 외부적인 힘으로서 종속 집단에 부과되는 것이 아니라, 종속적 문화에 손을 뻗어 이를 변형시키고 방향을 틀어 사회 내 지배 집단의 가치와 이데올로기에 맞게 만든다. 그와 함께 대중의 의식과 경험이 지배적인 틀 속에서 정의되게 만든다. 그런 과정은 종속 집단의 문화를 지워 버리는 것도 아니고 '대중'으로부터 그들의 '진정한 문화'를 빼앗는 것도 아니다. 지배 문화가 하는 것은 종속 집단이 급진적인 자극과 단절되고 보다 보수적이거나 노골적으로 반동적인 문화적, 이데올로기적 경향들과 연결되도록 하는 그런 문화, 이데올로기적 영역으로 종속 문화를 끌고 가는 것이다. 마찬가지로 지배 문화에 대한 저항은, 미리 형식을 갖추고 지속적으로 끓어 오르는 대항적 문화 — 그런 것은 늘 있다. 그러나 때때로 가려질 필요가 있다 — 의 형식을 띠지는 않는다. 대립적 문화 가치는 단지 지배 문화에 대한 투쟁의 맥락에서만 형성된다. 그 투쟁은 때로 지배 문화로부터 자원을 빌리기도 하고, 계속 연결될 수 있다면 일부 기반을 양보해야만 하는 경우 — 그래서 일부의 의식과 경험이 지배 문화에 의해 형성되어야만 하는 경우 — 도 있다. 그것은 대항 문화가 스스로에게 공격의 화살을 돌림으로써 껍질을 벗고, 갈등적 가치가 울림을 얻을 수 있는 공간을 창출하기 위해서이다.

이런 투쟁에서 결정적인 문제 가운데 하나는 '대중'과 '대중성'의 문제이다. 대중 문화가 미리 주어진 '대중'과 '대중성'의 의미에 의해 정의될 수 없는 것도, 이러한 용어들의 의미라는 것이 결국은 대중 문화의 영역을 절충하는 투쟁의 결과에 의해 만들어지는 것이기 때문이다. 친숙한 용법에 따르면 대중 문화는 '많은 대중이 좋아하는' 것으로 정의된다. 확실히 이는 '대중'이 누구이며 누가 좋아하는 것이 여기에 적절한 것인가 하는 문제가 분명하지 않으면 그다지 유용한 정의라 할 수 없다. 어떤 의미에서 '대중'은 모든 사람으로 구성된다. 결국은 우리 모두 대중이다. 그렇지 않은가? 또 다른 의미에서는, 앞에서 본 바와 같이 '대중'은 노동 계급과 동일시된다. 그러나 프랑스, 이탈리아, 스페인식의 용법에서 나와 그람시를 거친 마르크스주의 이론에서 '대중'은 모든 사람도 아니고 사회 내의 특정한 집단도 아니다. 거기서 대중은 몇 가지 점에서(계급적 위치, 혹은 그들이 직접 개입하고 있는 특정의 투쟁) 내부적인 차이를 가지지만, 사회 내에서 정치적, 문화적으로 힘을 가지고 있는 집단과 구별되며, 그래서 그들의 개별적인 투쟁이 연결될 수만 있다면 잠재적으로 통합될 수 있는 — '대중의 파워 블럭'의 구도 속에 조직될 수 있는 — 다양한 사회 집단들을 의미한다.

이처럼 다양한 '대중' 개념은 단지 추상적 정의로만 존재하는 것이 아니다. 그들은 대중 문화가 구성되는 다양한 투쟁 속에서 좀더 구체적이고 감각적인 형식으로 움직인다. 우리들 속에 존재하는 많은 차이에도 불구하고 대중은 모든 사람, '한 국가'라는 의미의 '대중'으로 통합된다. 많은 대중 문화 형식들에서 우리는 그런 식으로 구성된다. 예컨대 텔레비전으로 보여지는 월드컵,[28] 휴전 기념일 같은 과거에 대한 대중적 기념[29] 등등이 바로 그런 것이다. 우리는 또 다른 방식으로도 구성된다. 예컨대 노팅 힐 카니발(비록 요즘은 미디어에 의해 경찰과 대중의 화합을 보여 주는 축제처럼 보여지는 경향이 많아지고 있지만), 레게 같은 것들이 그런 것이다. 또 노동 민요의 낭만적 '노동자주의'는 우리를 과거 '대중'의 위치에 갖다 놓기도 한다. '대중'이 누구인가 하는 문제, 그들 / 우리가 어느 쪽 줄에 서게 될 것인가 하는 문제, 그들 / 우리가 어떤 정치적 방향을 가질 것인가 등등의 문제는 추상적으로 해결될 수 있는 문제가 아니다. 이 문제들은 단지 정치적으로 대답될 수 있을 뿐이다. 중요한 것은 '대중'을 정의하는 것이 아니라 '만드는' 것이다. 지배 블럭에 대항하여 사회 세력의 광범한 연대를 이끌어 낼 수 있는 '대중'을 구축하고 우세한 문화적 비중과 영향력을 확보함으로써 정치적 중요성을 높이는 것이다.

(옮긴이: 김창남)

---

28) G. Nowell-Smith, "Television-Football-The World," in C. Mercer, T. Bennett, S. Boyd-Bowman, & J. Woollacott (eds.), *Popular Television and Film*, London: British Film Institute, 1981 참조.

29) 그런 기념일의 역할에 관한 논의로는 P. Wright, "A Blue Plague for the Labour Movement? Some Political Meanings of the National Past," in *Formations of Nation and People*, London: R.K.P., 1984.